제6판

Introduction to Hotel Management

호텔경영론

고석면 저

기문사
www.kimoonsa.co.kr

Preface

머리말

호텔경영이라는 교재를 2000년 처음으로 출간하여 이번에 제6판을 내게 되었다. 그동안 많은 분들이 교재로 채택해 주었고, 관심과 배려해 주신 모든 분들께 이 자리를 빌려 감사의 말씀을 드리고 싶다.

관광은 이동과 체재를 수반하며, 관광활동에는 다양한 요소들이 복합적으로 작용하는데, 관광은 접근성(Accessibility), 체재성(Accommodation), 자원성(Attraction)의 3A를 연구하는 분야다. 호텔은 여행 및 관광에서 체재(Accommodation)를 담당하는 중요한 산업이며, 자신의 생명과 재산을 보호해 주는 역할을 해 왔다. 그러나 지구촌 시대를 맞아 급격한 여행자들의 질적, 양적인 증가는 새로운 숙박수요를 창출시키고 있으며, 숙박은 단순히 먹고 자는 장소가 아닌 다른 국가, 다른 지역의 새로운 문화를 체험하는 중요한 상품으로 등장하였으며, 수요자들의 요구에 맞는 다양한 숙박 상품이 나오기도 하였다.

그동안 호텔 경영과 관련해서는 많은 연구가 진행되었고, 다양한 시각에서 접근하여 출간된 교재들이 많이 있었다. 본 교재에서는 관광과 숙박과의 새로운 관계를 정립하기 위해서 노력하였으나, 많은 분들의 인식에는 부족한 측면이 있을 것이라고 생각된다.

중요한 것은 호텔분야에 관심이 있는 분들에게 도움이 되는 무엇인가를 제공하고 싶다는 의욕이었다. 의욕이 과하면 잘못될 수 있다는 편견을 버리고자 노력하였다. 평소에 부족하다고 인식한 부분들을 일부 수정 · 보완하였으며, 직장에서의 경험과 대학에서의 강의를 통해서 느끼고 있던 분야를 새롭게 정리하고자 하였다.

항상 하고나면 무엇인가 부족하고 아쉬움이 남는 것은 왜 그럴까, 아마 이러한 점들은 학문적 깊이와 능력의 부족이 아닌가 반문하면서 아직도 많은 부분에 대해서는 더욱 더 심도 있는 연구가 필요하다고 생각한다. 관광 · 호텔분야를 전공하면서 미래의 호텔리어를 꿈꾸는 사람들과 관광업계에서 관광발전에 헌신하고 계시는 분들에게 미력하나마 조그마한 힘이 되었으면 좋겠다는 기대를 해본다.

끝으로 이 책이 다시 출간될 수 있도록 도와주신 분들께 이 자리를 빌려 진심으로 감사를 드리며, 많은 분들의 지속적인 관심과 조언을 부탁드린다.

2019년 8월

저자 씀

C·o·n·t·e·n·t·s

차례

제1장

관광과 호텔산업

제1절

관광과 호스피탈리티

1. 관광과 호스피탈리티

일상적인 용어로 사용되고 있는 관광(觀光)이란 요양(療養)·유람(遊覽) 등의 위락(慰樂)적 목적과 즐거움을 추구하는 여행(travelling for pleasure)으로 널리 통용되고 있다.

관광은 이동과 목적지에서의 체재가 반드시 수반되며, 이와 관련하여 교통, 숙박, 식음료, 쇼핑 등 다양한 목적을 추구하는 시설들의 발전을 가져오게 되었으며, 관광관련 사업 분야에 종사하고 있는 사람들의 친절과 서비스 정신은 오늘날 환대산업의 대명사로서 많은 사람들에게 인식되고 있다.

호스피탈리티(hospitality)라는 용어는 라틴어의 호스피탈리스(hospitalis)에서 그 어원을 찾을 수 있으며, '환대(歡待)'를 의미하고 있다. 이는 현대어의 의미에서는 병원을 뜻하지만 중세기에는 '여행자의 숙박소(宿泊所)'라는 뜻으로 사용되었다고 한다.

예의와 친절, 진지한 관심, 방문객들에게 봉사하고 친해지려는 정신 그리고 따뜻하고 우정 어린 표현들은 환대산업에서 중요하다. 환대정신은 사람들을 환영하기 위한 자세이며, 많은 공항이나 다른 입국 지점에 환영 표지판이나 특별 환영소를 설치한다든지해서 방문객들을 맞이하는 것은 지극히 당연한 것이고 기본적인 사고라는 생각을 갖게 해주고 있다. 따라서 방문객들과 직접 접촉하게 되는 모든 사람들을 위해서 교육의 중요성을 강조하고 방문객과 직접 접하는 여행사의 가이드, 호텔종업원, 식당의 종사원 등에게 교육을 철저히 실시함으로서 국가 및 지역사회의 이미지를 향상시키고 개선하는데 중요한 역할을 하고 있다. 관광지에서의 훌륭한 안내, 쾌적하고 안락한 숙박시설, 맛있고 특색 있는 다양한 식사 서비스의 제공은 관광의 핵심요소로서 등장하게 되었다.

호스피탈리티 산업의 범주

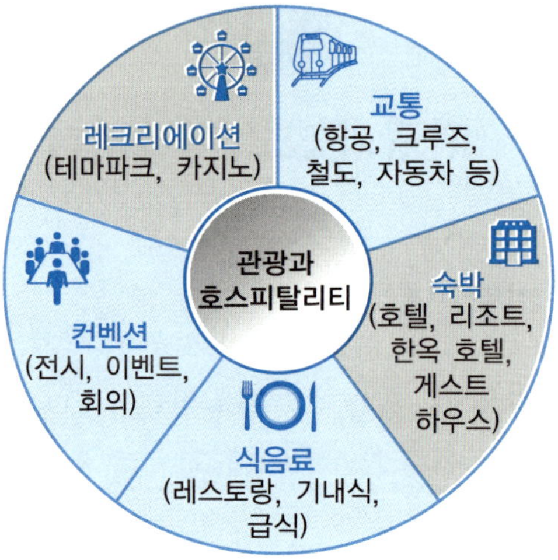

2. 호스피탈리티와 서비스

환대(歡待)산업에 있어서 중요하게 인식하고 있는 것 중의 한 요소는 서비스이다. 서비스의 정의는 소수이긴 하지만 서비스 경제화를 이룩한 선진국들의 학자를 중심으로 1960년대 이후부터 꾸준히 시도해왔다. 그러나 아직도 서비스에 대해서 모두가 쉽게 인정하는 정의가 존재하지 않을 정도로 학계에서도 많은 어려움을 겪고 있다.

서비스란 고객의 명시적(明示的) 요청에 의해 제공되는 욕구만족의 핵심적 주체로서 독립적으로 확인이 가능하고 소유에 의해 소비자 효용이 일어나기보다는 행위나 성과에 의해 효용이 나타나는 본질적으로 무형의 행위에 의해 발생되는 가치 및 용역을 총칭한다고 정의하고 있다.

현대사회에서 이미 보편화된 언어로 널리 사용하고 있는 서비스의 개념을 정의한다고 하는 것은 매우 어려운 문제라고 하겠다. 서비스 자체가 갖고 있는 다양하고 복합적인 특성을 지니고 있으며, 우리 주변에서 어디서나 적용되고 밀접한 관계가 있으며 우리생활과 공존하고 있기 때문이다.

산업사회가 고도화되면서 서비스의 활용범위가 넓어지고 복잡 다양화되면서 서비스의 개념을 정의하기란 쉬운 일이 아닌 것이 되었으며, 서비스의 개념이 상대적이고 상황적인 변수에 좌우되기 때문에 서비스를 명확하게 규정3)하는 것이 어려운 과제가 되고 있다.

시대가 변화하면서 서비스의 정의에 대해서도 지속적인 변화과정을 겪고 있으며, 서비스는 현대사회에서 하나의 상품으로 판매되고 있기 때문이며, 오늘날 치열한 서비스 경쟁을 의식하여 상품을 만들지 말고 서비스를 만들어라.라고 표현하는 것은 서비스는 필요한 존재이지만, 없어도 괜찮은 것처럼 인식했던 것이 사실이다.

서비스는 서비스의 가장 기본적인 이해와 정신은 바로 서로가 감사하는 마음자세를 가지는 것에서부터 출발을 해야 한다.

관광사업은 관광객에게 서비스를 제공하고 이 서비스는 관광객에게 중요한 영향을 끼치고 있기 때문에 영리를 추구하는 관광사업, 관광지의 환대 정신, 국가사업에 있어서 서비스의 확립 여부는 관광사업 전체와도 관련이 된다.

부존자원이 없는 국가에서는 서비스는 곧 상품이요, 친절한 예의는 가장 큰 상품이라고 할 수 있다. 서비스란 '최선을 다하는 태도' 로서 관광객의 불편을 예방할 수 있는 세심한 봉사정신, 즉, Smile, Speed, Sincerity, Smart, Study의 다섯 가지 기본자세를 복합적으로 나타낼 수 있는 근무자세와 같은 것이다. 관광서비스란 결국 다의적(多義的)인 의미를 갖고 있으며, 어떠한 업종이던지 간에 영업효과를 극대화하기 위하여 헌신 봉사하는 자세를 말한다.

고객 지향적 측면에서의 서비스 정의

구분		의미
S	Smile, Speed, Sincerity, Smartness, Study	미소, 신속, 정성, 우아, 연구
E	Energy	활기
R	Revolutionary	신선하고 혁신적인 것
V	Valuable	가치 있는 것
I	Impressive	감명 깊은 것
C	Communication	의사 소통
E	Entertainment	환대

자료 : 정기영편저, 서비스경영, 신지서원, 2008, p.17.을 참고하여 재작성함.

제2절 호텔업의 의의와 기능

1. 호텔업의 의의

많은 사람들은 숙박시설의 역사를 여행의 역사와 병행 발전하여 왔다고 한다. B.C.500년경의 기숙사(boarding house)의 출현과 그리스에서의 온천욕을 위한 최초 리조트(resort)의 출현 등은 숙박시설의 역사성을 표현하고 있으며, 오늘날 hotel이라고 하는 말이 현재 사용하고 있는 의미로서 일반화한 것은 영국에 있어서 1800년경으로 추측하고 있는데, 호텔의 역사는 200년이 넘으며, 영국에서는 현재에도 inn이라고 하는 저렴한 요금의 대중 숙박시설이 있다.

현대적인 의미의 호텔은 아니지만 고대 로마의 유스티아(Ostia)에서 발견된 숙박시설은 당시의 여행과 숙박시설의 형태로 추측을 하고 있으며, 여행자들은 발달되지 못한 도로사정과 불안한 치안 상태에서 여행을 해야 했던 시절에 피난처로서 숙소를 필요로

했고 그 당시에는 간이 숙소가 제공이 되었을 것이다. 고대 로마시대의 여행의 발전에는 도로와 교통수단의 발달이 중요한 역할을 하였으며, 이로 인하여 여행자들을 위하여 숙박시설의 발전에도 기여한 바 크다고 할 수 있다.

호텔은 여행자에게 따뜻하고 친절하게 봉사해야 하는 기업으로 손님에게 가정을 떠난 집처럼 아늑한 분위기를 조성해 주는 환대산업으로 표현하기도 한다.

오늘날의 호텔은 종래의 숙박과 음식을 제공하는 시설로서만 이해되었으나 오늘날에는 사기업이 아닌 영리를 목적으로 하면서 사회공공에 기여하는 하나의 공익적 사업으로서의 성격을 갖고 있다고 한다. 호텔업이란 객실 및 식음료시설 등 다양한 시설을 확보하고 서비스 체제를 확립하여 관광객에게 만족을 제공하는 기업으로서 이윤을 추구함과 동시에 문화교류의 역할을 수행하는 하는 공익적 사업이라고 정의하고자 한다.

2. 호텔업의 기능

숙박시설은 여행과 관광산업을 구성하는 필수적인 기반시설이다. 현대 호텔산업의 발전배경에는 전통적으로 등장하여 온 숙박형태가 오늘날의 호텔로 발전되어 온 것이다. 이는 자기 집을 떠난 사람들이 다른 지방을 이동하면서 가장 먼저 필요로 하는 것이 숙박시설이기 때문이다.

일반적으로 숙박시설은 역사적으로 고대사회에서나 중세기에도 존재하였고 초기에는 사원에서 주막으로 또는 별장 등으로 변화해가면서 발전하여 왔다. 호텔사업은 일반대중을 고객으로 하고 숙박과 음식 그리고 인적 서비스를 상품으로 한 현대기업에 있어서 신흥사업(新興事業)이라고 할 수 있다.

호텔은 여행자를 위하여 숙박과 식사를 제공하는 대중적인 숙박하는 장소로 의미를 갖고 있었으나, 사회 환경의 변화 특히, 소득의 증대, 여가의 증대, 교통기관의 발달, 정보의 증대, 소비자들의 가치관의 변화 등 제반환경의 변화에 따라 그 기능도 다양해지고 있다. 오늘날 호텔은 대규모의 현대적 시설과 서비스가 상품화되었다는 인식을 하게 되었고 서비스의 기술혁신과 고도로 개발된 신규시설에 의존하게 되었다.

전통적인 호텔은 여행자에게 수면, 음식, 생명과 재산의 보호 등의 기본적인 기능을 갖고 있었으나, 관광객의 욕구가 다양해짐에 따라 호텔업의 기능도 여기에 대응하기 위하여 다역할 호텔(multi-role hotel)의 기능을 띄게 되었다.

오늘날 호텔은 종래의 홈(home)기능에서 호텔의 사회적, 문화적 역할을 강조하는 기능으로 확대 변화되고 있다. 결국 현대의 호텔은 이제 단순한 개인생활, 개인사무실의 공간개념보다는 그 지역사회의 경제, 사회, 문화, 예술, 커뮤니케이션 등의 활용공간의 기능을 갖추게 되었으며, 호텔을 이용하는 고객층도 상품에 대한 가치기준의 욕구가 다양해지고 있어 호텔업도 환경변화에 대응하기 위한 고급화, 개성화, 대중화, 편리화, 오락화와 더불어 다양한 서비스를 제공해야 할 것이다.

호텔업 기능의 확대

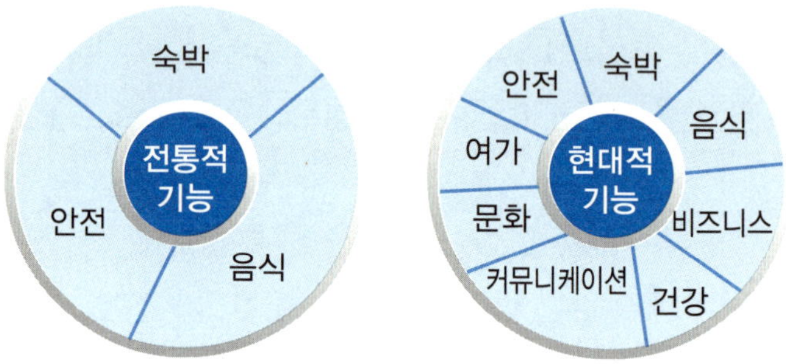

제2절

호텔업의 분류

1. 숙박시설의 분류 기준

관광객이 결정하는 숙박시설은 관광목적지의 선택에 있어서 교통수단과 더불어 중요한 역할을 한다. 이용자들은 숙박시설의 종류, 입지, 등급, 서비스 수준 등의 적절성을 확인하기도 하며, 더 나아가 가격도 숙박시설 선택에 중요한 요인으로 작용하게 된다. 국가의 독특한 문화, 역사와 관련성이 높은 지역에서의 다양한 숙박시설의 종류들이 존재하여 호텔과 숙박시설에 대한 구분이 불명확할 수 있다. 현실적으로 기준이 무엇이며, 어디까지를 할 것인가는 논란의 여지가 있다.

숙박시설은 분류하는 기준에는 여러 가지가 있으며, 형태, 입지, 경영의 형태 및 일반적으로 이용이 되는 특성 등 여러 가지 조건에 따라 각각 상이한 관점에서 논의되고 있다. 그러나 이러한 성격에 적합한 손님을 취급을 한다는 것은 정확한 의미라고 할 수 없으며, 호텔이 갖고 있는 특성을 바탕으로 하여 일반적 유형을 결정하는 것에 불과하다고 하겠다.

미국에서는 호텔의 분류를 고객에게 제공되는 시설의 특성에 따른 형태, 등급, 입지에 따라서 분류하고 있으나, 관광이라고 하는 관점에서는 여행자가 선택하여 결정하는 숙박할 수 있는 곳을 지칭할 수도 있기 때문에 넓은 의미에서의 숙박시설을 분류하고자 한다.

숙박시설의 분류

구분	분류내용
입지	시티(city)호텔/다운타운(down town)호텔, 서버반(suburban)호텔/컨트리(country)호텔, 에어포트 호텔(airport hotel), 시포트 호텔(seaport hotel), 터미널 호텔(terminal hotel), 역전호텔(station hotel), 하이웨이 호텔(highway hotel), 컨벤션 센터(convention center), 리조트(resort)호텔, 다목적 호텔(mixed-use)
목적	컨벤션 호텔(convention hotel), 커머셜 호텔(commercial hotel), 리조트 호텔(resort hotel), 카지노 호텔(casino hotel), 아파트먼트 호텔(apartment hotel)
형태	커머셜 호텔(commercial hotel), 컨벤션 호텔(convention hotel), 리조트 호텔(resort hotel), 스위트 호텔(suite hotel), 장기체재 호텔(extended stay), 컨퍼런스 센터(conference center), 마이크로텔(microtel), 카지노(casino)호텔, 베드 앤 브랙퍼스트 인(bed and breakfast inn), 마 앤드 파 호텔(ma-and-pa hotel), 브티크 호텔(boutique hotel), 온천호텔(health spa), 보텔(boatel)
문화적 특성	한옥(韓屋)호텔, 파라도르(paradore), 료칸(ryokan), 게르(ger)(유투루), 토루(土樓), 템플 스테이(temple stay)
경영형태	단독경영 호텔(independent hotel), 체인경영(chain hotel)
등급	5성급 호텔, 4성급 호텔, 3성급 호텔, 2성급 호텔, 1성급 호텔
체재기간	단기체재(transient)호텔, 장기체재 호텔(extended stay)
서비스 수준	제한된 서비스(limited service hotel), 풀 서비스(full service hotel)

구분	분류내용
등급	최고급(luxury), 1급(first-class), 2급(standard, mid-rate), 3급(economy, budget), 4급(micro budget)
기타	게스트 하우스(guest house), B&B(Bed & Breakfast), 농장(farm house), 아파트먼트(apartments)호텔, 빌라(villas), 커티지(cottages) 콘도미니엄(condominium), 시간 배분제 리조트(time share resorts), 휴가촌(vacation village, holiday centres), 회의 및 전시센터(conference & exhibition centres, 캐러번(touring caravan), 캠핑장(camping sites), 마리나(marinas), 이글루(glass igloo)
한국(관광진흥법)	관광숙박업 : 호텔업(관광호텔업, 수상 관광호텔업, 한국 전통호텔업, 가족호텔업, 호스텔업, 소형호텔업, 의료 관광호텔업), 휴양콘도미니엄업 관광객이용시설업(외국인관광도시민박업) 관광편의시설업(관광펜션업, 한옥(韓屋)체험업)

자료: Stephen Rushmore, Hotel Investment(A guide for Lenders and owners), Warren, Gopham & Lamont. pp.3-8. 고석면, 호텔경영론, 기문사, 2012, pp.15-22. 차길수 · 윤세목, 호텔경영학원론, 학림출판사, 2011, pp.54-73.를 참고하여 재작성함.

2. 호텔의 분류

1) 입지에 의한 분류

(1) 시티 호텔

시티(city)호텔 또는 다운타운(down town)호텔은 도시 중심에 위치한 호텔로서 대부분의 고객은 비즈니스를 목적으로 하는 호텔로서 교통도 편리해야 할 뿐만 아니라 쇼핑 및 다양한 엔터테이먼트(entertainment)를 즐길 수 있는 곳에 위치하고 있다. 또한 다양한 부대시설을 갖추고 있으며, 비즈니스를 원활하게 하는 비즈니스 센터 등도 갖추고 있는 호텔이다.

(2) 서버번 호텔

서버번(suburban)호텔 또는 컨트리(country)호텔은 도시지역이 아닌 곳에 입지한 호텔로서 다양한 레크리에이션 시설의 확충이 가능하고 공기가 맑으며 소음이 없는 한적한 곳에 위치하고, 넓은 주차시설을 가지고 있는 호텔이다.

(3) 에어포트 호텔

에어포트 호텔(airport hotel)은 공항 주변에 위치하고 있는 호텔을 말하며 대부분의 고객들은 단기체재가 많다. 일을 마친 후 다음 장소로 신속히 출발해야 하거나 비행편의 연결을 기다리는 고객층이 대부분이다.

(4) 시포트 호텔

시포트 호텔(seaport hotel)은 주로 선박을 이용하는 고객들을 위하여 항구에 위치하고 있는 호텔이다. 시포트 호텔은 기항선객의 편의를 위하여 교통이 편리한 곳에 위치하여야 하고, 선원이나 여행객들이 이용하는 항만부두에 인접해 있는 호텔이다.

(5) 터미널 호텔

터미널 호텔(terminal hotel)은 버스나 이외 다른 교통수단을 이용하는 고객들을 위하여 터미널 근처에 위치한 호텔이다. 이 호텔의 성격도 에어포트나 시포트 호텔과 마찬가지로 시간과 경비를 절약하기 위한 고객이 대부분이다.

(6) 역전호텔

역전(驛前)호텔(station hotel)은 기차역 근처에 위치하고 있는 호텔로서 철도를 이용하여 여행할 수 있는 곳에서는 역전호텔은 매우 보편화된 것이었다. 각국의 주요 도시마다 철도를 이용하는 고객들을 위하여 역전호텔이 많은 편이다.

(7) 하이웨이 호텔

하이웨이 호텔(highway hotel)은 자동차를 이용하여 여행하는 자에게 숙박시설을 제공하게 된 것이 그 기원이라고 할 수 있다. 하이웨이 호텔(highway)은 사업목적과 레저 여행자에게 매우 매력적인 호텔이었다. 입지의존도가 높은 하이웨이 호텔은 새로운 도로의 확충에 따른 교통패턴의 변화로 인하여 막대한 지장을 초래하기도 한다.

2) 목적에 의한 분류

(1) 컨벤션 호텔

컨벤션 호텔(convention hotel)은 대형 회의를 할 수 있도록 충분한 수용공간을 확보하고 있는 호텔로서 대형연회장과 미팅과 회의를 할 수 있는 호텔이다. 이러한 호텔들은 국제회의가 중요한 사업으로 부각되고 있음에 따라 중요성이 부각되고 있으며, 대규모 식당과 칵테일 라운지 시설 등을 갖추고 있다.

(2) 커머셜 호텔

커머셜호텔(commercial hotel)은 비즈니스 여행자를 위한 호텔로서 일반적으로 다운타운(down town)이나 상업지역에 위치하게 된다. 대부분이 도시 중심가에 위치하고 있으며 상용목적으로 이용하는 고객들을 위하여 업무에 지장이 없도록 팩스, 컴퓨터 등과 같은 시설을 갖춘 비즈니스 센터를 보유하고 있으며, 고객이 객실 안에서 모든 비즈니스를 원활하게 할 수 있도록 객실 안에 다양한 시설들을 갖춘 특별층(EFL : Executive Floor)을 운영하고 있다. 이외에도 교통이 편리한 도심에 위치하다보니 단기체재를 목적으로 하는 단체여행객들도 많은 편이다.

(3) 리조트 호텔

리조트(resort)호텔은 주로 레저 위주의 회의 및 총회, 숙박시장의 세분화를 통해 여행자들을 유치한다. 교외에 입지해 있는 호텔로서 주로 휴가를 이용해 가족차원의 고객들이 많은 편이며, 수영, 조깅, 테니스, 당구, 승마, 낚시 그리고 요트 등과 같은 여가활동을 할 수 있는 시설을 제공한다. 이러한 호텔들은 레크리에이션환경을 제공하는 곳에 입지하고 있으며, 객실요금에 식사가 포함되는 미국식 요금제도 또는 수정된 미국식 요금제도를 채택하는 경향이 많다.

미국식 요금제도

AP(American Plan)은 미국식 요금제도로서 객실요금과 식사요금을 포함하여 숙박요금을 계산하는 제도이다. MAP(Modified American Plan)은 AP(american Plan)를 수정한 것으로서 일반적으로 조식과 석식을 객실요금에 포함시키는 제도를 지칭한다.

(4) 카지노 호텔

카지노(casino)호텔은 고객과 방문객들에게 게임을 할 수 있는 시설을 제공한다. 카지노호텔은 특별한 식당들과 나이트클럽 시설 등을 갖추고 있다.

(5) 아파트먼트 호텔

아파트먼트 호텔(apartment hotel)은 장기체재를 목적으로 하는 고객들을 위하여 호텔의 객실을 장기간 빌려주는 호텔이다. 또는 가족이 휴가를 왔을 경우, 콘도미니엄의 개념으로도 이용된다. 호텔에서 청소와 메일관리 등과 같은 서비스를 제공하여 주지만, 어떤 객실은 가족들이 객실 안에서 식사를 할 수 있도록 배려한 경우도 있다.

3) 형태에 의한 분류

(1) 스위트 호텔

스위트 호텔(suite hotel)은 침실과 거실이 갖추어진 형태의 호텔이다. 즉 집무공간으로 사용할 수 있는 응접실과 독립한 객실을 갖춘 쾌적한 호텔이다. 특히 올 스위트(all suite) 호텔은 전 객실이 스위트룸인 호텔로서 그 기본개념은 넓고 쾌적하며, 거주성이 높은 호텔이다.

(2) 장기체재 호텔

장기체재 호텔(extended stay)은 새로운 숙박상품으로서 장기투숙을 위한 아파트먼트형태의 객실을 제공하는 것으로서 생활공간, 거주공간으로 분리되고, 주방, 외부 출입구와 레크리에이션 시설을 갖추고 있다.

(3) 컨퍼런스 센터

컨퍼런스 센터(conference center)는 교육에 도움이 되는 환경을 갖추고 숙박과 대규모 모임과 컨퍼런스 시설을 보유하고 있다. 전통적으로 컨퍼런스 센터는 식사와 회의 기획, 지원서비스, 회의장, 모든 내용을 포함하는 레크리에이션 시설 등을 제공한다.

(4) 마이크로 텔

숙박산업에서 발전한 마이크로 텔(microtel)은 오래된 관념으로서 저렴한 숙박시설의 개념이다. 종래의 미국 숙박산업에서 많은 호텔체인들이 출현하면서 저렴한 가격으로 고객에게 제공하게 되었고, 중간요금의 상품을 제공하는 호텔로 발전하였다.

(5) 베드 앤 브랙퍼스트

베드 앤 브랙퍼스트(bed and breakfast)은 일반적으로 아침식사와 고풍적인 숙박시설을 제공한다. 대다수의 호텔들은 주로 레저 여행자에게 이러한 숙박시설은 제공한다.

(6) 마 앤드 파 호텔

마 앤드 파 호텔(ma-and-pa hotel)은 오래된 스타일의 모텔들에 붙여진 이름으로서 객실 수가 50실 미만이며, 일부분의 설비를 보유하고 있다. 관광객을 위한 캐빈(cabin)과 캠프가 이러한 범주에 속한다.

(7) 부티크 호텔

부티크 호텔(boutique hotel)은 소규모의 숙박시설을 갖추고 조용한 주위환경 등을 원하는 고객에게 제공되는 호텔이다. 이러한 호텔은 대형호텔의 고급스러움과는 차별되는 감각을 강조하고 있으며, 개성이 있는 디자인, 고급스러우면서 지적인 문화코드를 동반한다.

(8) 온천호텔

온천호텔(health spa)은 고객을 위해 건강지향과 활동적인 서비스를 제공하는 것으로서 다이어트와 식사 계획, 의료, 건강교육과 훈련 등을 실시한다. 많은 리조트 호텔에서는 온천프로그램을 제공하지만 건강을 지향하는 온천호텔은 전적으로 다양한 활동으로 봉사한다.

(9) 보텔

보텔(boatel)은 수면과 가까운 곳에서 즐기기를 원하는 레저 여행자들을 위한 숙박시설로서 식당, 라운지, 세탁물서비스, 주차장, 소형 선박수리 등과 같은 전형적인 설비를 갖추고 운영을 한다.

4) 문화적 특성에 따른 분류

(1) 한옥호텔

한옥(韓屋)호텔이란 주요 구조부가 목조구조로서 한식기와 등을 사용한 건축물 중 고유의 전통미를 간직하고 있는 건축물과 그 부속시설을 말하는데, 숙박 체험에 적합한 시설을 갖추어 관광객에게 이를 제공하는 업이다.

(2) 토루(土樓)

중국의 남부 지역에서는 강한 햇빛을 피하기 위해 벽을 높이 쌓고, 집 내부에는 최소한의 햇빛만 들어오게 한 독특한 형태의 주택이 발전하게 되었으며, '토루(土樓)' 라고 불리는 이 주택은 중국 객가(Hakka, 客家)족의 전통 가옥이며, 적들과의 싸움에 대비한 방어의 필요성이 토루라는 독특한 건축 문화를 민들어 냈다. 객가족은 중국 남부 푸젠성과 광동성에 주로 사는 민족이다.

(3) 파라도르

파라도르(parador)는 스페인에서 휴양지 등의 의미로 사용되고 있으며, 성(城)이나 요새(要塞) 등을 개조하여 만들어진 호텔을 의미하고 있다. 이러한 숙박 시설을 체인화하여 파라도레스 데 투리스모(Paradores de Turismo)라는 회사가 창업(1928년)되었다고 한다.

(4) 게르

몽고사람들이 살고 있는 집은 게르(ger, 파오)라고 하여서 이 집은 정착생활의 집이 아니라 유목생활을 위한 주거형태이다. 몽골고원의 풍토와 이동을 기본으로 하는 유목생활에 적합하게 꾸며져 있다. 유목생활에 걸맞게 이동도 간편하다고 버들가지를 골조로 한 뒤 위에 펠트를 덮어씌운 집이다.

(5) 료칸

료칸(ryokan)은 일본의 전통적인 숙박시설이다. 일본에서는 일본 정원이 어우러져 있으며, 식사는 코스별로 나온다. 료칸은 에도시대(1603~1868)부터 이어져 온 전통적인 일본의 숙박형태이다. 일반적으로 다다미 형태로 구성하고 있는데, 다다미가 깔려 있는 방, 공동 욕실, 방문객들이 욕의(浴衣 : 유카타)를 입을 수 있으며, 일본에서는 단순히 여행객이 하룻밤 머물고 가는 장소라기보다는 전통을 지키는 하나의 공간적 역할을 한다.

(6) 템플 스테이

템플 스테이(temple stay)는 관광객들이 절에 숙박하며 사찰(寺刹) 생활을 체험할 수 있도록 하는 것을 말한다. 한국의 전통적인 불교문화를 사찰에서 체험해 봄으로써 한국 불교에 대한 이해를 넓이고, 한국 전통 문화와 불교의 수행 정신을 체험해보는 것을 의미한다.

5) 기타 숙박시설의 분류

(1) 콘도미니엄

휴양콘도미니엄업은 1957년 스페인에서 기존호텔에 개인의 소유권 개념을 도입하여 개발한 것이 시초이며 관광객의 숙박과 취사에 적합한 시설을 갖추어 이를 당해시설의 회원 공유자 및 기타 관광객에게 이용하게 하는 관광숙박시설을 말한다.

콘도미니엄(condominium)은 가족단위의 레저를 즐길 수 있도록 호텔수준의 시설을 갖추고 있으며, 분양을 통해 다수의 개인이 공동 소유권을 가지고 있으나 경영관리와 서비스는 전문적인 콘도회사에서 운영하고 있는 것이 일반적이다. 소유주는 일정 기간 콘도를 사용하고 나머지 기간에는 일반인들이 임대를 하여 수익성을 향상시키고 있다. 콘도미니엄은 객실 내에 주방시설을 갖추고 있기도 하며, 콘도는 단지 내에 이용객들을 위한 레저 시설을 확보하고 있는 경우도 많이 있다.

(2) 펜션업

펜션은 고대 그리스의 여러 도시에서 여행자에게 빵과 와인을 무료로 제공하는 "간이식당"이라는 뜻에서 생성되었고, 최초의 민박은 호혜를 베푸는 환대정신에서 출발하였다. 유럽에서 시작된 펜션은 서민적인 민박의 개념으로 주로 장기체제의 저렴한 숙박시설을 지칭하며, 가족적 분위기의 따뜻한 접대와 저렴한 요금이 특징으로 남부 유럽지역에 많이 운영되고 있다.

펜션(pension)이란 연금 또는 하숙집이라는 의미로서 유럽지역에서는 노인들이 안락한 노후 생활을 위해 그동안 열심히 일했던 직장이나 사업을 떠나 한가롭고 조용한 곳에서 숙박과 식사를 제공하는 일종의 하숙운영을 하여 경제적인 자립, 노후보장이라는 두 가지 측면을 만족시키는 사업이다.

프랑스에서는 자연풍광이 아름다운 지역이나 고성(古城) 등의 주변에 잘 개발되어 있으며, 영국에서는 침실과 아침식사를 제공하는 숙박이라는 의미의 B&B(Bed & Breakfast)가 유명하며, 독일의 경우 게스트 하우스(guest house)라는 이름으로 유명하다. 일본의 경우 1970년대부터 개발된 농어촌 펜션은 이제 각 지방 특색을 잘 나타내는 관광상품이 되었으며, 약 3,000여 개 민박으로 개발되어 있다.

한국의 관광펜션업은 숙박시설을 운영하고 있는 자로서 자연·문화 체험관광에 적합한 시설을 갖추어 관광객에게 이용하게 하는 업으로 정의하고 있다.

제2장

호텔업의 등급과 환경경영

제1절

호텔업의 기준과 등급제도

1. 호텔업의 기준

호텔업은 현실적으로 호텔의 기준이 무엇이며, 어디까지를 호텔로 구분할 것인가는 쉽지 않다. 또한 호텔 규모의 대소(大小), 시설의 우열에 의해서 그 차이는 크다고 할 수 있다. 일반적으로 소비자들은 호텔을 선택하는데 있어서 유형적인 많은 다른 상품보다 어려움을 많이 겪는다. 호텔업의 상품은 형태가 없는 서비스 상품으로 으로서 무형적인 특성이 강하기 때문이다. 유형적인 상품인 경우에는 여러 가지의 지표에 의해서 상품을 선택할 수 있으나, 무형적 서비스 상품은 소비자들이 판단하여 선택할 수 있는데 한계가 있기 때문이다.

한국에서는 관광호텔업은 관광객의 숙박과 체재에 적합한 시설을 갖춘다는 것은 관광진흥법의 규정에 의하여 등록기준에 적법(適法)한 시설을 지칭하고 있는데, 관광호텔업은 일반적인 의미에서 일반 숙박업과 서로 다른 의미에서 시설과 서비스의 기준을 정하여 구분하고 있다.

호텔업은 시설현황과 서비스 수준, 소비자의 만족도 등에 의해서 등급을 정하게 되는데, 이는 이용자의 편의를 도모하고 시설 및 서비스의 수준을 효율적인 관리를 도모하고 이용자의 취향과 필요에 따라 호텔을 선택할 수 있는 객관적인 지표를 제시하기 위한 목표로 시행하고 있다.

2. 호텔업의 등급제도

대다수 국가들은 소비자들의 선택의 폭을 넓히고 선택권을 강화하기 위한 차원에서 호텔 등급 제도를 채택하고 있으며, 국가 또는 민간단체의 주도하에 실시하고 있다. 소비자들의 호텔선택에 어려움을 해결하는데 매우 유용한 단서를 제공해 주고 있다.

소비자들이 호텔선택을 하는데 있어서 소비자들에게 얼마나 다양한 서비스를 제공하는가, 즉 어떠한 서비스를 제공하는가는 매우 중요한 의미를 갖는다.

특히 서비스를 제공하는 제공범위도 호텔에 따라서 다양한 차이를 보이고 있기 때문에 이러한 선택을 보완해 주기 위한 제도로서 활용되고 있는 것이 등급제도이다. 이러한 등급제도가 다양한 호텔에 대한 소비자의 선택을 도와주는 유용한 지표로서 활용되고 있으며, 소비자들은 호텔선택에 있어서 등급 제도를 적극적으로 참조하게 되는 경우 대표적인 지표가 되었다고 하겠다.

호텔 등급제도란 많은 호텔들을 특정한 기준에 준하여 호텔들을 등급화하는 시스템을 의미한다. 등급제도는 기본적으로 다양한 호텔들의 시설과 서비스에 대한 차이를 공식적인 등급화를 통해서 호텔을 차별화시키고 호텔산업의 질적인 향상을 도모하는데 있다.

호텔등급의 평가방법은 평가기관의 검열관(inspector)이 평가대상 호텔에 투숙하여 고객의 입장에서 전반적인 경험을 평가하고 호텔의 소유주 및 최고 경영자를 면담하여 각종 기초자료를 수집하며, 건물, 조경 및 외형적 요인들을 평가하기 위하여 호텔을 실제 점검을 한다.

많은 국가들은 국가의 특징을 나타내는 방식으로 호텔의 등급 제도를 채택하고 있으나 보편적으로는 별에 의해서 호텔의 등급을 구분하고 있다.

제2절

한국 호텔업의 등급제도

1. 등급평가

등급평가를 위해서 등급별 특성에 따라 평가기준을 달리 마련하고, 등급별 평가기준의 필수 항목과 최저 평가점수를 충족해야 신청한 등급에 따라 등급이 결정될 수 있도록 하고 있다. 각 호텔들은 관광객에게 호텔 서비스를 제공해야 하는 과정에서 5성(星) 및 4성(星)으로 등급평가를 신청한 호텔에 대해서는 현장평가와 1박 암행평가를 실시하고 있다. 또한 3성(星), 2성(星), 1성(星)으로 등급평가를 신청한 호텔에 대해서는 현장평가와 불시평가를 실시하도록 규정하고 있다.

등급 평가단의 구성은 5성, 4성으로 신청한 경우에는 현장 평가요원 3인과 암행 평가요원 2인으로 구성하며, 3성, 2성, 1성의 등급평가단은 현장 평가요원 2인과 불시 평가요원 1인으로 구성하여 평가를 하게 된다.

등급평가단의 구성(제12조제1항 관련)

등급	현장평가	암행평가/불시평가
5성	3인	2인
4성	3인	2인
3성	2인	1인
2성	2인	1인
1성	2인	1인

주 : 1. 현장평가요원은 시행규칙 제72조 제1호 내지 제2호의 요건을 충족시키는 자로 하고, 불시평가요원 또는 암행평가요원은 해당호텔의 현장 평가요원이었던 자를 제외한 자로 하되 그 중 1인은 시행규칙 72조 제3호의 요건을 충족시키는 자여야 한다.
2. 현장평가와 암행평가/불시평가는 각기 다른 날짜에 실시되어야 하며, 암행평가 시 평가요원은 각기 다른 일자에 평가하여야 한다.

2. 등급 결정기준

등급 결정기준은 호텔업 등급 결정에 관한 요령에 의하여 등급평가를 실시하고 필수항목을 충족해야 하며, 현장평가와 암행평가/불시평가에 의한 결정기준을 설정하였고, 평가 부문별 평가점수의 합에 의해서 등급이 결정된다. 현장평가는 공용공간 및 서비스, 객실 및 욕실, 식음료 및 부대시설의 부문으로 구분하고 있으며, 부가점수는 가점(加點)과 감점(減點) 등으로 구분하고 있다.

호텔업의 등급 결정기준(제7조제1항 관련)

<table>
<tr><th colspan="2">구분</th><th>5성</th><th>4성</th><th>3성</th><th>2성</th><th>1성</th></tr>
<tr><td rowspan="3">등급 평가 기준</td><td>현장평가</td><td>700점</td><td>585점</td><td>500점</td><td>400점</td><td>400점</td></tr>
<tr><td>암행평가/ 불시평가</td><td>300점</td><td>265점</td><td>200점</td><td>200점</td><td>200점</td></tr>
<tr><td>총 배점</td><td>1,000점</td><td>850점</td><td>700점</td><td>600점</td><td>600점</td></tr>
<tr><td rowspan="2">결정 기준</td><td>공통기준</td><td colspan="5">1. 별표 2에 따른 등급별 등급평가기준 상의 필수항목을 충족할 것
2. 제11조 제1항에 따른 점검 또는 검사가 유효할 것</td></tr>
<tr><td>등급별 기준</td><td>평가점수가 총 배점의 90% 이상</td><td>평가점수가 총 배점의 80% 이상</td><td>평가점수가 총 배점의 70% 이상</td><td>평가점수가 총 배점의 60% 이상</td><td>평가점수가 총 배점의 50% 이상</td></tr>
</table>

3. 현장평가 기준

1) 공용공간 및 서비스

공용공간 및 서비스는 호텔안내 및 주차시설, 현관 및 로비, 프런트 데스크, 복도 및 계단관리와 관련된 기준이 있다.

공용공간 및 서비스 평가 부문

공용공간 및 서비스	5성	4성	3성	2성	1성
호텔안내 및 주차시설	• 호텔의 안내 정보 • 보안시설 설치 및 관리 • 주차 편리성 • 옥외조경시설	• 호텔의 안내 정보 • 보안시설 설치 및 관리 • 옥외조경시설			
현관 및 로비	• 로비의 안락감 • 현관 및 로비 종사원의 운영 • 고객 수화물 보관 서비스 • 문화행사 및 교통시설 예약 서비스	• 로비의 안락감 • 고객 수화물 보관 서비스	• 현관 및 로비 종사원의 복장 용모 및 기능상태 • 화장실의 유지관리 상태	• 현관 및 로비 종사원의 복장 용모 및 기능상태 • 화장실의 유지관리 상태	• 현관 및 로비 종사원의 복장 용모 및 기능상태 • 화장실의 유지관리 상태
프런트 데스크	• 프런트 데스크 기능을 위한 적정 인력 확보 • 환전서비스 여부 • 고객에 대한 서비스 기록 관리 상태 • 프런트 근무자의 능력 등 • 프런트 근무자의 서비스 수준 • 안전금고(safety deposit box) 설치 및 운영	• 프런트 데스크 기능을 위한 적정 인력 확보 • 환전서비스 여부 • 고객에 대한 서비스 기록 관리 상태 • 프런트 근무자의 능력 및 서비스 수준 • 안전금고(safety deposit box) 설치 및 운영	• 프런트 근무자의 서비스 수준 • 호텔 인터넷 예약 서비스	• 프런트 근무자의 서비스 수준 • 호텔 인터넷 예약 서비스	• 프런트 근무자의 서비스 수준 • 호텔 인터넷 예약 서비스
복도 및 계단관리	• 복도 및 계단의 관리 및 청결상태 • 복도 및 계단의 실내장식 및 분위기	• 복도 및 계단의 관리 및 청결상태			

2) 객실 및 욕실

객실 및 욕실은 객실 수 및 면적, 객실의 안락감 및 편의성, 객실의 전기 · 통신 시설, 욕실 부문과 관련된 기준이 있다.

객실 및 욕실 평가 부문

객실 및 욕실	5성	4성	3성	2성	1성
객실 수 및 면적	• 객실 수 • 객실의 다양성 • 객실의 면적	• 객실 수 • 객실의 다양성 • 객실의 면적			
객실의 안락도 및 편의성	• 객실의 관리상태 • 객실 내 가구의구비 및 관리상태 • 객실의 편의용품 제공 및 품질상태 • 침대 및 침구류 관리 상태 • 객실의 청결상태 • 객실의 냉 · 난방 상태 • 객실의 방음상태 • 객실의 차양 및 방충망(필요 시) 유무 • 객실의 보안관리 상태 • 객실 내 비상시 안내지침서 구비 여부 및 비상대피 안내도 부착여부 • 객실 내 호텔의 제반서비스에 대하여 한국어와 외국어로 제작된 안내물 제공(객실 TV 동영상 또는 안내홍보물 등) • 고객 모니터링 시스템	• 객실의 청결 및 관리상태 • 객실 내 가구 및 침대 및 침구류 관리 상태 • 객실의 편의용품 제공 및 품질상태 • 객실의 냉 · 난방 및 방음상태 • 객실의 차양 및 방충망(필요 시) 유무 • 객실의 보안관리 상태 • 객실 내 비상시 안내지침서 구비 여부 및 비상대피 안내도 부착여부 • 객실 내 호텔의 제반서비스에 대하여 한국어와 외국어로 제작된 안내물 제공(객실 TV 동영상 또는 안내홍보물 등) • 고객 모니터링 시스템 • 세탁 서비스(Laundry Service)	• 객실의 청결 및 관리 상태 • 객실 내 가구 및 침대 및 침구류 관리 상태 • 객실의 편의용품 제공 및 품질상태 • 객실의 냉 · 난방 및 방음 상태 • 룸서비스 제공 여부 • 객실 내 비상시 안내지침서 구비 여부 및 비상대피 안내도 부착 여부	• 객실의 청결 및 관리 상태 • 객실 내 가구 및 침대 및 침구류 관리 상태 • 객실의 편의용품 제공 및 품질 상태 • 객실의 냉 · 난방 및 방음상태 • 객실 내 비상시 안내지침서 구비 여부 및 비상대피 안내도 부착 여부	• 객실의 청결 및 관리 상태 • 객실 내 가구 및 침대 및 침구류 관리 상태 • 객실의 편의용품 제공 및 품질 상태 • 객실의 냉 · 난방 및 방음상태 • 객실 내 비상시 안내지침서 구비 여부 및 비상대피 안내도 부착 여부

객실 및 욕실	5성	4성	3성	2성	1성
객실의 전기 · 통신 시설	• 객실 내 인터넷 이용(연결)의 편리성 • 컴퓨터 제공 여부 • 객실 내 화재감지기의 작동 및 관리상태 • 객실 내 간이 완강기, 인명구조기구, 휴대용 비상조명등의 관리 및 제공 여부	• 객실 내 인터넷 이용(연결)의 편리성 • 컴퓨터 제공 여부 • 객실 내 화재감지기의 작동 및 관리상태 • 객실 내 간이 완강기, 인명구조기구, 휴대용 비상조명등의 관리 및 제공 여부			
욕실	• 욕실의 면적 • 욕실의 편의용품 비치 • 욕실 가구(욕조 또는 샤워부스, 세면대 등)의 품질 및 훼손 정도 • 욕실의 청결 및 관리상태 • 욕실의 환기 및 배수상태	• 욕실의 면적 • 욕실의 편의용품 비치 • 욕실 가구(욕조 또는 샤워부스, 세면대 등)의 품질, 청결 및 관리상태 • 욕실의 환기 및 배수상태	• 욕실의 편의용품 비치	• 욕실의 편의용품 비치	• 욕실의 편의용품 비치

3) 식음료 및 부대시설

식음료 및 부대시설은 식음료 업장 및 관리, 주방시설 및 관리, 부대시설의 수준 및 서비스, 회의 및 연회시설, 비즈니스 센터 설치 · 운영상태, 장애인 이용시설 등에 대한 평가 기준이 있다.

식음료 및 부대시설 평가 부문

식음료 및 부대시설	5성	4성	3성	2성	1성
식음료 업장 시설 및 관리	• 식음료 업장 유무 • 식음료 업장의 분위기, 동선과 공간의 활용상태 • 테이블과 의자의 품질상태 • 종사원의 서비스 상태 • 식음료업장 내부 관리 및 청결상태	• 식음료업장 설치 유무 • 식음료업장의 분위기, 동선과 공간의 활용상태, 테이블과 의자의 품질상태 • 종사원의 서비스 상태 • 식음료업장 내부 관리 및 청결상태	• 종사원의 서비스 상태 • 식음료업장 내부의 관리 및 청결상태(임대식당 포함)	• 종사원의 서비스 상태	• 종사원의 서비스 상태 • 식음료업장 내부의 관리 및 청결상태(임대식당 포함)

식음료 및 부대시설	5성	4성	3성	2성	1성
주방시설 및 관리	• 주방의 업장에 대한 면적점유율 • 주방에서 조리한 음식이 고객에게 전달되는 체계 • 주방 청결 및 쓰레기 분리수거 상태 • 식재료 보관 및 저장 관리상태 등	• 주방의 업장에 대한 면적 점유율 • 주방 청결 및 쓰레기 분리수거 상태 • 식재료 보관 및 저장 관리상태	• 주방시설 및 관리 • 주방 청결 및 쓰레기 분리 수거 상태 • 식재료 보관 및 저장 관리 상태	• 주방시설 및 관리 • 주방 청결 및 쓰레기 분리 수거 상태 • 식재료 보관 및 저장 관리 상태	• 주방시설 및 관리 • 주방 청결 및 쓰레기 분리 수거 상태 • 식재료 보관 및 저장 관리 상태
부대시설의 수준 및 서비스	• 피트니스 센터의 제공 및 수준 등 • 편의시설의 분위기, 이용시설의 수준 등 • 종사원의 외국어 구사능력	• 피트니스 센터의 제공 및 수준 등 • 종사원의 외국어 구사능력			
회의 및 연회시설	• 회의(연회장) 가능 시설의 유무 • 조명, 음향 및 시청각 시설 • 회의 편의시설 및 서비스 • 회의실(function room) 확보 여부				
비즈니스 센터 설치·운영상태	• 비즈니스센터 운영상태 • 비즈니스센터 내 지원시설의 비치 및 운영·관리상태	• 비즈니스센터 운영상태 • 비즈니스센터 내 지원시설의 비치 및 운영·관리상태			
장애인 이용시설	• 호텔 내 시설 이용 가능 여부 • 장애인이 로비에서 객실까지 이동의 가능 여부				

4) 부가점수

(1) 가점(加點)

가점 기준은 에너지 절감을 위한 경영, 전문 한식당 운영 여부, 종사원 교육 및 유자격 종사원 고용상태에 관한 기준이다.

부가점수(加點)

부가점수(가점)	5성	4성	3성	2성	1성
에너지 절감을 위한 경영 - 그린카드 제도운영 - 건물 에너지효율 등급 인증 - 탄소성적(환경성적)표지 인증 - 녹색건축인증 - 에너지경영시스템 인증					
전문 한식당 운영 여부 ※ 전문 한식당을 독립적으로 운영					
종사원 교육 및 유자격자 고용상태 1) 종사원 교육 2) 호텔경영사 및 호텔관리사, 호텔서비스사의 고용					

(2) 감점(減點)

감점은 호텔 내의 화재 발생 여부, 범죄 발생 여부, 영업상 행정조치 여부, 고객불편 신고센터의 처리 상태, 테러 예방 및 대비와 관련 조직 및 운영 등에 관한 기준이 있다.

부가점수(減點)

부가점수(가점)	5성	4성	3성	2성	1성
가. 호텔 내 화재 발생 여부(최근 3년간)					
나. 호텔 내 범죄 발생 여부(최근 3년간) 1) 호텔 내 도난 등 범죄 발생 여부 2) 호텔 경영주 및 종사원의 불법행위(최근 3년간)					

부가점수(가점)	5성	4성	3성	2성	1성
다. 영업상 행정조치 여부(최근 3년간) 위생 점검, 소방점검, 노사분규 등 영업상의 행정조치(행정처분, 과태료, 과징금 등)					
라. 고객 불편신고 처리 상태(최근 3년간) 1) 시설 및 위생관리 ※ 관광공사, 소비자원 등에 접수된 사항 중 시설, 위생관리, 불편신고 2) 부당요금징수, 서비스 불만, 예약 조건 불이행, 기타					
마. 대테러 예방 및 대비 관련 1) 임직원 대테러·안전마인드 소지 및 안전관리 전담조직 운영 2) 출입통제 시스템 운영, 시설물 외곽 관리 및 감시 시스템 구축					

4. 암행평가(불시평가)

호텔에서 신청한 등급이 5성·4성급인 경우에는 평가요원이 1박을 하는 암행평가를 하며, 3성·2성·1성급은 호텔에 사전에 통지없이 당일 조사를 하는 불시평가를 실시한다.

암행평가는 예약 서비스, 현관 및 주차 서비스, 로비환경 및 프런트 데스크 서비스(체크 인), 객실 서비스, 룸 서비스(room service), 비즈니스 센터, 식당, 체크 아웃, 배웅이 평가 기준이 된다.

암행평가 기준

평가항목	평가내용	비고
1. 예약 서비스	가. 전화응대	
	나. 예약상담	
2. 현관 및 주차 서비스	가. 호텔도착	
	나. 현관 및 주차 서비스	
3. 로비환경 및 프런트 데스크 서비스(체크 인)	가. 로비환경 및 서비스	
	나. 프런트 데스크 서비스(체크 인)	

<table>
<tr><th>평가항목</th><th>평가내용</th><th>비고</th></tr>
<tr><td rowspan="8">4. 객실 서비스</td><td>가. 입실 서비스</td><td></td></tr>
<tr><td>나. 객실 서비스</td><td></td></tr>
<tr><td>다. 야간근무 서비스</td><td></td></tr>
<tr><td>라. 미니 바</td><td>※ 미니 바가 없는 경우 세부 평가항목은 0점으로 평가</td></tr>
<tr><td>마. 세탁 서비스</td><td>※ 세탁 서비스가 없는 경우 세부 평가항목은 0점으로 평가</td></tr>
<tr><td>바. 하우스키핑</td><td></td></tr>
<tr><td>사. 객실 부가 서비스</td><td></td></tr>
<tr><td>아. 객실 보안 및 안전</td><td></td></tr>
<tr><td>5. 룸 서비스</td><td></td><td>※ 룸 서비스가 없는 경우 세부 평가항목은 0점으로 평가</td></tr>
<tr><td>6. 비즈니스 센터</td><td></td><td></td></tr>
<tr><td rowspan="3">7. 식당</td><td>가. 식당 환경 및 고객 환대</td><td></td></tr>
<tr><td>나. 식당 메뉴</td><td></td></tr>
<tr><td>다. 음식 및 음료제공 서비스</td><td></td></tr>
<tr><td>8. 체크 아웃</td><td></td><td></td></tr>
<tr><td>9. 배웅</td><td></td><td></td></tr>
</table>

제3절

호텔업과 환경경영

1. 환경경영의 의의

전 세계적으로 만연되고 있는 환경보호의 중요성은 기업 경영에도 많은 영향을 끼치고 있다. 환경표지 제도는 독일에서 시행(1979년)된 이래 유럽연합, 북유럽, 캐나다, 일본 등의 국가에서 시행 중에 있다.

한국의 정부에서도 제품 생산 및 소비 과정에 걸쳐서 오염발생이 적고 자원을 절약하는 상품에 환경 마크를 인증하는 제도를 운영하고 있으며, 그동안 환경 표지는 식품, 농산물, 약품 및 서비스를 제외한 공산품에 대해서만 시행되었으나, 산업의 고도화와 환경에 대한 중요성을 인식하여 서비스 산업에 대한 비중의 증대와 친환경적인 생산과 소비 촉진을 위해서 서비스 부문에까지 환경표지 대상 품목을 확대시켰다. 주요 선진국가들은 서비스 부문에 환경표지 인증제도를 운영하여 오고 있으며, 해외의 주요 환경표지 제도 운영 사례는 다음과 같다.

해외 주요 환경표지 제도 운영 사례

국가	북유럽(Nordic Swan)	유럽연합 (EU)	미국 (Green Seal)	캐나다 (Terra Choice)
제품군	69개	26개	34개	91개
서비스 관련제품군	• 호텔/유스호스텔 • 클리닝 서비스 • 레스토랑 서비스 • 세탁 서비스 • 사진 인화 서비스 • 인쇄회사 • 세차장 • 식료품/슈퍼마켓 • 유치원(개발중) • 자동차보험(개발 중)	• 숙박 서비스 • 캠핑장	• 상업 및 공공건물 청소 서비스 • 주거 청소 서비스 • 숙박 서비스 • 레스토랑 서비스	• 숙박시설 • 디지털 프린팅 서비스 • 잔디관리 서비스

자료 : 한국환경산업기술원

한국에서는 서비스 부문(2010년)이 최초 인증개발 품목으로 확대되어 호텔 서비스를 선정하게 되었다.

환경표지 인증제도

환경표지 인증제도와 관련된 사항은 한국환경산업기술원의 환경표지 인증신청 매뉴얼(호텔 서비스)의 자료를 인용하였다.

2. 환경경영의 기준

호텔서비스의 인증기준 및 인증제도는 호텔업 등급 결정에 관한 요령에 의거하여 등급심사를 받아 등급을 취득한 관광호텔이 해당된다. 호텔에서 서비스 제공과정에서 발생하는 소모품 구입에서부터 에너지, 물, 화학물질 사용 및 폐기물까지 전 과정에 걸쳐 발생하는 환경부하에 대하여 기준을 설정하였으며, 필수 기준을 모두 충족하고 선택항목의 총점을 기준으로 하여 부문별 최소 요구를 만족해야 하며, 7개 부문과 66개 기준으로 설정되어 있다.

호텔서비스 인증 부문별 기준

부문		에너지	물	폐기물	유해화학물질	녹색구매	환경경영	부대시설	소계
기준수		14	8	12	8	8	14	2	66
구분	필수	2	2	2	2	1	1	1	11
	선택	10	5	8	6	6	12	1	48
	추가	2	1	2	-	1	1	-	7
점수		20	14	15	12	14	20	5	100
최소 요구점수		8	6	6	5	5	10	0	40

주 : 실천 난이도가 높은 항목은 추가 점수 기준으로 구성되어 있으나, 선택기준의 합은 기준별 총점을 초과 할 수 없음.
자료 : 한국환경산업기술원

3. 호텔업의 부문별 기준

1) 에너지 분야

에너지 사용량을 주기적으로 측정하고 구체적인 목표를 설정하고 달성 정도의 여부를 점검하고 지속적으로 에너지를 절감하는데 목적이 있다. 호텔의 운영과정에서 객실의 냉난방 수도, 세탁, 사우나, 수영장, 레스토랑, 호텔의 고객방문 등 많은 활동이 발생되어 에너지 사용량이 부문별로 사용되고 있는 현황을 파악하고 분석하여 개선하는데 있다.

에너지 절감을 위한 고효율 기자재 및 절감 설비 도입을 촉진하는데 있다. 호텔의 직접 온실가스 배출량과 간접 온실가스 배출량을 계산하여 총 온실가스 배출량을 월별로 나타내고 증감 현황을 분석하도록 하고 있다.

온실가스 배출량의 계산

신축 건물 등 인증신청 시점 이전 3개년도 평균값을 제출할 수 없는 경우에는 1개년도 평균값으로 대체하여 설정한다. 3개월 이상의 대규모 리모델링 공사를 실시한 경우, 해당 공사 기간을 자료 수집 범위에서 제외할 수 있으며, 이 경우 적정성 여부는 환경표지 인증심의위원회의 검토를 거쳐 판단한다.

정부기관에서 실시하고 있는 탄소 상쇄 프로그램에 참여 여부, 영업장(객실, 부대시설 등)에서의 전력 사용량 및 가스 사용량 측정계를 설치하여 각 영업장의 에너지 사용량을 개별적으로 측정 가능하도록 운영하고 있다. 또한 컴퓨터에 의한 설비 자동 제어시스템 또는 네트워킹 가능한 현장제어장치 등을 채택한 시스템을 설치하여 운영하도록 하고 있다.

탄소 상쇄 프로그램의 참여

정부기관이 실시하고 있는 탄소 상쇄 프로그램에는 탄소 포인트제, 탄소중립 프로그램 등이 있으며 이 밖의 프로그램에 참여하고 있는 경우 적정성 여부는 환경표지 인증 심의위원회의 검토를 거쳐 판단한다.

호텔에서 보유하고 있는 보일러가 환경표지인증 또는 고효율 기자재인증을 받았거나 등등 수준 이상의 제품 사용과 호텔의 장소별 고효율 조명기기의 설치를 권장하여 조명 절약기능을 요구하고 있다. 객실 전체에 키택 홀더를 설치하고 있거나 고객의 입 · 퇴실에 맞추어 자동으로 조명을 조절하는 시스템을 운영하게 함으로서 에너지 절감의 효율성을 도모하는데 있다.

고효율 조명기기의 설치

제품 비율은 장소별로 고효율 조명기기의 설치 수량을 조명기기의 총 설치 수량으로 나누어 백분율로 계산한 값을 말한다.

2) 수자원 분야

호텔의 용수 사용량을 저감(低減)하기 위하여 기초 자료를 구축하고 구체적인 저감 목표를 설정하여 실천하는데 목적이 있다. 호텔의 물 사용량을 주기적(일별 또는 월별)으로 측정한 연간 자료를 가지고 있어야 하며, 구체적인 물 사용량 절감 목표가 설정되어 있어 절감 달성 현황을 주기적으로 점검하도록 하고 있다. 객실의 타월(towel)과 침대 시트는 고객이 교체를 요구할 경우에만 교체하도록 교체방법을 알리는 안내문을 비치하도록 하고 있으며, 호텔의 객실과 공용화장실에 설치된 수도법에 따른 절수설비의 기준에 적합한 절수설비의 기준에 적합한 제품이거나 환경표지인증을 받은 제품을 사용하도록 하고 있다.

특히 물을 재이용할 수 있는 시설(중수도 설비 또는 재활용 설비)을 설치하여 사용하도록 하고 있고, 정원 등 외부 식생에 물을 공급할 때는 최대 일조시간을 피하여 실시하도록 함으로서 용수 사용량을 절감하고 비용을 줄이는데 목적이 있다.

3) 폐기물 분야

호텔에서의 폐기물 배출량의 측정 데이터를 관리하고 저감(低減)목표를 달성하고자 하는데 있으며, 호텔의 폐기물 배출량을 주기적(일별 또는 월별)으로 측정한 연간 자료를 가지고 있으며, 폐기물 종류별 구체적인 배출량 저감 목표가 설정되어 있어 저감(低減) 달성 현황을 주기적으로 점검하도록 하고 있다.

호텔의 레스토랑 운영, 행사, 개최 등을 발생하는 음식물 쓰레기 배출량 저감을 위하여 프로그램을 운영하고 있어야 하며, 음식물 쓰레기 줄이기를 위하여 자발적 협약을 환경 관련 정부기관과 체결하여 운영하고, 음식물 쓰레기의 자원화 실적을 제출하도록 하고 있다. 폐유 및 폐식용유를 수거하여 비누, 바이오 디젤 등으로 재활용하거나 재활용하는 용역회사를 이용하고 있으며, 행사장 및 식음료 영업장에서 미판매된 식료품을 기부(寄附) 식품으로 제공하도록 규정하고 실천하고 있는지의 여부 등도 중요한 기준이 된다.

음식물 쓰레기의 자원화 실적

음식물 쓰레기의 자원화 활동에는 퇴비화, 건조 사료화 등이 해당된다.

모든 공용화장실에는 전기를 이용한 손 건조기가 설치되어 있거나 환경표지 인증을 받은 종이 타월을 이용하게 하고 있으며, 호텔에서 사용이 끝난 린넨 용품은 청소용품으로 재사용하거나 사회에 기부하도록 권장하고 있다. 또한 호텔에서 사용이 끝난 가구 및 전자제품은 제품 또는 판매대금 중 일부를 사회에 기부하도록 하고 있으며, 고객이 서류 작성 없이 체크 인이나 체크 아웃이 가능한 시스템을 구축하도록 권장하고 있다.

4) 유해 화학물질

호텔에서 사용하는 화학물질이 위생규정과 제조회사의 지침에 따라 보유 대장과 관리장부 등을 만들어 유해화학 약품을 안전하게 관리하는데 목적이 있다.

호텔에서는 사용하는 청소용품, 세제(洗劑), 접착제, 페인트, 소독약품 등은 보유대장을 만들고 연 1회 이상 지속적으로 보유 제품의 목록을 관리해야 하며, 사용상 주의를 요하는 제품에 대하여 종사자에게 연 1회 이상 사용방법 등 관리 교육을 실시해야 한다.

호텔에서 사용하는 세제 및 세정제는 친환경상품의 구매를 촉진시키기 위하여 기준을 설정하고 있으며, 세탁 세제 및 식기 세척기용 세제는 자동 투입량 조절 시스템을 갖추어 관리하도록 하고 있다.

실내 공기의 질 관리를 건축물의 실내 장식 교체 또는 리모델링 공사 시 유해물질, 대기 오염물질, 실내 공기오염을 저감하는 친환경 건축 자재를 사용하도록 요구하고 감독하는지의 여부 등이다. 또한 호텔은 객실 및 레스토랑의 금연 지역 설정을 통해 금연 비율을 높이기 위하여 노력하고 있는지의 여부 등도 중요한 기준이 된다.

친환경 건축자재의 범위

친환경 건축자재의 범위는 『환경표지 대상제품 및 인증기준』에 기재된 건축자재 중 인증사유가 "유해물질 저감", "대기 오염물질 저감", "실내 공기 오염 저감" 중 하나(또는 그 이상)에 해당하는 환경표지 인증제품에 한한다.

5) 녹색구매

호텔에서 사용하는 기기, 사무용품, 소모품 및 식자재 등에 관한 녹색 구매 정책 또는 지침을 수립주시하도록 하는데 목적이 있다. 호텔 내에서 사용하는 물품 중에서 친환경상품(사무용지, 화장지, 비누, 샴푸 · 린스 · 바디 워시, 린넨용품, 사무용품 등)으로 교체가 가능한 품목을 조사하고 교체계획을 수립하는 등 친환경 구매지침을 수립하여 친환경상품의 생산과 소비를 촉진시키는데 있다.

녹색구매 정책(지침)의 수립

녹색구매 지침에는 제도의 목적, 부서별 역할, 녹색 구매의 범위 및 요령 등이 포함되어 있어야 한다.

호텔에서 객실에 설치하거나 비치하는 제품(냉장고, 텔레비전, PC, 전기 주전자 및 전기 커피 제조기, 침대, 기타 가구류 등)에 대하여 친환경상품, 에너지 소비효율 1등급 제품 및 대기전력 저감 우수제품의 보유 비율에 높이도록 하고 있다.

호텔의 홍보물은 인쇄양의 50% 이상이 환경표지 인증을 받았거나 환경표지 인증을 받은 용지에 인쇄하여 제공하도록 하고 있으며, 호텔의 물품 구매시스템에 제품의 친환경 상품 인증 정보를 입력하여 구매 의사결정시 친환경 상품을 쉽게 확인하여 구매할 수 있도록 하고 있다.

호텔의 홍보물

호텔의 홍보물은 객실 및 로비에 비치한 것으로, 고객 안내문, 설문조사지, 브로슈어 등을 포함한다.

6) 환경경영

환경경영이란 호텔운영에 따른 환경영영이 전사적으로 이루어 질수 있도록 하는 환경경영 방침의 확립과 법률의 준수, 사업장의 적합한 환경목표를 수립하여 지속적으로 개선해 나가겠다는 의지가 포함되어야 한다.

환경 목표의 수립

환경방침에는 환경 관련법규에서 요구하는 사항을 준수하겠다는 선언을 포함한다.

기업은 환경보호를 포함하여 그 방침을 대내 · 외에 공표하고 종사원들에 대한 교육 실시, 환경개선을 위한 지속적인 노력과 주기적인 모니터링을 실시하여 개선점을 도출하는 한편, 환경방침과 목표, 추진계획을 이행하기 위한 전담조직의 구성이 필요하다.

환경 경영 보고서를 주기적으로 발간하여 고객 및 투자자에게 제공해야 하며, 문서화된 절차 및 매뉴얼에 의하여 모든 직원에게 환경교육을 실시하고 있으며, 직원이 친환경 호텔 경영을 위한 아이디어를 제안할 경우 인센티브를 부여하는 등 환경경영에 동참할 수 있는 프로그램을 운영하고 있어야 한다.

환경개선 프로그램 참여 및 실시, 사회적 기여를 위한 봉사활동과 캠페인을 실시하는 것을 포함하고 있다. 또한 호텔에서 추진하고 있는 환경 프로그램에 대하여 고객의 의견을 수렴할 수 있는 시스템(설문조사 등)을 갖추고 있으며, 조사 결과를 추진 계획에 반영하고 있어야 한다. 또한 고객의 호텔이용 비용 중 일부를 환경활동에 기부하는 등, 호텔을 이용할 경우 환경개선 효과가 있는 프로그램을 운영하도록 하고 있으며, 친환경 프로그램에 참여하는 고객에게 인센티브를 제공하고 있도록 하고 있다. 또한 호텔의 교통유발 부담금을 감면시킬 수 있는 방안도 수립하여 운영하는 계획도 필요하다.

환경개선 프로그램 및 봉사활동

환경개선 프로그램 참여 및 실시의 사례로 '지구의 날' 행사에 동참하여 1시간 조명 소등 캠페인을 실시한 실적 등이다.

7) 부대시설

호텔에서 운영하는 업장인 레스토랑이나 커피숍 등에서 친환경 농축산물 인증을 받은 제품의 구매 등을 촉진하고 관련 정보를 제공함으로서 친환경 식자재의 보급을 촉진하는데 있다. 이를 위해 호텔에서 운영하는 식음료 영업장 중 하나 이상의 업장에서 친환경 농축산물 인증을 받은 제품을 주재료로 사용하는 메뉴를 2종 이상 지속적으로 제공하고 있어야 하며, 식음료 영업장 중 하나 이상의 업장에서 채식주의자용 메뉴를 메뉴판에 표기하여 제공해야 한다.

친환경 농축산물 인증 제품

친환경 농축산물 인증 제품의 주재료는 조미료, 향신료 등을 제외한 음식의 주된 재료를 말한다.

또한 호텔에서 수영장을 운영하고 있는 경우 수영장의 환경관리를 위하여 적정량의 사용과 자동투여 방식, 소독 대체 시스템을 구축하고 있는지의 여부와 물과 에너지의 소비량을 측정하여 관리하도록 하는데 있다.

호텔 수영장의 환경관리

호텔에서 수영장을 운영하고 있지 않은 경우에는 이 인증기준을 적용하지 않는다.

제3장

호텔의 경영형태와 정책

제1절

호텔의 경영형태와 브랜드

1. 호텔의 경영형태

호텔의 경영형태에 대한 분류기준은 경영형태에 따라서 단독경영과 체인경영으로 구분을 하고 있으며, 체인경영은 계약종류에 따라서는 다양한 차이를 나타내고 있다. 따라서 호텔경영에 있어서 자본의 참여와 외국기업의 건설기술 도입 및 경영전략적 차원의 외국브랜드(brand)도입 등에 따라서 분류되고 있다.

따라서 호텔의 경영형태에서는 단독경영, 체인경영, 프랜차이즈 체인, 리퍼럴 조직경영, 임차경영의 차원에서 살펴보기로 한다.

1) 단독경영호텔

단독경영호텔(independent hotel)은 경험 있는 인력확충에 의한 자체 경영방식으로서 호텔들이 1개의 소유로 운영이 되거나 그룹사의 경우 호텔기업에 투자해서 관리하는 경영형태이다. 현대의 기업경영은 주식회사 조직으로 자본과 경영이 분리되는 형태를 취하고 있다.

장점으로는 독자적 경영, 자체운영 기술개발 및 축적, 위탁경영 수수료 · 상표사용 수수료 등의 비용지출이 필요하지 않고, 국내(local)호텔의 기업 이미지 고양이 가능하다. 그러나 단점으로는 해외광고 · 선전 · 판촉의 제한, 건설 · 운영에 대한 경험의 부족, 경쟁력제고를 위해서는 장기적인 비용 지출이 있다.

2) 체인 경영호텔

체인호텔(chain hotel)은 일반체인(regular chain)호텔과 경영협약체인(management contracts)호텔로 분류할 수가 있다. 관리운영 · 위탁경영호텔이란 관리와 영업의 호텔운영을 체인본부에서 파견되는 중요 간부진들이 호텔의 영업을 대신하고 이에 따른 대가를 받는 것을 말한다.

체인호텔은 본부의 위탁경영 및 건설기술 도입의 성격이 있으며, 지불 수수료는 건설기술도입 수수료, 개관 준비 및 위탁경영 수수료, 공동예약시스템 사용에 따른 수수료 등이 있다. 장점은 체인본부의 기술개발(know-how) · 공동예약 시스템 · 호텔운영 시스템의 이용이 가능하며, 국제적인 경쟁력 유지, 공동광고 · 선전 · 판촉효과, 대량구매에 의한 원가절감, 건설기술 및 개관준비 서비스, 용이한 자금조달, 경영합리화가 가능하다. 그러나 호텔경영권 · 인사권의 상실, 위탁경영수수료의 비용지출, 계약조건에 따른 법적 분쟁의 발생가능성 등이 있다.

3) 프랜차이즈 체인호텔

프랜차이즈(franchise)란 가맹권 및 상품권의 판매를 의미하며, 유통업부문에서는 프랜차이즈가 성행한 것은 1930년대이다. 이러한 프랜차이즈가 모텔과 모터호텔 등 호텔기업에서 도입이 되어 이용된 것은 1950년대이다. 즉, 모회사(母會社)가 개인이나 비교적 작은 기업들에 대해 일정한 장소에서 권리나 특권을 사용할 수 있도록 허가해 주는 제도를 말한다. 이 형태는 지명도가 높은 호텔상표의 사용 및 건설 · 운영기술의 도입 · 운영한 후 계약기간 동안 수수료를 부담하게 된다.

장점으로는 유명호텔의 상표 및 공동예약시스템의 이용, 국제적인 경쟁력 유지, 공동광고 · 선전 · 판촉효과, 필요 시 건설기술 및 개관 준비 서비스, 용이한 자금조달이 가능하다 그러나 독자적인 경영권 제한, 프랜차이즈(franchise)수수료 비용 지출, 계약 조건에 따른 법적 분쟁 발생의 가능성과 같은 단점이 있다.

4) 리퍼럴 조직경영호텔

리퍼럴(referral) 조직은 같은 업자의 조합에 의한 경영방식으로 각각의 업자들로 구성된 조합의 성격을 띈 형태를 말한다.

리퍼럴 연합은 비영리 단체로 조직이 되고 가입한 회원들에 의해서 소유되고 운영이 된다. 입회비, 연회비, 객실예약 실적당 수수료와 같은 지불조건이 있지만 가입에 따르는 비용부담으로는 판매 객실 수와 영업일수 등을 근거로 산출이 되는데, 회비는 규모에 따라서 차이가 있다.

이 방식의 장점은 단독경영 호텔들의 공동체 형성으로 체인 및 프랜차이즈 호텔에 대항하고 국제적인 공동예약 시스템을 형성할 수가 있으며, 호텔경영의 독립성을 유지하고, 공동광고 · 선전 · 판촉효과 등으로 판매의 증진을 도모할 수가 있다. 그러나 객실예약 실적당 수수료 지불, 가입조건에 따른 시설점검, 공동예약시스템의 기여도가 미약하다는 단점이 있다.

5) 임차경영호텔

토지 및 건물의 투자에 대한 자금조달 능력을 갖추지 못한 호텔기업이 제3자의 건물을 계약에 의해서 임대(lease management hotel)를 하여 호텔사업을 운영하는 경우이다. 일본의 경우 이를 테난트(tanent)방식이라 하며, 제3자가 소유하는 건물에 입주하여 경영 및 운영을 하는 형태를 말한다.

임대차계약의 기본적인 형태로는 건물의 내장, 가구, 비품에 대한 투자는 경영주체(經營主體)인 호텔기업이 부담을 하고 임차료는 사전에 결정된 일정액을 소유주에게 지불하는 것이다. 테난트 방식에는 보편화되어 있는 임대료 방식과 명목 임대료와 실질 임대료 방식, 공사 구분에 의한 형태가 있다.

호텔경영 형태의 비교

호텔경영 형태	호텔소유자		호텔영업자	
	장점	단점	장점	단점
단독경영 형태	• 완전, 자유롭게 영업이 가능 • 수수료가 없어 수익 확보가 가능	• 타 호텔들과 제휴, 리퍼럴, 예약시스템의 활용이 어려움 • 경영하락 위험		
체인호텔	• 호텔경영의 경험 없이 투자 가능 • 체인본부에서 전문경영자가 호텔경영을 전담 • 최대의 수익성 확보 가능	• 경영통제권 상실 • 최대 위험부담 • 경영위탁 수수료 지불(총매출액의 3~5%) • 체인본부 소속의 경영자를 임의대로 통제할 수 없음	• 체인망 확장 가능 • 최소 비용으로 경영 위탁 수수료 등 수입증가 • 호텔소유자에게 급료 지불이 안 됨	• 제한적 경영위탁 수수료 수입 • 호텔소유주 결정에 따라 최소한의 투자만 가능 • 소유주의 재정적 강점에 의존 • 계약만료에 따른 자산가치의 상실
프랜차이즈 호텔	• 타 호텔들과 제휴, 리퍼럴, 지도 가능 • 일정한 범위에서 영업자율성 보장 • 최대의 수익성 보장	• 최대의 위험부담 • 프랜차이즈 수수료 부담 • 프랜차이저가 무력해지면 부정적 이미지가 발생할 가능성이 있음	• 최소의 투자로 체인망 증가 • 최소의 원가로 리퍼럴 수수료 등 수입증가 기대	• 호텔표준화와 서비스질 최소한의 통제밖에 할 수 없음 • 수입은 회원사 리퍼럴수수료로 제한되어 있음
리퍼럴 조직 경영호텔	• 타 호텔과의 제휴와 리퍼럴이 가능 • 특히 예약시스템의 자유로운 활용	• 최대의 경영하락 위험 • 리퍼럴 수수료 부담	• 최소의 투자로 체인망 증가 • 최소의 원가로 리퍼럴 수수료 등 수입증가 기대	• 호텔 표준화와 서비스질 최소한의 통제밖에 할 수 없음 • 수입은 회원사 리퍼럴 수수료로 제한되어 있음
임차경영 호텔	• 호텔경영 경험이 없어도 투자가능 • 매출 임대율 측면에서 유리함 • 유능한 체인본부 경영자가 운영하므로 재무관리가 용이	• 경영통제권 상실 • 임대동의서 따른 제한된 수익성	• 최소 투자로 체인망 확장 가능 • 영업비용을 상쇄하고나면 수입증가 • 감가상각비와 운송비가 없음 • 경영의 독점적 통제가 가능함	• 임대료를 포함한 재무적 위험부담 내포 • 임대 종료로 인한 자산가치의 상실 우려

자료 : James J. Eyster, "The Negotiation and Administration of Hotel Management Contracts," 2nd ed., Cornell Univ, 1980, 9, p.14.

2. 호텔업과 브랜드

이미지란 제품이나 대상에 대하여 개인에게 지각이 되고, 학습된 일련의 연상들로서 추상적이기는 하지만 때로는 가장 중요한 제품역할을 하기도 한다.

이미지의 중요성은 정보화의 진전과 사회 환경의 변화로 감성화되고 있다. 감수성이 예민한 세대들의 구매력은 점차 높아지는 것이 세계적인 추세이며, 이들에게는 하드웨어적 가치인 기능, 가격, 편의성뿐만이 아니라 소프트(soft)적 가치도 중요하게 고려하는 요인으로 작용하고 있다.

이미지를 강화하고, 브랜드 인지도를 높이며, 디자인을 개발하여 그 가치를 높이는 것은 이러한 선택이 문화적 가치를 높이는 길이 되고 있기 때문이다. 또한 전 세계적으로 기업 메세나가 확산되고 있는 것도 상품도 중요하지만 이미지와 철학을 판매하는 시대로 마케팅 시장이 변화하고 있음을 단적으로 보여주는 중요한 예이다.

기업 메세나(corporation mecenat)

기업 메세나(corporation mecenat)란 로마제국의 예술, 문화의 옹호자였던 메세나로부터 명칭이 유래되어 기업이 예술, 문화 활동에 대한 전반적인 지원을 하는 것을 말하고 있다.

기업의 이미지(CI기법)는 관광객에게 영향을 미치고 관광상품의 모든 것에 영향을 주게 된다.

고객의 잠재 의식 속에 이미지를 전달하고 강화시켜야 하며, 기업의 경우에는 종업원의 유니폼(uniform)에서부터 상품광고를 위한 회사의 로고(logo)에 까지 모든 것이 자사(自社)의 이미지와 연관이 되어야 한다. 그러나 소프트의 가치는 브랜드 이미지, 디자인의 능력, 기업이미지를 비롯한 모든 것들은 경영자의 경영철학에서 시작이 된다.

기업 이미지(CI : Corporate Identify) 기법

기업 이미지(CI : Corporate Identify) 기법이란 이미지를 종합 관리할 수 있는 새로운 기법으로 일본에서는 1980년대에 등장을 하였다. CI란 기본요소(회사명, 상징마크, logo type, 심볼 칼라)와 가시요소(stationary, business-paper, 카탈로그, 포장, 패션 백, 간판, 사인보드, 차량, 유니폼, 진열, 광고 등), 환경 및 기타요소(외장, 실내장식, sales booth, 전화 booth, 접객, 근무태도, 종사원(top)의 언어와 행동)로 구분할 수가 있다.

소비자 입장에서는 브랜드란 상품의 품질과 연관이 된다고 하는 인식이 있으며, 고객의 요구를 충족시키는 것, 품질이 우수할 것이라는 중심개념으로 하고 있다. 이미지는 산업사회의 경쟁에서 중요한 것으로 인식되고 있으며, 경영자들의 중요한 임무 중에 하나가 되었으며, 이미지를 높이고 품질을 향상시키는 것은 기업이 생존하고 번영하기 위한 필수요건이 되었고 시장 확보와 수익성 제고를 위한 기본여건이고 전략적 변수가 되었다.

소비자들이 인식하는 브랜드 이미지는 서비스 품질의 구성요소가 되는 물적 서비스, 설비 · 장치 · 기구 · 가구 · 비품 · 집기 등이 우수하고 인적서비스인 종사원의 서비스와 전문적인 기술과 지식 및 숙련도 등이 높을 것이라는 판단해서이다.

결국 고객은 이러한 모든 상황하에서 품질에 대한 인식의 정도에 따라 호텔은 선택하고 결정하게 되기 때문에 최종소비자인 고객의 만족 없이는 사업목표를 달성 할 수 없다는 마케팅 철학에 바탕을 두고 있다.

브랜드 상품은 회사의 이미지나 소비자의 기억에 남을 수 있는 상품으로 오랫동안 유지시킬 수 있는 브랜드 네임(brand name)을 선정하는데 특성이나 여행자들이 기억하고 쉽고 상상할 수 있는 상품명을 선택하는 것이 기업의 발전에도 기여 한다.

제3절

국제호텔 그룹과 경영전략

1. 국제호텔 그룹

1) 하얏트 호텔

하얏트(hyatt)호텔은 창업자 프리처커(Pritzker)가문에서 출발하였는데, 로스앤젤러스에 출장을 가는 도중에 발전하게 될 국제공항 부근의 소규모 호텔을 구입하면서 이후 급속하게 확장, 발전하였다.

미국 로스앤젤레스에 하얏트 호텔을 처음 개관(1957년)하였고, 미국 애틀랜타에 하얏트리젠시(Hyatt Regency)를 개관(1967년)하면서 호텔의 주요 고객의 목표를 설정하는 개념을 탄생시켰다. 호텔의 시설도 로비, 전망 엘리베이터 등은 업계의 표준이 되기도 하였으며, 하얏트는 코퍼레이션(corporation)과 인터내셔널(international)의 이원화된 체제로 운영되고 있다.

럭셔리	웰니스	프리미엄	라이프스타일	모던 에센셜	올인클루시브	베케이션 오너십
PARK HYATT	MIRAVAL life in balance spa MONARCH BEACH RESORT	GRAND HYATT	ANdAZ.	HYATT PLACE	HYATT ZILARA	HRC HYATT RESIDENCE CLUB
		HYATT REGENCY	HYATT CENTRIC	HYATT house	HYATT ZILARA	
		HYATT	THE UNBOUND COLLECTION BY HYATT			

2) 인터콘티넨탈 호텔 그룹

인터콘티넨탈호텔 그룹(IHG : Inter-Continental Hotels Group)은 세계 최대 규모의 호텔 체인을 보유하고 있는 영국 기업이다. 1777년 세워진 양조회사 바스(Bass)

가 그룹의 모태다. 영국 정부가 양조회사의 직영하는 수를 제한하자 바스는 호텔 사업에 진출(1989년)했다.

인터콘티넨탈 호텔의 경영 방식은 직접 소유, 위탁 경영, 프랜차이즈 가맹점 등 크게 세 가지로 나뉜다. 전체 호텔 가운데 프랜차이즈 가맹점 형태로 운영하는 호텔이 가장 많고 경영을 위탁받은 호텔 순이다. 직접 소유한 호텔은 전체 호텔 가운데 1%에도 미치지 못한다. 위탁 경영을 맡은 호텔로부터는 전체 수입의 일정 비율을, 프랜차이즈 가맹점 호텔로부터는 객실 수입의 일부를 수수료로 받는다.

대표 호텔인 인터콘티넨탈을 비롯해 홀리데이인(Holiday Inn), 크라운 플라자(Crowne Plaza), 호텔 인디고(Hotel Indigo), 홀리데이 인 익스프레스(Holiday Inn Express), 스테이 브리지(Stay bridge), 스위트 & 캔들우드(Suites and Candlewood) 등의 호텔 브랜드가 있다.

3) 홀리데이 인

가족과 함께 여행하는 도중에 어린 아이들을 싫어하는 모텔에 불만을 느낀 케몬스 윌슨(Kemmons Wilson)은 서비스에는 제한적이기는 하지만 가격이 저렴하고 깨끗한 모텔이란 모토를 갖고 호텔사업을 시작하여 미국 전역에 표준이 된 모텔을 운영하게 되었다.

홀리데이 인(Holiday Inn)은 호텔업계에서는 세계 최초의 컴퓨터예약시스템(CRS : Computer Reservation System)인 홀리덱스(HOLI-DEX)로 이를 통해 호텔수요의 75~80%를 점하고 있는 중급시장(middle market)을 중심으로 활동하였다. 할리덱스(HOLI-DEX)를 강화한 호텔경영시스템(WWHS : World Wide Hotel system)과 예약 최적화 시스템(HIRO : Holiday Inn Reservations Optimizer)도 개발하여 차원 높은 서비스를 제공하면서 경쟁력을 갖추게 되었다.

호텔경영시스템(WWHS : World Wide Hotel System)

호텔경영시스템(WWHS : World Wide Hotel System)은 Front Office의 관리, 판매관리 시점에 대한 관리, Housekeeping의 관리, Accounting, 영업활동 등을 관리하는 시스템이다.

예약 최적화(最適化) **시스템**

예약 최적화(最適化) 시스템(HIRO : Holiday Inn Reservations Optimizer)은 체재기간, 객실요금, 단체예약 및 수익과 직결되는 각종 정보의 파악과 객실재고 및 관리상황을 파악하기 위한 시스템이다.

초기에는 인(Inn)으로 알려졌지만, 홀리데이 코퍼레이션(holiday corporation)으로 기업명을 바꾸고 도심지로 진출하게 되었으며, 해외경영으로 확대하여 갔다. 브랜드는 Crown Plaza hotels & resorts, Holiday Inn hotels & resorts, Holiday Inn express, Stay bridge suites 등의 브랜드가 있었으나 인터콘티넨탈 그룹(Inter-Continental Hotels Group)의 모(母)회사가 인수하게 되었다.

4) 스타우드 호텔 & 리조트 월드와이드

스타우드 호텔 & 리조트 월드와이드(Starwood Hotels & Resorts Worldwide)는 세인트 레지스 호텔 & 리조츠(St. Regis Hotels & Resorts), 더 럭셔리 컬렉션(The Luxury Collection), 엘러먼트(Element), 르 메르디앙(Le Meridien), W 호텔즈(W Hotels), 알로프트(Aloft), 웨스틴 호텔 & 리조트(Westin Hotels & Resorts) 등의 브랜드가 있다.

5) 쉐라톤호텔

쉐라톤(Sheraton)은 호텔 체인으로 본사는 미국 뉴욕 주 화이트 플레인즈에 있다. 스타우드 호텔 & 리조트 월드와이드(Starwood Hotels & Resorts Worldwide) 그룹에 속한 가장 큰 브랜드이자 두 번째로 오래된 브랜드이다.

미국은 1920년대에 공항기를 맞이하여 핸더슨(Ernest Henderson)과 무어(Robert Lowell Moore)는 호텔을 매입하여 호텔을 창업하였다. 이들은 숙박산업의 경험은 없었지만, 제2차 대전 이후 호텔을 추가 매입하고 개 · 보수를 실시하여 가치를 향상시켰고. 호텔을 인수하면서 쉐라톤 호텔이라고 이름 붙였다. 쉐라톤의 성공비결은 혁신과 확장이었고, 특히 최초의 전자 예약시스템을 도입(1958년)하여 고객에게 서비스 제공을 확대하였다. 쉐라톤은 중급 수준의 호텔 브랜드인 포 포인트(Four Point)브랜드를 도입하기도 하였다.

6) 매리어트(JW Marriott) 호텔

메리어트 인터내셔널은 전 세계 112개 국가와 영토에 6,000여 개의 호텔을 둔 선도적인 글로벌 호텔 기업이다. J. 윌러드 메리어트(J. Willard Marriott)와 앨리스 메리어트(Alice Marriott)가 창립한 이래 가족 경영을 통해 이끌어 온 기업이다. 미국 워싱턴 DC 근처 메릴랜드 주 베데스다에 본사를 두고 있고 다양한 브랜드가 있으며 매리어트 그룹은 스타우드 호텔 그룹을 인수(2016년)하게 되었다.

7) 리츠칼튼

리츠칼튼(Ritz-Carlton)사(社)는 리츠칼튼 상호에 대한 소유권 및 보스턴에 위치한 리츠칼튼 호텔의 본부(headquarter)는 미국 조지아주의 애틀랜타에 위치하고 있다. 그러나 체인경험과 호텔경영의 기술개발(know-how)은 짧지만 미국의 상공부로부터 Malcolm Baldrige National Quality Award를 수상(1992년)하기도 하였다.

선발평가 기준

선발평가는 리더십(leadership), 전략적 계획(strategic planning), 고객과 시장 중시(customer and market focus), 정보와 분석(measurement, analysis and knowledge management), 인적자원 중시(workforce focus), 프로세스 관리(process management), 경영성과(results)의 기준이다.(KBS, 신성장동력 서비스를 설계하라, 2008년 1월 3일 방영 자료 참조)

8) 힐튼 호텔

힐튼 호텔 & 리조트(Hilton Hotels & Resorts)는 창업자 콘래드 힐튼(Conrad Hilton)이 세운 미국의 호텔 기업(1919년)으로, 모(母)회사는 힐튼 월드와이드이다. 힐튼 월드 와이드의 호텔은 전세계 100개국에 4600개가 넘는 호텔 지점(2016년)을 두고 있으며 여러 항공사 및 차량 임대 업체와 제휴를 맺고 있다.

힐튼호텔은 미국 내 체인점은 '비스타 인터내셔널 호텔(Vista international)', 미국 이외 체인점은 '콘래드 호텔'이라는 상호를 사용하였다

힐튼 월드 와이드는 다양한 브랜드가 있으며, 콘래드 호텔(Conrad international)브랜드는 힐튼호텔 브랜드 중에서 럭셔리(luxury)급의 브랜드로 사용되고 있다. 힐튼 호텔은 콘래드 호텔 & 리조트(Conrad hotels & resort), 더블 트리 호텔(Double tree hotels), Embassy suites, Hampton inn, Hampton inn & suites, Hilton Garden inn, Hilton grand vacations, Homewood suites, Waldorf Astoria collection 등의 브랜드가 있다.

9) 아코르그룹

아코르(ACCOR)그룹은 고유영역인 호텔분야 이외에도 레스토랑, 케이터링(catering), 여행업, 서비스 바우처(voucher), 렌터카 사업, 침대차와 식당 칸의 운영사업까지 취급하고 있다.

아코르 그룹은 특급호텔에서 이코노믹(economic)까지 다양한 형태의 브랜드를 갖고 있다. 아코르 그룹의 성장배경은 효율적인 경영기법의 도입과 예약센터의 활용이었

으며, 세계적인 예약방식을 호환성 있게 활용할 수 있는 중앙 집중예약 방법인 라잔떼 예약 시스템이었다. 아코르 그룹은 브랜드에 따라 시장세분화를 하여, 마케팅 포지셔닝을 도입하고 이를 적극적인 마케팅 방법으로 활용하고 있다.

10) 초이스 호텔

초이스 호텔(Choice Hotel International)은 모텔업자들은 좋은 품질이 좋은 이미지를 만들어낸다는 생각으로 새로운 공동브랜드를 만들기로 결정했다. 회의에 참가한 모텔 업주들은 '퀄리티 코트 유나이티드(Quality Courts United Inc.)' 라는 회사를 창설하면서 멤버로 가입한 업주들이 똑같이 운영하는 스탠다드(standard)한 기준을 만들어 서비스를 제공토록 했다.

호텔브랜드는 Comfort, Comfort suites, Quality inn, Sleep inn, Clarion, Main Stay suite, Economic lodge, Rode way lodge가 있다.

Clarion은 풀 서비스를 제공하는 호텔 브랜드이며, Comfort Inn과 Sleep inn, Quality inn은 중간 가격대를 형성하고, Economic lodge는 저렴한 가격의 호텔이며, Rode way inn은 가격이 더 저렴하다고 할 수 있다.

11) 베스트 웨스턴

베스트 웨스턴 호텔 & 리조트(Best Western hotel & resort)은 세계 최대의 중저가 호텔체인으로, 숙박업의 경험이 많은 캘리포니아 출신의 호텔 경영자 게르틴(M.K. Guertin)에 의해 설립(1946년)되었다. 베스트웨스턴의 최상급 브랜드인 베스트웨스턴 프리미어를 시작(2002년)했다.

베스트 웨스턴은 독자적인 소유주들이 운영하는 호텔들로 구성된 회원조직이며 회원들에게 마케팅과 예약업무 및 운영상의 지원을 제공한다.

체인과 달리 각 호텔은 독립적인 기업으로 운영되며 재정도 별도로 관리되지만, 비영리 차원의 회원 제도를 통해서 체인 호텔을 지원한다. 세계적인 예약망을 갖추고 있으며 자체적으로 전 체인 호텔의 서비스와 시설을 체크할 수 있는 품질체계조사관(Q.A. inspector) 제도를 운영한다. 초창기 제휴호텔을 비공식적으로 소개해 주는 데 머물렀던 베스트 웨스턴은 호텔체인 사업 확장에 박차를 가하기 시작하여, 숙박업계 최고의 호텔체인으로 발돋움하였다.

12) 만다린 오리엔탈

홍콩을 비롯하여 아시아 · 태평양 지역을 중심으로 호텔과 리조트를 운영하고 있는 만다린 오리엔탈(Mandarin Oriental)그룹은 가장 튼튼한 재무 구조를 갖고 있다. 일반적으로 전 세계적으로 유명한 체인호텔들은 프랜차이즈(franchise)계약을 통해 체인호텔을 운영하고 있으나 오리엔탈 그룹은 직접 체인 호텔의 주식(11%~100%)을 소유하고 있어 부채가 거의 없다고 한다.

특히 만다린 호텔그룹은 경영 이념을 세계적으로 가장 우수한 최고의 딜럭스(deluxe) 호텔을 만드는 것을 목표로 하고 있으며, 인적자원의 중요성을 인식해 종사원에게 동기를 부여하는데 노력을 하고 있다. 교육에서는 서비스 향상에 목적을 두고 있지만 종사원 자신이 일에 대한 자부심과 일 자체를 즐길 수 있도록 하기 위한 투철한 직업의식을 갖게 하는 역점을 두고 있다.

13) 샹그릴라

샹그릴라(Island Sangri-la)는 홍콩에 본사를 둔 호텔체인으로 싱가포르를 시작으로 설립(1971년)되어 홍콩, 중국, 싱가포르, 말레이시아 등 아시아 지역을 토대로 호텔 & 리조트그룹으로 성장하고 있다. 호텔업의 발전은 예약시스템이라는 관점에서 호텔 예약의 효율성을 증진시키기 위하여 그룹차원에서 메르린(Merlin)이라는 중앙예약 시스템을 개발(1993년)하였다.

서비스 차원에서는 고객에게 실질적이고 가치 있는 서비스를 제공하기 위한 프로그램(VGP : Valued Guest Program)을 개발하여 체크아웃 시간(check-out time)을 연장하였으며, 리무진 서비스 제공 등을 무료로 제공하였다.

14) 페닌슐라

페닌슐라 호텔(Peninsula Hotel)은 카두리(Kadoorie Family)가에 의해서 개관(1928년)을 하였으며, 홍콩에서 가장 오래된 최고급 호텔이며, 세계의 10대 호텔 중 하나라고 한다. 건축 당시에 홍콩을 방문하는 유럽 부자들이 증가할 것이라는 예측을 바탕으로 건설하였으며, 럭셔리한 시설과 고급스러운 서비스를 제공한다.

15) 베니키아

베니키아(BENIKEA)는 문화체육관광부에서 관광호텔 체인화 사업(2006년)의 일환으로 시작하였으며, 한국 관광호텔업의 경쟁력 강화와 서비스 개선 등을 향상시키 관광객을 적극 유치하기 위하여 시작되었다. 최근에는 관광호텔의 예약시스템을 개발하여 이용객의 편의를 증진하고 있다.

호텔 브랜드별 포트 폴리오

구분	Hyatt	IHG	Starwood	Marriott	Hilton	Accor	Ramada
Luxury	• Park Hyatt • Andaz • Grand Hyatt	• Intercontinental hotels & resorts	• ST Regis • W Hotels • the Luxury Collection	• Bvlgari • Ritz Carlton • JW Marriott	• Waldort Astoria • Conrad	• RAFFLES • Sofitel Regend • Fairmont	
Upper Upscale	• Hyatt • Hyatt Regency		• Westin • Sheraton • Le meridien	• Marriott	• Hitton • Embassy suite (레지던스)	• Sofitel • SO/Sofitel	• Howard Johnson
Upscale	• Hyatt place • Hyatt house (레지던스)	• Crown plaza • Indigo • Stay Bridge Suites	• Aloft • Four points by Sheraton • Element by Westin (레지던스)	• Country yard • Marriott • Pamada Renaissance	• Double tree • Garden inn • Homewood suite (레지던스)	• Pullman • Swissotel • Grand Mercure • Sebel	• Ramada
Upper Middle		• Holiday Inn • Holiday inn Express		• Fairfield Marriott	• Hampton by hilton • Home 2 (레지던스)		• Encore
Midscale		• Candlewood suites				• Novotel • Mercure • Adagio	• Days Inn
Economy						• All seasons • Ibis • Motel 6	
Budget						• Etap • Formular 1	

주 : 각 호텔 그림에서 제시한 자료를 근거로 분석하여 다소 차이가 발생할 수 있음.

2. 국제호텔 그룹의 경쟁전략

호텔경영에서 1960년대 초반부터 1980년대 후반기까지는 좋은 입지와 양질의 서비스를 제공하면 성공할 가능성이 높다는 인식을 하였다. 이와 같은 경영에 대한 사고방식이 가능했던 요인은 제2차 세계대전 이후 인구통계학적 변화에 기인한 인구의 증가와 노동생산성의 향상으로 인한 가처분소득의 증대와 관련성이 높다고 할 수 있다. 특히 입지 위주의 경영방식은 내부운영에 중점을 맞추고 효율 극대화에 주력을 하였다. 경영자들은 손익관리에 관심을 기울인 반면 자산 측면에는 별다른 관심을 기울이지 않았다.

그러나 1990년대 초반의 불황과 세계적인 인플레의 증가는 투자가들에게 인플레로 인한 객실요금의 상승과 동시에 부동산 가격의 상승으로 수익을 올리게 되자 호텔에 투자하는 것을 선호하게 되었다. 자본이 호텔로 유입이 되면서 부동산 개발업자들도 단기간에 높은 수익을 올릴 수 있는 좋은 기회를 찾게 되었으며, 이로 인하여 호텔업도 성장을 하였다. 그러나 경쟁의 심화로 인하여 호텔건물을 매도하면서 호텔을 매입한 투자가들은 호텔의 운영을 전문경영인에게 맡기게 되었으며, 호텔경영자들은 경영에 상관없이 계약에 의한 계약금에 관심을 기울인 반면 투자위험에는 관심을 기울이지 않았다.

국제호텔산업의 경쟁전략

주요경쟁전략	내 용
주요 고객우대	자주 찾는 숙박객에 대한 혜택과 자유여행 기회를 제공하는 특별우대 계획.
전략적 제휴	광고와 마케팅, 고객유치를 위한 제휴 강화
컴퓨터 예약시스템	객실당 수익을 극대화하는 방법으로 객실의 활용도를 높이고, 고객과 여행사가 적정한 가격, 원하는 숙박을 예약을 할 수 있도록 하는 방법(홀리데이 인이 처음 개발하였고 항공예약시스템과 유사함)
휴대비품	예약한 고객에게 제공하는 상품과 서비스로서 주로 화장품과 룸 서비스가 포함.
서비스 차별화	고객의 필요에 따라 객실과 서비스의 등급을 구분하여 상품을 제공하며, 특히 서비스를 차별화시키는 정책 도입
기술혁신	호텔이 제공하는 상품과 서비스를 개선하려는 방법으로 커뮤니케이션시스템, 경영을 위한 의사결정시스템, 회계서비스, 안전 보호계획, 에너지와 자연보호계획, 자동화된 check-in & check-out 서비스 등.

주요경쟁전략	내 용
특정지역 마케팅과 광고	특정한 시장을 집중적으로 공략하기 위한 경쟁전략으로서 시장에서의 특정상품과 서비스를 강조.
가격책정	할인제도 도입과 수입관리로서 객실당 수입을 최대화.
비용억제	호텔운영에 따른 모든 제반 비용을 최소화한 효율적인 운영 시도.
서비스 품질관리	종합적 품질관리(TQM : Total Quality Management), 개선 등의 기술로써 서비스의 질을 향상.
국제적 확대	시장의 포화상태 여부에 따라 새로운 해외시장의 개척 및 확대방안.
여행사와의 협력	사업의 규모를 확대하기 위해 여행사에 대한 보상과 유인책이 포함.
프랜차이징과 관리비용	필수품을 배급하는 고유능력을 가진 회사에게는 경쟁적인 방법으로서 성장을 위한 방법으로 인식.
인적자원관리	인적자원을 중요자산으로 인식하고 양질의 상품과 서비스를 제공하는 종사원의 역할에 대한 중요성을 부각시키는 방법.
객실판매 및 접대	유료 영화채널, 음료, 스낵과 관리인의 서비스에 관한 비용 등을 제공하여 객실당 수입을 향상시키는 방법.
단골 숙박객을 위한 특별서비스	자주 찾는 숙박객을 위한 서비스 등을 차별화하는 방법(호텔의 check-in & check-out의 자동화, 객실의 우선 배정, 라운지, 상품 등에 대한 할인정책)과 고객에 대한 서비스 품질을 향상시키는 방법.
자연보호/ 생태학적 계획	고객에게 자연보호에 대한 관심과 중요성을 고취시키는 방법으로서 호텔운영상 객실 공기의 청정도를 고객에게 강조하고 이를 통해 호텔운영과정에서 자연환경을 활용하는 친환경호텔이라는 인식을 강화시켜 고객을 유치.
비즈니스 서비스	비즈니스 여행자들의 욕구를 충족시키기 위한 운영 정책으로 통신서비스는 물론 호텔이나 객실의 다양한 비즈니스 서비스를 포함하여 운영하는 방법.
데이터베이스 관리	고객의 성향을 파악할 수 있는 기술적 능력을 활용하는 방안으로서 고객에 대한 정보를 호텔의 모든 정보시스템과 통합하는 방법.
중점사업관리	경쟁력 있는 사업을 우선적으로 활용하고 경영의 중점사업을 위해 부수적인 사업을 과감히 처분하는 방법.
직접적 고객마케팅	신속한 정보처리와 기술적 발전에 따른 데이터베이스 마케팅 계획으로 획득한 정보를 이용하여 고객과 직접 거래하는 방법.

자료 : 한국관광협회중앙회, 국제호텔산업의 신경영정책, 월간 관협지(1월호), 1998, p.13을 참고하여 재작성함.

3. 국제호텔 그룹의 경영정책

호텔산업의 경영환경은 급속도로 변화하였고 재산가치가 급상승함에 따라 투자자들은 많은 수익을 올렸고 호텔은 자체 운영보다는 외적인 사업에 관심을 기울이게 되었다. 숙박시설의 초과 공급과 소유주와 투자가의 압력이 강해지면서 기존의 경영원칙이 변화되었고 경영자들은 주주에게 수익을 제공하기 위하여 대외 지향적인 방식을 도입하게 되었다.

1) 자산과 자본

호텔산업의 경영방식에서 변화를 일으키는 요인 중의 하나는 자본시장으로부터 자산과 자본을 관리하는데 있다. 호텔경영자의 초점은 호텔운영을 하는데 있어서 자산의 현금흐름을 창출하는데 관심을 기울이게 되었다. 고정자산의 의존도가 높은 호텔산업은 자산을 효과적으로 관리하기 위하여 현금흐름을 높이는 방법을 중요한 경영 정책으로 인식하게 되었다. 현금흐름의 중요성은 기업의 규모를 건전하게 하고 효율적인 투자계획을 수립하는 등 시장경제 체제로의 전환에 대비하는 효과적인 정책이라는 인식이 확대되었다.

시장환경의 급속한 변화는 개발에 필요한 자금을 확보해야 하는 상황이 발생되었으며, 효율적이지 못한 경영은 자금의 부족현상을 초래하게 되고, 사업 투자 시 타당성이나 합리성 등을 고려하지 않으면 안된다는 인식을 하게 되었다.

2) 정보 기술

기계를 포함한 하드웨어 시스템, 인적자원 및 소프트웨어를 포함한 모든 형태의 기술투자는 중요한 경쟁방법이 되고 있으며, 이익과 직결이 된다. 특히 기술은 고객서비스부문의 지원에 대한 업무의 영역을 확대하고 있는데, 자동안내시스템의 기술적 진보는 종사원 인력배치, 정보제공, 체크 인 & 아웃(check in & out), 객실과 복도의 안전, 객실온도 자동조절, 통신 원활화 등은 이미 경쟁요인으로 작용하게 되었다.

호텔 경영에 있어서 의사결정을 위한 지원시스템의 출현은 기업의 수익률 그리고 경영 효율성 등을 개선시키고 있다.

의사결정 지원 시스템

의사결정을 지원하는 시스템으로는 재정 · 운영 관련시스템, 수익률관리(yield management)기법, 데이터베이스 마케팅, 회계 정보시스템 등이 있다.

3) 안전 및 위생

안전은 호텔경영에 있어서 변화를 초래하는 주요요인으로 작용하고 있으며, 국가의 안정은 중요한 과제가 되었다. 정치적 불안정은 혁명, 여행자 보호 문제, 경제적인 혼란, 사회적인 문제 등은 여행관련수입을 감소시키게 되고 기업의 수익성을 악화시키게 되었다. 또한 테러와 질병 등은 국제적인 문제라고 할 수 있지만 기업으로 인한 출장 또는 여행자, 레저여행자에게는 상당한 부담으로 작용을 하게 된다. 따라서 호텔들은 이러한 위험적인 우려를 완화 내지는 불식할 수 있는 환경을 마련하여 제공하는 것도 경쟁방법이 될 수가 있다는 인식을 하게 되었다. 선진화된 호텔은 객실의 안전성 확보, 그린 룸(green room)의 제공, 위생적인 식당 운영, 후드 핸들링(food handling)시스템 등을 도입하여 활용하게 되었다.

4) 예약시스템 관리

수용관리의 효과성 확보는 경영자에게 중요한 과제이다. 호텔업은 이러한 수용규모의 관리를 위해서 전 세계적 유통시스템, 여행사, 관광 운영자, 인터넷 활용 등 복잡한 네트워크를 통해 처리하고 있으며, 많은 회사들은 자체예약시스템을 운영하고 있다. 또한 통신시스템과 소프트웨어가 개발이 되면서 온라인 시스템(on-line system)을 통한 수용규모 관리는 호텔경영에서 직접적인 영향을 미치게 되었으며, 시스템의 출현으로 국가 간의 교류를 활성화되지만 시스템을 총체적으로 관리하기 위한 문제가 대두가 되었다.

제4장

호텔업의 특성과 경영관리

제1절

호텔업의 특성

1. 운영상의 특성

1) 인적서비스 의존성

호텔기업은 일반대중을 고객으로 하고 숙박과 음식을 제공하기 위한 인적서비스와 물적 서비스로 구성이 된다. 호텔기업 상품은 객실, 식사, 음료, 부대시설 등과 같은 상품이 있지만, 호텔에 대한 고객의 인식은 호텔에서 제공하는 무형의 인적 서비스에 의해 영향을 받는다. 따라서 고객의 서비스를 위해서는 24시간 지속적으로 운영, 제공해야 하므로 확보하여야 할 인원의 규모가 다른 산업에 비해서 높다는 것을 의미한다. 호텔의 인적서비스의 중요성은 호텔산업에 있어서의 경영성패와 직결이 된다고 하겠다.

2) 협동의 특성

호텔업은 업무특성상 다양한 조직부문이 존재하고 고객에게 서비스를 제공하게 될 때 부서 간의 긴밀한 협조와 노력에 의해서 달성될 수 있기 때문이다. 호텔업은 조직의 부문별, 부서별 그리고 각 직무의 특성에 따라 협력과 통합, 조정이 긴밀하게 이루어져야 한다. 호텔업의 운영상 협력의 필요성을 강조하는 것은 고객에 대한 만족도의 제공은 물론 서비스 부문의 종사원에게도 직무 만족까지 확대되어 호텔업의 발전을 도모할 수 있기 때문이다.

3) 연중무휴(無休)의 운영

호텔의 이용객은 집을 떠난 사람 또는 휴가 등을 즐기고자 하는 사람들이다. 호텔은 모든 손님이 숙박을 하고 있을 때에도 생명과 재산을 보호하기 위해 연중무휴(無休)의 운영을 하며, 고객 수의 많고 적음에 관계없이 모든 기능은 24시간 운영된다. 호텔기업은 다른 기업체와는 달리 연중무휴로 운영이 되는 특성으로 인하여 호텔운영상 매출액을 증대시킬 수 있는 제반여건을 갖추고 있으나 이로 인하여 확보해야 할 인적자원이 많아 호텔경영에 어려움을 초래할 수도 있다.

4) 운영환경의 청결성

호텔기업은 다른 어느 기업보다도 안전과 위생이 우수해야 하는데, 고객 서비스 만족에 중요한 변수로 작용하기 때문이다. 따라서 호텔상품은 청결한 환경이 최대의 상품이며, 이로 인하여 종사원의 근무환경이 우수하다고 할 수 있다. 이러한 상품을 서비스로 제공해야 되는 요인으로 인하여 호텔종사원은 항상 근무환경을 청결하게 해야 하고, 또한 자연적으로 가장 훌륭하게 평가되는 조건이 된다.

5) 호텔상품의 비이동성

호텔업에서의 주된 상품은 일반적으로 객실과 식음료, 부대시설 그리고 서비스로 구성이 된다. 서비스는 무형적인 상품이지만 객실과 식음료, 부대시설은 유형적인 상품으로 호텔상품들은 고객이 직접 찾아와 호텔상품을 구입하고 이용해야 하기 때문에 다른 기업에서 판매원에 의해서 고객에게 견본으로 제시되는 다른 상품과는 근본적인 차이가 있다.

6) 상품의 동시소비성

일반기업에서의 상품은 오늘 판매하지 못하면 내일 판매할 기회가 있으며, 상품을 저장할 수가 있으나 호텔의 객실상품은 오늘 판매하지 못하면 영원히 판매할 수 없는 특성을 갖고 있다. 따라서 이러한 상품 및 서비스의 비저장성은 호텔업의 시설 가동률이나 노동생산성을 저해하는 요인이 된다.

호텔상품의 생산과 소비의 동시성은 서비스의 소비행위가 발생할 때 거래관계가 성립이 되며, 서비스의 제공도 함께 병행되어 제공된다는 것을 의미한다.

7) 판매관리의 특성

호텔에는 다양한 영업시설, 즉 식당, 라운지 등의 시설이 있으며, 영업활동도 다양한 영업장에서 발생되기 때문에 판매현황에 대한 관리가 필요하게 된다.

호텔에서의 상품판매는 고객의 방문에 의해서 생산이 되고 판매되는데, 고객에게 기본적으로 제공이 되는 상품과 서비스는 상품 이용 후에 비용을 수납하고 있다. 즉, 고객에게 신용으로 제공할 수 있는 한도(line of credit)를 인정하고 다양한 서비스를 준비, 제공하는 것이 호텔기업이다. 고객의 숙박 등록은 호텔시설의 이용을 통한 신용제공의 시작이며 이용하는 시점에서 지불되는 경우는 많지 않다. 고객이 이용한 식당, 바, 세탁비용을 퇴숙(check out)까지 연기했다 지불할 수 있도록 인정하는 예라고 할 수 있다.

따라서 체재객의 출발에 대비해서 고객원장(guest folio)에 매일 외상 매출액을 정확히 기록, 계산 처리함으로써 어느 때라도 계산을 정확하게 청구하여 회수할 수 있는 준비가 갖추어져야만 하며, 고객에 대한 대금회수를 위해서 내부적인 회계 시스템 및 기록 유지가 필요하게 된다.

2. 경영 · 재무적의 특성

1) 호텔경영의 시스템화

고객에 대한 최상의 서비스는 의사소통과 신속한 사무 처리가 중요한 업종으로 이러한 서비스를 수행하기 위해서는 다른 산업에 비해서 인적의 의존도가 비교적 높은 산업으로 인식하고 있다. 인건비 부문의 비용을 억제하기 위해 부분적으로 호텔기능의 자동화를 촉진하여 반복적인 업무는 해소하려는 경향이 많아지고 있다. 프런트(front)업무 중에서 일부를 시스템으로 대체하는 것이 대표적인 사례이다.

그러나 호텔기업은 궁극적으로 인적서비스가 중요한 상품으로서 이를 배제하고 호텔경영의 성과를 기대한다는 것은 어려운 과제이며, 서비스 향상을 위해서는 인적자원의 효율적인 활용이 필요한 것이다.

2) 수입의 불안정성

호텔기업은 여행객을 주 대상으로 발전된 기업으로 계절적인 영향을 크게 받는다. 이는 여행현상과 비례하여 고객 수의 증가와 감소현상이 나타나 호텔 운영의 불안정성을 초래하고 있다. 최근 휴가의 조정과 교통수단의 발달 그리고 지역사회의 새로운 소득계층이 호텔 이용을 통하여 다소 극복되었으나, 리조트(resort)지역의 호텔은 성수기와 비수기의 격차로 인하여 수입의 불안정 요소를 탈피하지 못하고 있는 것이다.

3) 높은 비유동자산의 점유율

호텔업은 호텔시설 자체가 하나의 상품으로 판매되어야 하기 때문에 객실 · 식당 · 부대시설 등의 설비 투자 및 비품 등을 구비해야만 상품 가치가 형성이 된다. 호텔업은 건물과 부대시설 등이 전체 자산 중 차지하는 비율(70%)이 높고 그 밖의 비품, 가구 등을 합한 비유동자산의 비율(80~85%)이며, 신축호텔의 경우에는 이보다 더 상회(90% 이상)하는 경우가 있다. 호텔의 주요 상품인 객실 · 식당 · 부대시설 등은 설비투자 및 비품 등은 구비해야만 고객에게 상품을 제공, 판매할 수 있기 때문이며, 이러한 시설들은 호텔의 이미지뿐만 아니라 상품 가치가 형성이 된다.

4) 낮은 자본회전율

호텔업은 다른 산업에 비해서 비유동자산이 차지하는 비중이 높기 때문에 자산의 활동성에 있어서 도 · 소매업 및 제조업, 건설업 등에 비해서 상대적으로 낮아 영업활동이 부진하다고 할 수 있다. 다른 산업에 비해서 총자본회전율 및 비유동자산의 회전율, 재고자산회전율이 상대적으로 낮아 영업활동이 부진하다고 할 수 있으며, 이는 호텔기업이 갖고 있는 특성이다.

총자본회전율

총자본회전율이란(매출액/총자본) 총자본이 1년 동안 몇번 회전을 하였는가를 나타내는 비율로서 기업에 투하한 총자본의 운용능력을 총괄적으로 표시하는 지표이다.

비유동자산회전율

비유동자산회전율이란(매출액/비유동자산+투자와 이연자산) 비유동자산의 이용 정도를 나타내는 지표로서 자본의 고정화 상태를 판단하는 수단이 되며 유동분석에 있어서도 유용한 보조지표로 이용될 수 있다.

재고자산회전율

재고자산회전율이란(매출액/재고자산) 매출액을 재고자산으로 나눈 것으로서 재고자산의 회전속도, 즉 재고자산이 당좌자산으로 변화하는 속도를 나타낸다. 일반적으로 이 비율이 높을수록 자본수익률이 높아지고 매입채무가 감소되며 상품의 재고손실을 막을 수 있고 보험료, 보관료를 절약할 수 있게 된다. 그러나 과대하게 높을 경우는 원재료 및 제품 등의 부족으로 계속적인 생산 및 판매활동에 지장을 초래할 수도 있다.

5) 고정비 지출의 고율성

일반적으로 기업의 지출은 고정비와 변동비로 구분이 되며, 호텔기업은 다른 기업에 비해서 인적서비스 의존도가 높은 산업으로서 높은 고정비를 감수해야 한다. 호텔의 고정비라고 할 수 있는 인건비, 전기료, 연료비 등이며, 고정비는 고객의 숙박유무와 관계없이 비용지출을 초래하기 때문이다.

기업의 유동비율은 제조업(95.8%)과 건설업(119.3%)보다 호텔업(44.5%)은 매우 낮고, 이와 반면에 고정비율이 높기 때문에 단기 지불능력에서 모든 호텔의 유동비율이 매우 낮은 것으로 나타났다. 그러나 고정비율은 매년 감소하여 표준비율에 접근하면서 안정된 수준을 보이고 있고 부채비율도 감소하고 있는 것으로 나타나고 있다.

고정비율

고정비율이란 설비 고정비를 측정하기 위한 것이며, (고정자산/자기자본)×100으로 산출을 하는데 표준비율은 100% 이하, (자기자본/고정자산)×100으로 산출할 경우에는 100% 이상이 표준비율이다.

유동비율

유동비율은 기업의 지급능력 측정과 신용성 측정의 목적으로(유동자산/유동부채)×100으로 산출하며 일반적인 표준비율은 200% 이상이다.

부채비율

부채비율이란 타인자본에 대한 안전도를 측정하는 것으로 (부채/자기자본)×100으로 산출하며 일반적인 표준비율은 100% 이하이다.

3. 시설상의 특성

1) 초기 투자 비용의 과다(過多)

규모의 투자를 필요로 하는 호텔업은 다른 산업이 연차적으로 확장, 재투자를 할 수 있는데 비해서 호텔은 그 물적 · 인적 자체가 하나의 상품으로서 판매되어야 하기 때문이다. 일반건물의 신축에 비해서 실내 · 외의 장식을 해야 하기 때문에 건축비가 많이 소요되게 되며, 건설기간도 길어지게 된다.

2) 시설 노후화의 신속성 및 진부성(陳腐性)

호텔시설은 다른 상품과는 달리 고객의 이용 여부에 관계없이 부단히 훼손 마모되어 결과적으로 상품가치가 감소하여 궁극적으로는 이용자도 감소할 수 있다. 일반적으로 다른 시설들은 시설 자체가 부수적인 성격을 띄게 되지만 호텔업은 시설자체가 하나의 상품으로 인식되고 고객에게 소구(appeal)해야 하기 때문에 결과적으로 진부화의 성격이 강하다고 할 수 있다. 따라서 지속적인 유지비용이 지출되는 특성이 있다고 하겠다.

3) 비생산적 공공장소

호텔은 비생산적 공공장소(public space)를 필연적으로 갖추어야 하는데, 그 대표적인 것이 로비 등과 같은 공공장소이다. 호텔은 개인사용의 기본시설과 공공의 이용을 전제로 하는 공공장소의 2개 부분으로 구분할 때, 식당, 라운지 등은 생산적 요소인데 비하여 고액투자가 되는 로비 등은 비생산적 요소로서 비싼 지가(地價) 및 건축비를 감안했을 때 호텔기업의 경영에서 비생산적인 부분이라 할 수 있다.

4. 환경상의 특성

1) 일반 환경

현대사회에 들어와 기업의 경영환경은 매우 복잡하고 그 범위도 확대되어가고 있는 추세이다. 이러한 변화는 신속하고 복잡하게 진행되고 있기 때문에 경영활동에 큰 영향을 미치고 있다. 어느 기업이든지 간에 환경의 변화에 영향을 받지 않는 기업은 없겠지만 호텔업은 관광객의 체재에 필요한 사업으로 생활필수품적인 성격이 아니기 때문에 환경적 영향을 많이 받게 되며, 이러한 환경변화에 민감한 사업이다.

세계적으로나 국가적으로 자연, 정치, 경제, 사회, 문화, 기술, 법, 생태 등의 환경은 호텔경영에 직접적인 영향을 미치게 된다. 자연환경과 같은 천재지변을 비롯하여 테러, 경제 불황 등은 호텔 이용객을 급속히 감소시킬 수 있으며, 이러한 변화는 돌발적이고 우발적으로 발생이 되기 때문에 경영활동에 영향을 미치게 되며, 통제가 불가능한 환경이 되기도 한다.

일반 환경의 영향

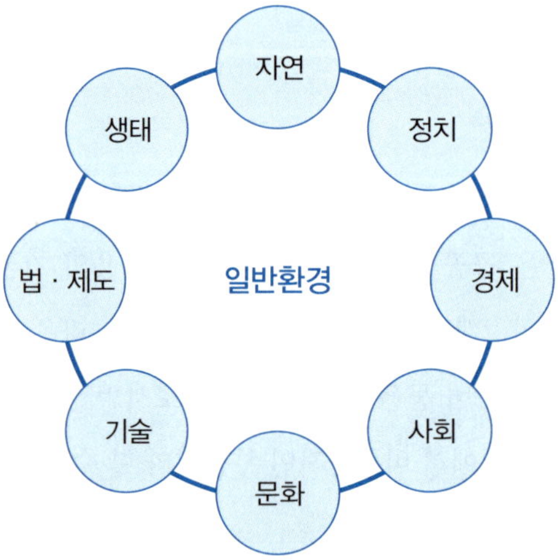

2) 과업 환경

과업(課業)환경(task environment)이란 호텔을 경영하는 과정에서 발생되는 환경으로서 경영활동에 영향을 미치는 환경요소들이다. 즉, 경쟁기업, 고객, 노동조합 · 종업원, 지역사회, 공급자, 금융업자, 주주 등의 이해자 집단들은 기업 활동에 직접적인 영향을 미치는 환경이다.

특히 호텔업은 대량판매가 불가능하고 경쟁기업의 출현, 근로자의 인식변화, 상품에 대한 고객 기호의 변화, 소비자 운동의 대두 등과 같은 환경 변화요인에 적절히 대응하기가 어려운 사업이다. 그러나 과업환경은 기업 스스로가 통제가 가능한 환경으로서 이를 활용한다면, 내부적인 위험요소를 파악하여 경영에 반영할 수도 있다.

과업 환경의 영향

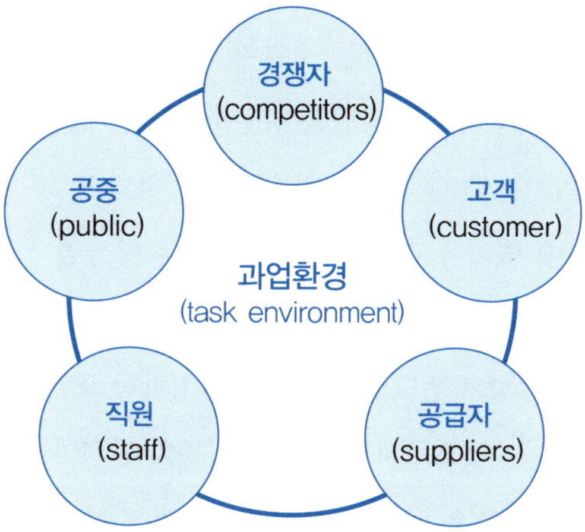

3) 글로벌 환경

글로벌 환경은 기술과 정보의 발달로 지역과 국가 간의 장벽이 점차 사라지고 있고 이로 인하여 대두되고 있는 환경요소들이다. 투자의 자유화, 자유무역의 확대 등은 세계적인 호텔 브랜드가 등장하게 되었고 호텔업의 경쟁력을 강화하기 위하여 호텔 브랜드 등을 도입하게 되었으며, 이러한 도입은 시대적인 추세가 되었다. 특히 전 세계적인 기후환경 변화에 대응하기 위한 일회용품 사용의 억제, 환경규제의 강화 등은 글로벌 시대의 기업들이 대처해야 할 중요한 과제가 되었다. 글로벌 고객의 등장에 따른 마케팅 활동의 세분화, 고객 트렌드(trends)의 변화 등에 신속하게 대처해야 하는 과제는 호텔경영에서도 중요한 환경요인이 되고 있다. 따라서 경쟁에서 우위를 점하고 호텔운영의 효율성을 도모하기 위해서는 환경분석을 적극 활용하여 외부환경에 적응하고, 경쟁요소를 파악하며, 이를 활용하는 경영전략이 필요하다.

제2절

경영관리의 의의와 과정

1. 경영관리의 의의

경영(經營)이라는 용어는 동양에서 2천5백년 이전부터 사용되어 왔다고 하며, 경(經)은 계획(plan)하고, 영(營)은 실행(operation)이라는 의미이다. 목표를 세우고 계획하여 다양한 방법으로 실행에 옮긴다는 것이며, 기업의 경우 매출액과 목표를 세우고, 그 목표를 달성하기 위하여 다양한 방법을 강구하여 그 방법을 실천에 옮긴다는 의미로서 오늘날의 경영과 의미는 크게 다르지 않다고 제기하였다.

호텔업은 산업사회에 있어서 경영활동을 담당하는 중요한 산업으로 인식이 되고 있다. 호텔업도 타산업과 마찬가지로 이윤을 추구하는 기업으로 목적을 달성하기 위하여 일련의 활동을 통하여 달성이 된다. 즉 기업의 경영활동 또는 경영행위란 개방적인 시스템으로 조직이 변화하는 것으로서 기업 내 · 외부의 환경 시스템 내에서 과업의 달성 목표를 완수하기 위한 다각적인 노력을 하는 활동이라고 할 수 있다.

현대사회는 정보화가 진전이 되면서 새로운 경영자원을 필요로 하게 되었다. 사람 · 자본 · 정보 · 전략 등이 중요한 경영자원으로 등장하게 되었다. 즉 이를 효과적으로 관리하고 추진하기 위한 다양한 경영관리 활동이 요구되고 있다. 종래의 호텔산업은 서비스 산업으로서 인적의존도가 높은 산업이었다. 그러나 갈수록 심화되고 있는 사회 환경의 변화와 경쟁관계의 심화 등 기업환경 변화에 대처하고 기업의 목표를 달성하기 위해서는 실현시키기 위한 방법이 무엇인지를 결정하는 것도 중요한 요인이 된다고 하겠다.

기업을 경영하는데 있어서 경영관리의 각 기능에 대한 관리가 서로 적절한 관련을 가지고 종합적인 효과를 올려야 기업경영 목표를 달성할 수 있을 것이며, 경영자가 의사결정을 어떻게 정확 · 신속하게 하느냐가 오늘날 기업의 경쟁 우위를 통한 고부가가치 창출, 즉 기업의 이윤으로서 나타난다고 하겠다.

2. 경영관리의 과정

경영활동의 순환은 계획, 조직화, 충원, 지시 및 통제 등으로 이루어지는 경영과정을 통해서 나타나며, 이러한 일련의 과정을 통하여 기업에서의 경영활동이 시작된다. 가장 중요한 활동은 각 단계마다 정확하고 신속한 의사결정이라 하겠다. 관리과정학파인 쿤츠(H. Koontz)는 관리과정의 이론을 정립하였으며, 기업이 투입한 투입물을 변환시켜 산출하여 내보내는 하나의 시스템과 같은 변환과정에서 계획 · 조직 · 충원 · 지휘 · 통제와 같은 관리과정을 통하여 업무의 통합과 유기적인 접근이 필요하다고 제안하였다. 본 내용에서는 경영관리의 활동을 계획, 조직, 지휘, 통제로 구분하여 보았다.

1) 계획

경영과정은 조직의 목표를 설정하고 이를 구체적인 행동과정으로 변환시키는 계획(planning)기능의 수행에서부터 시작된다. 계획화는 목표, 그리고 달성하기 위한 행동방안을 선택하는 것을 포함하며, 의사결정, 즉 여러 가지의 다양한 대안들로부터 향후 추진해야 할 과정을 선택하는 것이 필요하다. 미래를 예측하는 것은 불확실성과 위험이 수반되지만 수립된 계획에 의해서 업무수행을 위한 환경을 조성하는 것은 중요한 기본요소가 된다.

2) 조직

계획을 가장 효율적으로 수행할 수 있도록 각종 자원을 조직화해야 한다. 조직화(organizing)란 조직 구성원들이 담당할 역할을 의도적으로 설정하는 과정으로 목표를 달성하기 위해서 필요한 과업이 선정되며, 조직화 기능에 의해 규명된 필요자원을 획득하는 행위를 말하며, 인원의 모집, 선발, 배치, 직무, 인사고과, 교육훈련 등과 같은 필요인력의 사항이 요구된다. 조직화는 조직의 하부구조, 즉 부(部) · 과(課) 등의 조직을 구성하는 행위로 나타난다.

3) 지휘

지휘(commander)는 경영관리 과정의 핵심부문이며, 조직이 설정된 목표를 효과적으로 달성할 수 있도록 해야 한다. 이를 위해서는 모든 종사원이 그들의 능력을 충분히 발휘하도록 관리활동이 필요하게 된다. 따라서 수립된 계획이 실제로 수행되도록 실행하는 과정으로 조직의 목표를 달성하는데, 직접적인 영향을 미치게 된다. 이는 경영관리활동에서 대인관계 측면과 밀접한 관계가 있으며, 일반적으로 종사원들은 자신의 욕구와 욕망을 충족시켜 주는 사람을 추종하는 경향이 많기 때문에 리더십(leadership), 조정(coordinating), 동기부여(motivating) 또는 의사소통(communicating) 등 여러 가지 다른 용어로 사용된다.

4) 통제

통제(controlling)는 계획과 실제로 얻어진 성과 또는 결과를 비교해서 어떤 차이가 발견되면 그 차이를 극복할 수 있는 조치를 취함으로써 조직 내의 제반 활동을 통제(controlling)하게 된다.

통제행위는 기업 내의 모든 활동의 진행과정과 기업의 현 상태를 점검하고 그에 대한 기준을 설정하는 것이다. 이러한 평가 및 통제는 계획과 실행의 완료 후에만 가능한 것이 아니라 기업 활동의 전 과정을 계속적으로 점검함으로써 기업 활동에서도 통제가 가능하다. 통제활동은 목표달성의 측정과 관련이 있다. 호텔업은 여러 가지 다양한 측정수치로 표시되며, 매출총액 등으로 표시된다. 이러한 측정수단은 계획이 전반적으로 잘 수행되고 있는지에 대한 여부를 나타내며, 모든 성과는 인간의 행동을 통제함으로서 가능하다는 것이다.

호텔업의 목표 달성의 측정

- 객실(rooms)은 객실 판매수익, 점유 객실 수, 객실점유율, 객실요금 평균치, 단체 고객의 객실 판매량, 객실이용 전체 고객에서 단골고객이 차지하는 비율, 그리고 시장점유율 등이다.
- 식음료(food and beverage)는 식료 판매수익, 음료 판매수익, 고객지불계산서 평균치, 식사 고객 인원수, 주어진 시간에 일정 테이블의 식사 고객의 회전율(고객이 1회 식사를 마치는데 시간이 어느 정도 소요되는가), 전체 식사 고객에서 반복적으로 찾아오는 단골 식사 고객들이 차지하는 비율, 시장점유율, 일정 식사시간에 판매되는 매출액 등이다.

제3절

호텔업의 경영관리와 영역

1. 호텔업의 경영관리

경영활동을 하는 과정에서 조직은 매우 중요하며, 기업의 성과에 절대적인 영향을 끼친다. 기업도 나름대로의 효과적인 경영이론을 도입, 적용하고 있으나, 그 기업에 맞는다고 하는 것이 다른 기업에 효과적일 것이라는 보장은 없을 것이며, 기업 스스로가 책임을 갖고 그 적용과 성과에 책임을 지는 것이라고 할 수 있다. 많은 사람들은 경영의 기본적인 목적을 수익성의 창출로 보고 있다. 그러나 드럭커(Drucker)는 경영의 목적은 수익성을 창출하는 것이 아니라 고객을 창출하는 것이라고 하였으며, 더 나아가 이익은 마케팅과 혁신, 그리고 생산성의 결과이며, 기업의 목적이 아니라고 하였다.

고전적 경영학에서는 기업의 경영관리 기능을 인사관리(men : 인력관리), 재무관리(money : 운전자본), 생산관리(machines : 기계), 시장관리(markets : 시장), 구매관리(material : 재료), 사무관리(methods : 방법)로 구분하였다.

경영의 기능을 생산운영, 마케팅, 재무, 인력자원, 조직행동, 회계, 경영정보, 경영과학의 8개 분야로 구분하였다. 그러나 기업의 활동이 복잡해지고 다양해져 더 많은 활동을 요구하고 있어 그 기능도 변화되고 있다.

호텔경영은 많은 사람들의 관심의 대상이 되고 있다. 호텔관련 프로그램을 통해서 호텔에 근무하는 사람, 호텔리어(Hotelier)이다. 호텔경영은 이러한 시대적인 상황을 토대로 학문분야에 대해서 이상적인 기대를 갖게 해준다. 그러나 많은 사람들이 간과하고 있는 사실은 소비자가 소비하는 화려하고 환상적인 서비스에는 이르 생산하고 관리하는 호텔리어들의 숨은 노력이 있다는 것이며, 대부분의 호텔에서는 다양한 직무를 수행하는 수 많은 호텔리어들이 최고의 서비스를 생산하기 위해서 끊임없이 노력하고 있다는 사실이다.

호텔업도 최고의 서비스를 생산하는 기업으로서 경영을 하기 위해서는 다양한 활동이 필요하게 되는데, 조직행동으로서 조직관리, 생산관리로서 객실관리, 식음료관리, 품질관리를 영역으로 설정하였고, 마케팅관리로서 호텔 마케팅, 인적자원관리로서 호텔인사관리, 경영정보로서 호텔정보관리의 영역을 설정하였고, 회계 · 재무관리로서 경영분석, 호텔투자환경으로 구분해보고자 한다.

호텔경영관리와 영역

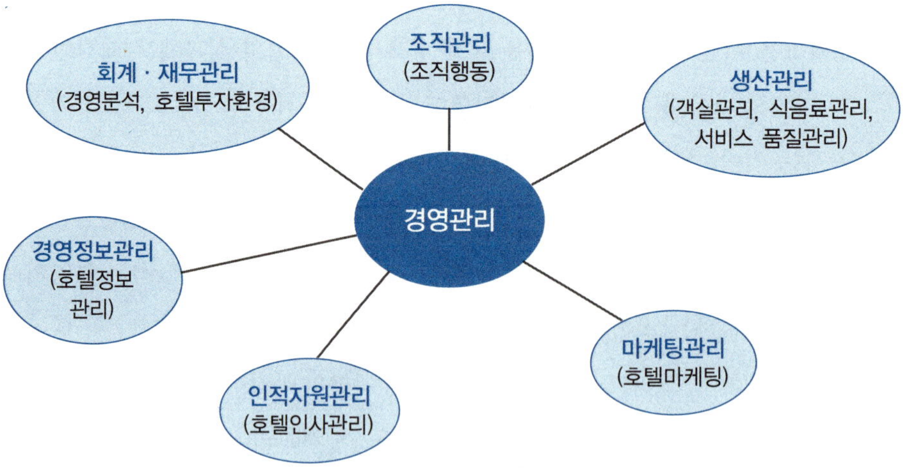

2. 호텔경영관리의 영역

1) 조직관리

기업의 조직은 기업의 목적 또는 각 조직 단위의 목적을 능률적으로 달성하고 성장과 발전을 촉진하는데 그 목적이 있다. 기업경영의 핵심은 조직이며, 경영의 실제가 인간의 활동시스템이라는 것이며, 이러한 의미에서 조직이란 인간의 조직인 것이다. 규모의 대형화 · 고급화, 사회 환경의 변화, 개인적인 욕구 등의 변화는 현대 기업의 조직에 있어서 새로운 과제를 제시하게 되었고 이러한 변화에 대처하기 위해서 조직을 능동적으로 적응시킴으로서 기업을 운영, 성장시킬 수 있다.

기업을 경영해 나가기 위해서는 여러 가지의 경영활동이 필요하다. 기업의 경영관리를 관리기능과 영업기능으로 분류를 했을 때, 관리기능은 기업목적을 달성을 할 수 있도록 경영활동을 계획하고 조직화하여 조직구성원이 직무를 수행할 수 있도록 동기를 부여하고 경영활동을 조정하고 통제하는 것이며, 영업기능은 상품의 생산목적을 구체적으로 실현하기 위한 기능으로서 특성을 가지게 된다.

2) 생산관리

(1) 객실관리

객실관리(room management)란 호텔에서 생산하는 객실상품 및 서비스 등과 같은 생산 활동을 효과적으로 관리하고 통제하기 위한 관리활동이다. 객실관리에는 고객 영접(reception), 객실 판매(room sales), 객실정비(housekeeping), 린넨(linen) 및 세탁물(laundry)관리 등이 있다.

(2) 식음료관리

식음료관리(food & beverage management)란 호텔이 생산하는 주요 상품으로 다양한 음식 및 음료의 생산 활동을 효과적이고 과학적으로 관리 · 통제하기 위한 관리 활동이다.

호텔 식음료는 단순히 음식을 판매하는 곳이 아니라 식·음료와 인적 서비스, 시설, 분위기 등이 유기적으로 잘 통합됨으로써 완전한 상품이 되며, 호텔을 이용하는 고객이나 호텔 투숙객으로부터 호텔에 대한 전반적인 평가의 기준이 되기도 한다.

식음료 관리는 식당(restaurant), 음료(beverage), 연회(banquet)관리, 조리(cusine)관리, 식품 안전관리, 원가관리(cost control) 등이 있다.

(3) 품질관리

품질관리(quality management)란 호텔업에서 생산되어 소비자에게 제공되는 서비스의 품질 수준을 향상시키기 위한 관리활동이다. 서비스 품질은 기업의 서비스 문화와 연관성이 있으며, 기업의 명성을 확보하여 시장경제에 적응하여 매출액과 수익성을 향상시키는데 있다. 호텔업은 고객의 요구사항을 듣고, 그 요구사항을 충족시킬 수 있는 기업만이 생존할 수 있다는 관점에서 전사적 품질경영(TQM : Total Quality Management)이 중요하다.

3) 호텔마케팅 관리

호텔마케팅 관리(marketing management)란 호텔기업이 수요시장에 호텔 상품의 인지도를 높이고 판매를 촉진시키기 위해서 수행하는 시장 활동이다. 호텔 마케팅은 생산된 상품과 서비스가 생산자로부터 소비자 또는 사용자에게까지 유통을 시키는 과정을 체계적으로 관리하는 활동이다.

4) 호텔인사관리

호텔인사관리(human resource management)란 호텔업은 인적 서비스의 의존도가 높고, 호텔이 생산하는 서비스의 품질에 직접적인 영향을 미치게 된다. 따라서 종사원의 능력을 최대한 발휘하기 위해서 필요인력을 채용하고, 배치하며, 조직화시키는 것이다. 또한 인적자원의 처우를 개선하여 근로의욕을 고취시키거나, 인적자원의 능력을 향상시키기 위한 지속적인 교육훈련 등과 관련된 활동영역이라고 하겠다.

기업은 효율적인 인적자원관리를 효과적으로 운영하기 위한 종사원 채용, 배치를 비롯하여 종업원의 업무수행 능력 향상, 종업원의 성과에 관한 정보, 종업원의 교육 및 훈련에 관한 정보, 입사 예정자에 대한 정보, 노동생산성에 관한 정보 등이 요구된다.

5) 호텔정보관리

호텔정보(hotel information)관리란 호텔경영과 관련하여 필요로 하는 정보를 획득하고, 처리하며, 저장하여 이를 필요 시 활용하기 위한 일련의 활동 시스템이다. 최근 정보기술의 발전은 호텔경영에도 획기적인 변화를 가져오게 되었으며, 고객과 종업원, 호텔상품의 판매 등과 활동을 체계적으로 구축하고, 경영자의 의사결정을 지원하기도 한다.

경영정보시스템은 비용, 시간 절감 및 생산성향상은 물론 호텔서비스의 질적 향상에도 많은 기여를 하고 있으며, 다양한 프로그램의 출현으로 프런트오피스(front office), 백오피스(back office), 인터페이스(interface) 등 호텔운영체계를 구축함으로서 급변하는 경영환경에서 경쟁우위를 창출하는데 적극 기여하고 있다.

6) 호텔회계 · 재무관리

호텔회계(hotel accounting)란 호텔 숙박객과 이용객에 대하여 다양한 상품을 제공하는 기업형태로서 객실 · 식음료 · 부대사업에서 발생이 되는 재화를 판매하고 회수하기 위한 일련의 절차가 필요하게 되는데, 이것이 호텔회계의 기반이 된다. 따라서 호텔회계란 이해관계자들에게 합리적인 의사결정을 할 수 있도록 호텔활동에 대한 정보를 제공하고 이를 관리하는 활동이다.

호텔 재무관리(financial management)란 호텔업을 둘러싸고 있는 외부의 이해집단에 대해서 주기적으로 보고하게 된다. 호텔업의 경영성과인 경영실적, 현금흐름 등 기업의 경제적 활동이 최종적으로 요약이 되는 것이며, 호텔업의 재무적 기능을 계획적으로 관리하기 위한 활동이다.

(1) 경영분석

경영분석(business analysis)이란 대차대조표(B/S : Balance Sheet), 손익계산서(P/L : Profit and Loss statement) 등 재무제표를 비롯한 각종의 회계자료를 상호 비교 관찰하여 기업경영의 실태를 파악하고 나아가 기업경영에 필요한 여러 가지 유익한 정보를 얻는 방법을 말한다. 따라서 경영분석은 기업경영의 합리성 여부를 사후적으로 검토하는 미래의 발전적인 경영을 위해 필요한 정보를 얻는 수단이라 할 수 있다.

(2) 호텔투자 환경분석

투자란 부동산, 증권, 기계장치, 공장 또는 그림들과 같은 자산을 매입하는 활동을 말하고 있으며, 특정한 자산을 매입하는 목적은 장래에 보다 많은 이익을 얻는데 있다. 호텔투자 환경분석(hotel investment environment analysis)이란 투자에 따른 수익성의 확보와 만족할 만한 성과 그리고 완전한 회수를 위하여 투자환경은 물론 경영환경과 관련된 범주와 변수들에 대한 정보를 획득하고 분석하는 것이다.

제5장

호텔업의 조직관리

제1절

호텔조직의 의의와 목표

1. 호텔조직의 의의

호텔기업의 조직도 경영목적을 달성하기 위한 하나의 관리과정의 일환으로 보고, 이것을 경영자적 기능(managerial function)이라 할 때 경영자가 조직을 어떻게 형성하며 유지해야 하는가가 문제로 등장하게 되었다. 이러한 경영조직의 형성과 유지를 위한 과정을 조직화라고 하며 활동적인 조직화의 결과로서 조직구조가 형성되는 것이다. 호텔기업은 경영조직의 실제가 인간의 활동시스템이라는 것이며, 이러한 의미에서 조직이란 '인간의 조직' 인 것이다.

인적자원의 의존도가 높은 호텔기업에서는 종사원이 제공하는 서비스의 제공수준이 하나의 상품으로 판매되고 있고, 이는 호텔기업의 경영관리에 직접적인 영향을 미치는 점을 고려할 때, 호텔 종사원들에 대한 관리는 목표를 달성하는데 중요한 역할을 하고 있기 때문에 기업의 성패와 직결된다.

호텔업을 운영하기 위해서는 물적 자원과 인적자원의 조직적인 구성 여부가 호텔경영에 많은 영향을 끼쳐왔으며, 그 동안 관광호텔은 인적자원 관리보다는 주로 생산 지향적인 관점인 물적 자원 관리를 중요하게 고려하여 왔으나 최근에는 인간으로서의 종사원이라는 관점에서 인적자원 관리가 중요시되고 있다.

따라서 인적자원의 서비스 품질 여부가 경영관리에 영향을 초래하며, 이로 인하여 호텔업의 조직 관리도 인적자원 관리에 초점을 맞추게 되었으며, 인적자원 관리의 중요성에 대한 인식을 전환시키는 계기가 되었다.

호텔기업 조직은 종사원 개인의 생산활동과 이를 조정하고 통제하는 경영자의 이원화된 구성 체제가 필요하다. 조직은 많은 종사원의 일을 결합함으로써 이루어지므로 개인 또는 집단의 과업으로 할당되는 분업과정이 요구되고 이를 공식적으로 위임받아 조정하고 통제하는 관리계층과 경영자 등의 권한계층의 목표달성적 기능이 요구된다.

호텔 규모의 대형화 · 고급화, 사회환경의 변화, 개인적인 욕구 등의 변화는 현대 호텔기업의 조직에 있어서 새로운 과제를 제시하게 되었고 이러한 변화에 대처하기 위해서 조직을 능동적으로 적응시킴으로서 기업을 운영, 성장시킬 수 있다.

경영조직이란 경영목적을 효율적으로 달성하기 위해서 각 구성원의 직무를 규정하고 직무의 수행에 필요한 권한과 책임을 할당함으로서 각 직무의 상호관계를 정하고 구성원의 활동을 조정하는 것이라고 할 수 있으며, 경영에 있어서는 조직구조에 대하여 중요성의 인식과 개선이 필요할 수 있다.

오늘날의 경영조직은 민주적인 인간관계에서 형성된 합리적 · 기능적인 업무 본위인 질서를 의미한다. 이 같은 조직의 형성에 의하여 현대호텔은 그 질서가 확립된다고 할 수 있다.

2. 호텔조직의 목표

호텔업도 일반기업과 같이 경영을 위해서는 여러 가지의 활동이 필요하다. 호텔업의 관리를 관리기능과 영업기능으로 분류를 했을 때, 관리기능은 기업목적을 달성을 할 수 있도록 경영활동을 계획하고 조직화하여 조직구성원이 직무를 수행할 수 있도록 동기를 부여하고 경영활동을 조정하고 통제하는 것이며, 영업기능은 호텔의 생산목적을 구체적으로 실현하기 위한 기능으로서 특성을 가지게 된다.

호텔업은 경영조직의 목표를 달성하기 위해서는 계층의 설정이 필요하고 계층마다 목표가 상이하지만 궁극적으로는 상호 연결된 목표체계를 형성하고 있다. 이러한 목표를 달성하기 위한 계층설정은 다음과 같다.

첫째, 조직의 목적에 따라 전체 조직구조를 구성하게 된다.

둘째, 조직계층에서는 의사결정을 조직의 전체 목적에 따라 체계적으로 조정되어야 한다.

셋째, 모든 조직계층에서 성과측정을 위한 표준을 설정하는데 기초를 제공한다.

기업조직의 목표는 일반적으로 공식적 목표와 업무적 목표로 구분된다. 이러한 구분으로 각각의 목표가 조직의 궁극적인 목적 달성에 어떠한 역할을 수행하는 가에 따라 달라진다.

1) 공식적 목표

공식적 목표란 회사의 정관 및 공식적 문서에 기술된 목표를 말한다. 이 목표는 조직의 목적을 확인시켜 주며, 업무적 목표를 통합시키고 조직원들 간의 협력을 유도한다. 또한 급변하는 환경에 적응하도록 하며 조직에 활력을 불어넣는 역할을 수행하게 되는데, 공식적 목표를 달성하기 위하여 조직의 인적자원들에게 실제적인 업무적 목표를 할당시키기도 한다.

2) 업무적 목표

업무적 목표란 조직자원을 대상으로 실제업무를 할당시키는 구체적인 목표이다. 공식적인 목표보다 더 실제적이며, 조직이 일상적 활동에서 추구하고자 하는 목표에 대한 결과이다. 호텔업의 업무적 목표는 생산성과 밀접한 관계가 있으며, 수익성, 시장점유율의 확대, 물적 자원의 획득 · 혁신, 사회적 책임과 역할 등이 있다.

제2절

호텔조직의 분류와 특성

1. 호텔조직의 분류

호텔은 소유자, 경영자, 종사원이 하나가 되어 움직이는 기업이다. 호텔기업의 조직은 상품의 생산 및 판매 등의 특수성과 호텔의 입지(location)조건, 판매하는 상품의 조직, 건축양식 및 구조, 지배인(manager)의 경험과 교육, 경영층의 경영능력, 기업의 소유형태 등에 따라서 다양한 조직형태를 취하고 있다. 최근 호텔기업은 경영목적을 달성하기 위해서 조직상의 특성을 강화시키고 있는데, 호텔조직의 부문화, 관리자(지배인) 제도에 따른 조직, 판매부서 조직의 강화, 기획관리 조직의 강화, 작업의 표준화, 업무의 분장 등이다. 이러한 호텔기업의 조직은 다음과 같은 기준에 의해서 분류된다.

1) 직위에 의한 조직

호텔운영에 있어서 직위를 기준으로 구성된 조직으로 이 조직구성을 통해서 전체적인 호텔운영의 흐름을 파악할 수 있다. 이는 일종의 권위주의적인 수직 조직으로서 우리가 많이 접하는 경영조직 형태이며, 비교적 중규모 호텔에서 많이 사용하고 있다.

2) 기능에 의한 조직

호텔운영에 있어서 호텔의 각 부서들이 수행하는 기능적인 역할을 중심으로 하여 구성된 조직이다. 이는 각 부서의 기능적 특성에 맞는 고유 업무의 수행능력에 그 초점을 맞춘 형태이며, 오늘날 많은 호텔들이 이러한 조직의 구성체계로 이루어져 있다. 그러나 비슷한 역할을 수행하는 부서들로 인하여 업무의 중복이 발생하는 단점이 있다.

3) 고객과의 접촉 여부에 따른 조직

호텔에서 사용하는 용어 중 프런트 오브 더 하우스(front of the house)와 백 오브 더 하우스(back of the house)가 있다. 프런트 오브 더 하우스(front of the house)는 고객과 직접적인 접촉을 하고 접촉 빈도가 높은 부문이며, 백 오브 더 하우스(back of the house)는 고객과 접촉빈도가 낮은 부문을 말한다.

4) 수입발생과 지출발생에 따른 조직

수입발생은 실제적인 호텔 운영에 참여하여 이익을 발생시킬 수 있는 영업부문들이다. 모든 수입을 발생시키는 부서들의 공통적인 특징은 이들이 고객에 대한 서비스를 담당하는 역할을 하고 있다는 점이다. 이와 반면 지출발생은 호텔의 조직에서 수입을 올릴 수 있도록 지원하는 역할을 수행하는 부서라고 할 수 있다.

5) 업무 책임에 의한 조직

업무 중심으로 종업원의 능력에 적합한 업무부서로 할당하는 조직구성이다. 많은 호텔에서 사용하는 조직구성은 아니지만 일단 종업원이 어떤 부서에 속하게 되면 쉽게 적응할 수 있다는 것과 종업원의 관리가 비교적 용이하고 업무성과에 대한 평가를 용이하게 할 수 있다는 장점을 가지고 있다.

2. 호텔조직의 특성

호텔업에서 상품의 생산이 고객에게 서비스를 제공하기 위한 목적이라면 구성원들도 고객을 위한 활동에 적합한 조직형태를 갖추어야 한다. 호텔기업은 일반기업에서 제공하는 일반상품과 달리 주로 무형의 상품인 호텔상품이 판매하면서 발생되는 서비스가 제공되는 순간[7)]에 의해서 상품에 대한 이미지가 결정된다.

관리자가 조직목적을 달성하기 위해서 작업의 표준화, 부문화, 권한의 형태, 통제의 범위, 조정의 5가지 방법이 조직특성에 반영해야 하며, 기업의 조직 목표를 달성하기 위해서 의사결정이 체계적으로 이루어져야만 효과성을 가지게 된다. 따라서 책임경영이라는 관점에서 의사결정이 각 부문에서 결정하여 행동할 수 있도록 권한의 위임이 보다 효과적으로 이루어져야 한다.

일반적으로 호텔기업의 조직도 목적을 달성하기 위해서 가장 효과적으로 협력할 수 있도록 일의 성질을 명확히 해서 편성하고 책임과 권한의 부여와 이양 등 여러가지 관계를 정하고 있으며, 호텔기업의 조직특성도 기업의 목적 또는 각 조직 단위의 목적을 능률적으로 달성하고 성장과 발전을 촉진하는데 그 목적이 있다.

호텔의 조직의 특성은 호텔의 규모, 입지, 경영자의 관리능력, 호텔기업의 관리 형태에 따라서 다양한 형태를 나타나고 있으나, 일반적으로 관리(management)부문, 객실(room)부문, 식음료(food and beverage)부문, 부대사업(附帶事業, business subsidiary)부문으로 구분을 할 수 있다.

대규모 규모의 호텔은 관리와 영업의 효율성을 기하기 위하여 이를 다시 세분화하고 있다. 관리(management)부문, 총무(general affairs), 인사(personnel)부문, 현관(front office)부문, 객실(room)부문, 객실관리(housekeeping)부문, 식당(restaurant)부문, 연회(banquet)부문, 주방(kitchen)부문, 부대사업 부문, 회계(accounting)부문, 재무(financial)부문, 마케팅(sales and marketing)부문, 기술(engineering)부문 등으로 조직이 세분화하여 운영되고 있다.

제3절

호텔조직의 부문별 분류

1. 관리부문

호텔기업의 관리부문은 최고경영층의 의사결정에 필요한 경영정보나 경영자료를 제공하는 참모적 역할을 수행하며 호텔경영을 효율적으로 집행하기 위한 경영합리화와 경영성과의 극대화를 추구하는 곳이다.

1) 기획

기업의 장·단기적인 계획을 수립하는 부문으로 수요시장의 상황변화에 대한 지속적인 조사·분석을 하는데 있다. 상품의 판를 위한 시장의 개척, 활동 영역의 확대, 공동연계 판촉활동을 기획하기도 하고 운영하면서 판촉활동의 효과분석과 효율성 제고 및 미래의 전략을 제시하고 그 기능을 점검하는 기능을 수행한다.

2) 총무

총무부문은 문서관리를 비롯하여 사무용품(집기비품), 보험관리, 부동산관리, 입금표관리, 인장(印章)관리, 차량 운영관리, 통신시스템 관리, 비상사태 관리, 경비실 운영, 마을금고 관리 등에 관한 관리가 있다.

3) 인사

인사부문은 인적자원의 서비스의 의존도가 높은 호텔운영을 효과적으로 하기 위한 부문이다. 종사원 채용과 선발, 배치, 교육훈련 등이다. 인사부문에서 신입사원을 모집하며, 면접을 하고 예비 직원을 선발을 한다고 하여도 마지막 고용의 권한은 각 부문으로 돌아가게 된다. 규모가 큰 대규모 호텔의 경우에는 종사원의 채용과 관련이 되는 인사업무를 담당하는 인사 기능이 있으며, 종사원의 직무교육이나 재교육, 신입사원의 교육을 담당하는 교육기능을 두고 있는 곳도 있다.

4) 시설

시설부문은 시설에 대한 관리능력의 배양 및 통제, 시설투자의 합리성, 시설의 배치에 따르는 효율성, 시설의 보수 계획에 관한 관리기술 등이 있다. 시설은 호텔을 이용하는 고객에게 최고의 쾌적한 환경을 제공하고 시설을 안전하게 이용할 수 있도록 하는 것이며, 건축, 조경, 기계, 전기, 통신 · 전자 · 방송, 주차장, 엘리베이터, 소방관리 등의 기능을 수행한다.

시설부문은 환경문제를 적절히 관리함으로서 영업비용을 절감할 수 있으며, 특히 호텔의 환경적인 측정은 소비자원인 에너지, 물, 사무비용, 각종 소모품 등을 감소시키고 비용을 절감하는데 큰 역할을 수행하여 왔다.

호텔에 관한 조사에서 하우스키핑의 좋은 환경을 운영 · 활용함으로서 에너지를 절감(5%)을 할 수가 있었으며, 이것은 원가절감(10%)의 효과를 가져왔다고 하고 있다.

5) 구매

구매부문은 식자재에 대한 구매조직의 편성과 입고(入庫)관리, 재고(在庫)관리, 구매요청에 의해서 주문되어 배달된 물품의 내용(품질, 규격, 성능, 수량 등)이 해당 식자재와 일치하는가를 검사하는 관리활동인 검수관리, 식자재 부문의 문제점에 대한 관리, 외주(外注)발주업체에 대한 관리가 있다.

6) 회계 · 재무

회계부문의 전형적인 역할은 재무적 상황을 기록하고, 작성하며, 유지하는 일이다. 또한 종업원의 급료와 신용 있는 거래를 하고 비용을 계상(計上)하는 일이다. 객실 회계원

(cashier)은 프런트에서 근무하면서 고객과 직접적인 접촉을 하고 있으며, 숙박객 계상(guest ledger) 및 외상으로 판매한 외상계상(city ledger) 등의 외상매출금을 관리한다.

회계 관리의 중심업무는 객실과 식 · 음료, 부대시설 부문이며, 야간감사(night auditor)는 매일 매일의 다양한 호텔의 부서에서 온 계산서를 일치시켜야 한다.

고객관리, 여신관리, 구매 관리, 재료비 등을 계산하는 전산기능도 있다. 또한 자금의 조달과 운영을 효율적으로 관리해야 하는 재무관리가 있다.

7) 판촉

판촉은 호텔들 간의 경쟁이 치열해지고 있는 상황에서 계획적인 판매활동을 수행하기 위한 부문으로서 국내 · 해외 판촉으로 구분하며, 국내 · 외 시장조사, 판촉요원의 양성, 경쟁업체의 영업전략 조사 및 분석, 거래선 판매계약, 판매목표 및 판매전략 수립, 판매조직 강화 및 유지, 다른 부문과의 긴밀한 협조관계 유지 등이 있다.

8) 홍보

호텔의 상품과 이미지를 매스컴 또는 광고물을 활용하여 이미지를 강화하고, 판촉행사를 개최하여 대내 · 외에 홍보하는 부문으로서 호텔이미지 광고, 호텔판촉물의 제작과 배포, 판촉물제작을 위한 품목선정, 광고 기획 및 상품화 방안 연구, 광고의 효율성 연구, 각 언론 매체를 통한 활동 강화, D/M업무의 활용 및 강화, 인터넷 홍보 강화 등이 있다.

9) 전산

호텔 업무를 효율적으로 운영, 유지하기 위해서 부문별 전산화는 필수적이며, 전산의 업무는 업무의 전산화 작업, 고객 데이터베이스 구축, 첨단기기를 활용한 호텔홍보 및 영업 지원, 경영정보 제공 등이다.

2. 객실부문

객실부문은 프런트 오피스(front office), 객실예약(room reservation), 객실정비(housekeeping), 린넨(linen) 및 세탁물 관리로 구분할 수 있으며, 고객의 숙박기능을 수행하는 곳이다. 프런트 오피스는 객실예약을 접수하고 고객을 영접 및 환송 업무를 수행하며, 객실판매 현황을 파악하고 전화 및 우편물에 대한 서비스를 제공하는 곳이다.

최근 객실부문의 차별화는 기업 간의 경쟁과 고객의 유치경쟁이 치열해지고 있기 때문에 서비스 향상을 위한 품질개선 노력은 계속되고 있으며, 고객의 만족, 즉, 품질의 우위를 확보하는 것이 기업의 전략적 차원에서 중요하게 인식하고 있는 조직이 되고 있다.

1) 프런트 오피스

프런트 오피스(front office)는 호텔에 투숙을 하고자 하는 고객을 예약하고 접대하는 곳으로 호텔수입에 직접적인 영향을 미치는 곳으로서 고객에게 불신감이나 불쾌감을 주지 않도록 해야 한다.

프런트 오피스의 종업원은 항상 미소와 정중하고 깨끗한 용모, 공손하고 예의 바른 언어와 행동이 필요하다. 호텔 관리자는 예약, 벨 서비스, 전화, 그리고 프런트 오피스를 포함하며, 프런트 오피스 관리자는 프런트 사무실을 통제하는데, 프런트 클럭(front office clerk), 메일 & 메시지(mail and message), 정보 제공(guest information), 크레딧 카드(credit card)업무 등이다.

2) 객실예약

객실예약(room reservation)이란 고객과 호텔과의 사이에서 이루어지는 첫번째 접촉이라고 할 수가 있으며, 고객이 주문한 상품이다. 예약의 목표는 호텔을 찾아오는 고객들의 인원을 효율적으로 조정하여 수입을 극대화시키는 일이며, 고객이 호텔 도착 후 객실에 대한 이용의 보장을 하는 것이다.

객실을 이용하고자 하는 고객 또는 중개자에 의해서 객실이 판매가 될 때는 객실의 종류, 이용자 성명, 숙박기간, 지불 조건, 필요 객실 수 등을 잠정적으로 결정하는 절차라고 할 수 있다.

3) 객실정비

객실정비(housekeeping)는 객실이라는 상품을 생산하는 곳이며, 또한 호텔업은 비유동자산의 비율이 높기 때문에 자산을 관리하는 곳이기도 하다. 그러나 하우스 키핑의 서비스는 많은 경쟁기업들의 출현으로 고객에 대한 서비스의 차별적 인식이 어려워짐에 따라서 품질의 차별화에 의한 서비스의 혁신이 필요하게 되었으며, 설비자원의 효율적 활용, 품질의 향상 등이 중요하게 되었다.

객실정비는 고객에게 양질의 서비스를 제공하기 위해서는 관련부서와 업무협조의 체계구축이 필요하고 어떠한 업무보다도 고도로 숙련된 업무에 의해서 운영, 관리되어야 하는 곳이다.

4) 린넨 및 세탁물 관리

객실부문에서는 호텔영업에 필요한 각종 린넨(linen)류의 조달 및 세탁, 투숙고객의 의류 및 직원의 유니폼을 세탁하고 이와 관련된 업무를 수행한다. 세탁물 서비스는 오랜 경험과 숙련된 판단력으로 세탁물을 청결하고 위생적으로 처리하는데 그 목적이 있고 세탁물 서비스는 세탁물의 종류에 따른 자동 및 수동의 세탁기 공정을 통해서 이루어지고 있다. 고객의 세탁물의 경우에는 귀중품 및 메모지 등의 확인과 세탁물의 이상 여부의 확인, 세탁과정을 통해서 고객에게 지정된 시간에 전달이 될 수 있도록 해야 한다.

3. 식음료부문

식음료 부문의 조직 원칙은 음식 및 음료를 가장 효율적으로 조리하고 종사원들의 서비스로서 유효하게 고객에게 제공되어야 하며, 음식(food)과 음료(beverage) 및 서비스의 3가지를 판매하며 음식물을 조달한다는 의미에서 케이터링(catering)이라고도 하고 있다.

산업사회의 변천에 따라 호텔업의 기능도 숙박기능에서 사회활동의 장소로서 변모되면서 식음료 부문의 중요성이 증대되고 있으며, 호텔영업에 있어서의 수입원도 차지하고 있는 비율이 증가하고 있다.

식 · 음료 부문의 일반적인 조직은 식당부문, 음료부문, 연회부문으로 조직을 편성하고 있는데, 식음료 영업에 관한 업무는 식 · 음료 상품관리, 고객관리, 영업장 운영관리, 종사원 관리, 마케팅 관리를 주요업무로 하고 있다.

1) 식당관리

식당관리는 식당의 효율적 관리 및 다양한 상품개발을 통하여 이윤을 극대화시키는 것이 목표이다. 이를 위해서는 시간 운영의 효율성 도모 및 고객관리, 집기 비품 시설의 보존 및 유지관리, 판매 메뉴 및 가격결정, 종사원의 교육관리 등이 있다.

2) 음료관리

음료(beverage)라고 하는 범주에는 알코올성 음료와 비알콜성 음료로 분류를 하고 있지만 통상적으로 마시는 것을 통칭 음료라고 하며, 어떤 의미에서는 알코올성 음료를 더 짙게 하기도 한다. 호텔의 음료관리란 음료 판매방안의 수립과 적정가격의 판매, 계절적 감각에 맞는 음료상품의 개발 등을 활용할 수 있어야 한다.

소믈리에(sommelier)

와인 소믈리에(sommelier)는 와인(wine)관리, 재고관리, 수불 및 저장관리, 판매관리, 고객서비스, 이벤트 개발을 위한 직무를 담당하고 있다. 최근에 들어와서는 티(tea) 소믈리에, 막걸리 소믈리에 등 다양한 영역으로 확대되고 있다.

3) 연회관리

연회(banquet)의 분류는 기준에 따라 기능별(식사의 판매, 장소, 판매목적 등), 장소별, 목적별(가족모임, 회사의 행사, 정부행사, 기타행사 등), 요리별, 시간별 등으로 분류하고 있다.

연회 서비스는 서비스의 차별화와 영업의 전략적 차원이 병행이 되어야 하고 연회관리는 각 연회장의 행사예약 및 진행, 행사진행에 필요한 시설 집기에 대한 운영관리, 메뉴 및 가격조정을 위한 업무, 고객 안전관리, 출장연회 관리, 종사원의 교육훈련 관리 등이 있다.

4) 조리관리

호텔에서 식당분야가 차지하고 있는 비중이 높아져 가고 있어 조리(cuisine)업무도 그 중요성이 증대되고 있다. 식생활의 변화추세와 함께 다양한 계층의 고객 기호에 맞는 음식을 제공하기 위해서는 고도의 기술과 풍부한 요리지식 및 경험을 필요로 하고 있다. 조리는 훌륭한 시설, 훌륭한 서비스와 더불어 호텔의 3대 요소라고 할 만큼 중요한 요인이 되었으며, 다른 어느 부문보다도 장기적인 노력과 시간을 필요로 하는 기술분야이다.

조리업무의 과정은 고객의 선호도와 메뉴 엔지니어링의 기법에 의한 식재료의 선정에서부터 청구 및 수령, 보관하는 관리, 적정원가를 유지하기 위한 원가관리, 식품위생 및 공중위생 등의 위생관리, 각종설비의 시설관리, 인력조정 및 근태 파악, 메인 주방을 비롯한 각종 주방의 효율적 운영 및 지원업무 등이 복합적으로 이루어지는 관리이다.

메뉴 엔지니어링(Menu engineering)

일정 기간 동안의 영업성과와 메뉴상에 있는 품목들을 바탕으로 고객선호도와 관련하여 판매수량, 판매비율 공헌이익 등을 분석하여 평가하는 기법이다.

5) 식품안전관리

식품의 안전과 위생관리를 위해서 식품위해요소 중점관리(HACCP : Hazard Analysis Critical Control Point)제도 도입하고 있다.

이 제도는 식품과 관련된 위해요소를 중점적으로 관리하기 위한 관리제도는 원료 생산에서부터 최종제품의 생산과 저장 및 유통의 각 단계에 최종제품의 위생안전 확보에 반드시 필요한 관리계획을 설정하고, 적절히 관리함으로써 식품의 위생 안전성을 확보하는 예방적 차원의 식품위생관리 방식이다.

위해요소 분석(hazard analysis)이란 생산, 가공, 유통 단계에서 발생할 수 있는 위해요소에 대하여 위해의 정도와 관리 방법 등을 분석하는 것이며, 중요 관리점(critical control point)이란 각 단계에서 확인된 위해를 적절히 관리함으로써 최종 식품의 위생 안전을 보장할 수 있는 공정 또는 단계를 지칭하는 것이다.

6) 원가관리

원가관리(cost control)를 위해서는 회계에 관한 지식이 있어야 한다. 원가관리의 기본은 식재료의 흐름을 사전에 설정된 절차와 방법대로 관리 및 통제하는 것으로 사전에 설정된 절차와 방법이 절대적인 것이 되어서는 안 된다.

호텔에서는 식재료를 직·간접적으로 취급하는 곳에서의 통제와 분석이 중요하며, 각 영업장의 개념(concept)의 정립, 표준 구매명세서의 작성, 메뉴계획, 세부적인 생산방법, 식재료의 구매관리, 검수관리, 저장관리, 입출(入出)관리 등을 포함한 실행관리 그리고 판매 분석, 메뉴 분석, 원가 분석과 재무 분석 등에서 얻어지는 정보를 사후관리 하는 것으로 구분할 수가 있다.

따라서 과다한 양식의 사용과 관리, 인원수의 증가, 융통성과 신속성의 결여, 부서간의 불화 등은 효율성이라는 관점에서 복잡한 절차와 방법을 초래하게 되며, 원가관리의 가장 중요한 역할을 담당하는 조직 구성원들의 원가의식의 결여와 원가절감이라는 경영방침에 역효과를 초래할 수도 있다.

4. 부대사업부문

부대사업이란 호텔에서 제공하는 객실과 식당시설 등을 제외한 시설이라고 할 수 있다. 호텔은 고객에게 제공될 수 있는 객실, 식사, 음료뿐만이 아니라 오락과 회의 등의 부수적인 상품도 갖고 있기 때문에 부대시설의 다양성은 매우 중요하다고 할 수 있다.

1) 피트니스 센터

건강은 인생을 살아갈 수 있도록 해 주는 방법의 한가지이며, 사회의 이념과 복지를 이룩하는데 기여할 수 있다. 호텔의 부대시설로서 갖추어진 피트니스 센터(fitness center)는 정신적, 육체적 건강을 유지, 관리할 수 있는 복합적인 시설이며, 규칙적인 운동을 할 수 있는 공간이다. 이러한 센터는 체인호텔이 건설이 되면서 사우나시설의 중심에서 수영장, 테니스장, 골프, 체련장, 에어로빅 등으로 확대되었다.

피트니스 센터의 중요성은 호텔의 매출액을 증대시킬 수 있고, 호텔의 이미지를 향상시킬 수 있다. 또한 지역사회에 대한 커뮤니케이션 기능을 담당하며, 여가시간의 활용을 위한 레크리에이션 기능도 수행한다.

2) 오락 · 유흥시설

효율적인 여가선용의 증대와 문화의 접촉을 통한 정신적인 만족을 추구하려는 노력이 확산되고 있다. 이러한 욕구는 호텔의 영업환경에도 많은 변화를 가져오고 있으며, 카지노 시설이나 나이트 클럽 등은 오락의 제공과 사교장으로서의 역할을 수행하고 있다. 특히, 이러한 시설들은 악천후에 있어서 대체 관광상품으로서의 기능을 갖게 되며, 식음료 부문과 부대시설의 매출액을 증대시킬 수가 있다.

3) 기타 편의시설

호텔의 기타 편의시설은 아케이드, 면세점, 이 · 미용실, 서점, 사진관, 기념품점, 화원, 스포츠 숍, 골프 숍, 스낵코너 등과 같은 시설들을 설치하여 이용자에게 제반 편의를 제공하는 시설로서의 역할을 수행하고 있다.

5. 고객관리부문

호텔은 고객에 대한 서비스의 질적인 향상과 더욱 높은 만족감을 제공하려고 한다. 고객관계를 위해서는 다음과 같은 전략의 수립이 필요하다.

첫째, 서비스 철학의 확립

둘째, 고객만족 전략의 채택

셋째, 서비스 문화의 창출과 시스템화

넷째, 서비스 품질의 차별화

1) 고객 이력관리

호텔업에서 추진하고 있는 고객의 관리는 회원에게 카드를 발급하여 각종 혜택을 부여하여 방문을 유도하고 있다. 고정고객에 대한 정보(guest history)를 지속적으로 관리하기 위하여 고객의 기호 · 습성 등을 정보화함으로서 재방문에 활용하는 서비스 체제를 구축하고 있다. 투숙한 고객에 대해서는 서비스의 만족도를 평가하고 설문제도를 실시하며, 서비스 만족도를 분석하여 지속적인 사후관리를 하고 있다.

2) 고객 모니터링 실시

객실 및 식음료 영업장 및 요리의 질적인 향상을 위해서 내국인 및 외국인을 포함하여 모니터링을 실시하여 의견을 수렴 · 반영하기도 한다. 고객과의 유대강화를 위해 투숙한 실적에 따른 경품(give-away)의 제공과 장기 투숙객 관리, 판촉인쇄물의 발송(direct mail) 등을 통하여 고객관리를 하고 있다.

3) 전사적 고객관리

현대의 호텔업은 부문별 고객관리가 아닌 전사적(全社的)인 차원에서의 고객관리를 실행하고 있다. 이는 영업부서뿐만이 아니라 기업 전체의 이미지와 직결이 된다는 인식하여 전 종사원의 고객에 대한 서비스의 품질을 높이기 위한 노력이다.

호텔경영조직 사례

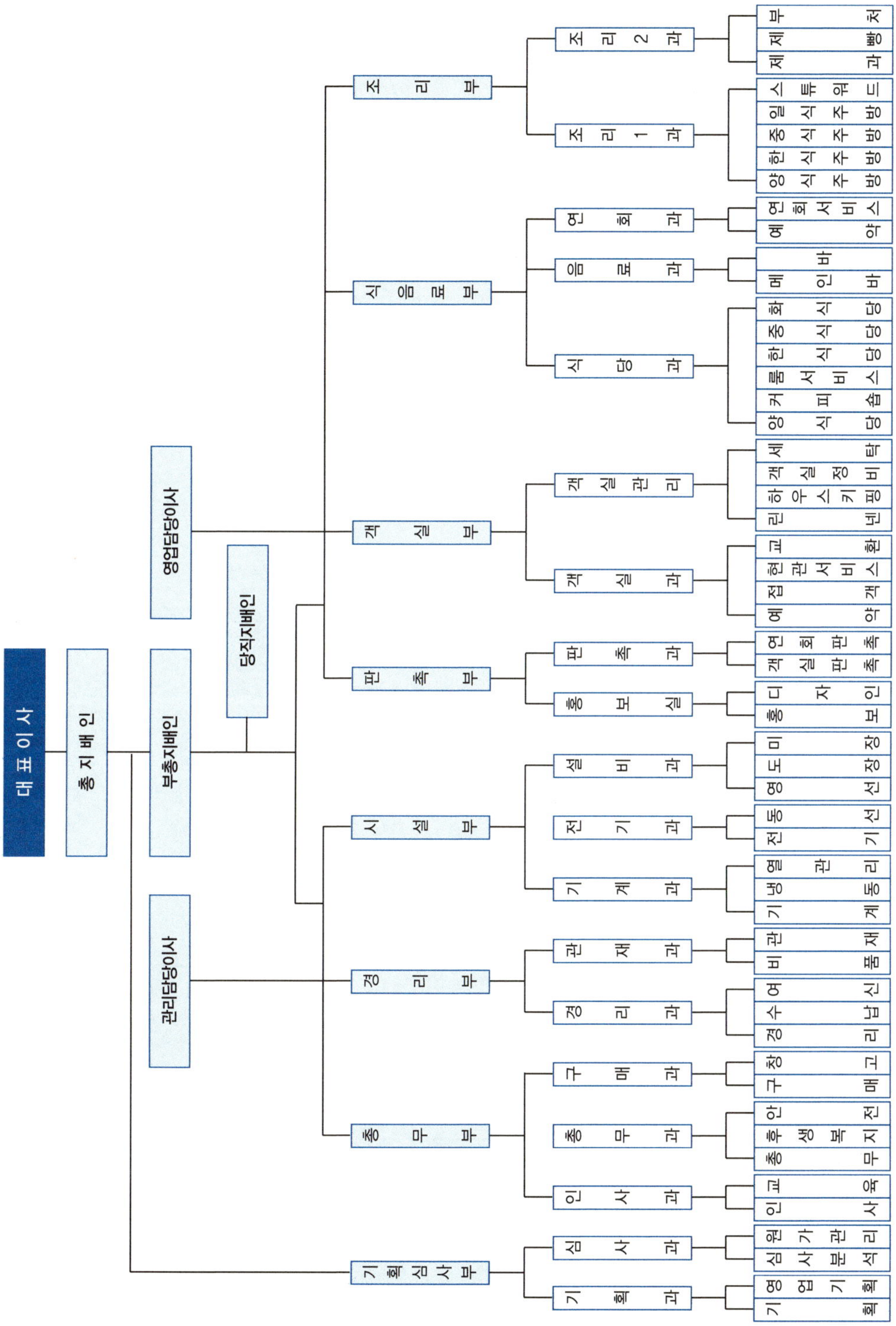

대표이사
총지배인
관리담당이사
부총지배인
영업담당이사
당직지배인
기획심사부
총무부
경리부
시설부
판촉부
객실부
식음료부
조리부
기획과
심사과
인사과
총무과
구매과
경리과
관재과
기계과
전기과
설비과
홍보실
판촉과
객실과
객실관리
식당과
음료과
연회과
조리1과
조리2과
기획
영업기획
심사분석
원가관리
인사
교육
총무
후생복지
안전
구매
창고
경리
수납
여신
비품
관재
기계
냉동
열관리
전기
동선
영선
도장
미장
홍보
디자인
객실판촉
연회판촉
예약
접객
현관서비스
교환
린넨
하우스키핑
객실정비
세탁
양식당
커피숍
룸서비스
한식당
중식당
화식당
메인바
바
예약
연회서비스
양식주방
한식주방
중식주방
일식주방
스튜워드
제과
제빵
부처

- **Front Office**
  - Front Desk
  - Guest Relation Officer(GRO)
  - Valet
  - Bell Desk
  - PABX(Private Automatic Branch Exchange)
- **Housekeeping**
  - Room
  - Public
  - Order Taker
  - Mini Bar
  - Laundry
  - Linen
  - Flower Shop
- **Food & Beverage**
  - Fine Dining
  - Informal Restaurant
  - Deil Shop
  - Bar
  - Room Service
- **Kitchen**
  - Main Kitchen
  - Cold Kitchen
  - Butcher Shop
  - Pastry & Bakery
  - Steward
  - Ice Carving
  - Store
  - Food Quality Control (HACCP)
  - (staff):
    - Executive Chef
    - Chef
    - Soup Chef
    - Demi Chef
    - 1st Cook
    - 2nd Cook
    - 3rd Cook
    - Apprentice
- **Health Club**
  - Trainer : Aerobic Swimming
  - Membership Relation
  - Locker
  - Receptionist
  - Food & Beverage
  - Contractor : Shoe Shine, Massages, Hair Dresser
- **General Affairs**
  - 관공서
  - 외국인관리
  - 차량관리
  - 보안
- **Human Resources**
  - 인력관리
  - 연수교육
    - 인사(정규직/임시직/외국인)
    - 노무
- **Account**
  - Financial
  - Account Payable(AP)
  - Account Receivable(AR)
  - Income Audit
  - Credit
  - Payroll
  - Cost Control
  - Receiving
  - System
- **Purchasing (materials)**
  - Purchasing Agent
    - Food
    - General Item
    - Engineering etc.
    - Stationery & Flower
  - Storekeeper
    - General Store
    - Food Store
    - OPE Store (operating equipment)
      - Uniform
      - Utensil
      - China Ware
      - Siver Ware
      - Glass Ware
- **Sales & Marketing**
  - Marketing
  - Sales
    - Market Researcher
    - Public Relation
    - Advertising
    - Planner
    - Corporate Sales
    - Leisure Group
    - Convention
- **Engineering**
  - 공무(General Affairs)
  - 건축(Architecture)
  - 기계(Machitecture)
  - 냉동기계(Refrigerator)
  - 보일러(Boiler)
  - 중앙감시반(Computer Control)
  - 전기(Electric)
  - 발전실(Power Generation)
  - 방송 · 음향(Audio & Visual)
  - 통신(Telecommunication)
  - 변전실
  - 폐수처리실
  - 안전관리

주 : HACCP(hazard analysis critical control point)

제6장

서비스 품질 관리

제1절

서비스의 개념과 특성

1. 서비스의 개념

현대사회에 있어서 서비스(service)라는 용어는 일상생활에서 자주 등장하고 사용하고 있으며, 마케팅 분야에서도 소비자 지향이라는 고객 중심적 사고방식으로 전환하면서 고객만족(CS : Customer Satisfaction), 고객감동(CE : Customer Emotion)이라는 표현을 사용하면서 서비스가 기업의 생존경쟁에 있어서 중요한 개념으로 등장하였다.

서비스의 정의는 소수이긴 하지만 서비스 경제화를 이룩한 선진국들의 학자를 중심으로 1960년대 이후부터 꾸준히 시도해왔다. 서비스 관련 연구들을 보면 이들의 노력을 발견할 수 있다. 그러나 아직도 서비스에 대해서 모두가 쉽게 인정하는 정의가 존재하지 않을 정도로 학계에서도 많은 어려움을 겪고 있다.

현대사회에서 이미 보편화된 언어로 널리 사용하고 있는 서비스의 개념을 정의한다고 하는 것은 매우 어려운 문제라고 하겠다. 서비스 자체가 갖고 있는 다양하고 복합적인 특성을 지니고 있으며, 우리 주변에서 어디서나 적용되고 밀접한 관계가 있으며 우리생활과 공존하고 있기 때문이다. 서비스란 우리말로 봉사라는 뜻이며 봉사라는 뜻은 윗사람에게 사용되는 말, 헌신적으로 국가나 사회를 위해 공헌하는 말, 타인을 위해 자기 스스로 애쓰고 수고하는 말이라고 정의하고 있다.

서비스의 개념도 초기 다른 사람을 위해 육체적, 정신적 노동이라는 봉사론적 측면이 강하였으나 산업사회가 고도화되면서 서비스의 활용범위가 넓어지고 복잡다양화되면서 서비스의 개념을 정의하기란 쉬운 일이 아닌 것이 되었으며, 서비스의 개념이 상대적이고 상황적인 변수에 좌우되기 때문에 서비스를 명확하게 규정하는 것은 사실상 불가능하게 되었다.

고객 서비스(customer service)는 호텔업의 핵심제품(core products)을 뒷받침하기 위해 제공되는 서비스이다. 고객서비스에 대한 정의나 개념은 고객으로부터 얻은 경험이나 직업에 종사하고 있는 사람들의 경험에 따라 다양한 개념으로 정의된다.

고객이 상품이나 서비스를 구매하는 것은 특정한 욕구를 충족시키기 위해서이다. 고객이 원하는 서비스를 설계하기 위해서는 고객의 욕구뿐만이 아니라 고객이 우선 서비스에 대해서 기대하는 것이 무엇인지를 이해하는 것이 필요하다.

2. 서비스의 특성

재화와 서비스 간에는 차이가 존재한다는 것, 이러한 인식은 서비스의 특성으로 인하여 발생이 되고 여러 가지 문제나 이슈로 제기되고 있다. 서비스는 재화(財貨)보다 평가하기가 어렵다고 한다. 이는 서비스가 갖고 있는 특성으로 인한 근본적인 틀이다. 그러나 이들 차이를 흑백으로 구분할 수 있을 만큼 명확한 것은 아니라고 제기했다.

서비스는 소비자에게 제공되는 재화로서 인적서비스와 물적인 서비스재로 분류할 수가 있고 궁극적인 목적은 고객만족(customer satisfaction)에 있다. 고객은 개인마다 성격과 취향이 다르기 때문에 고객을 만족시키기 위한 서비스는 단순한 물적 상품과 반드시 구별하여 파악할 수가 있다.

서비스의 특성상 무형성(無形性), 소멸성(消滅性), 동시성(同時性), 이질성(異質性) 등과 같은 제반 특성을 갖고 있음에도 불구하고 소비자들은 과거에 받았던 서비스보다 수준이 더욱더 높고, 일관적인 품질의 서비스를 제공받으려는 기대를 갖고 있고 이러한 기대는 점차 커지고 있다. 호텔기업들도 서비스 품질 향상을 위한 고객유치와 더불어 이용률의 도모하려고 하고 있으며, 이러한 점이 서비스 산업이 품질 경영에 중점을 두게 되는 중요한 요인이 된다.

서비스의 특성

서비스의 특징	서비스 특성 내용	문제점
무형성 (intangibility)	• 형태가 불분명 • 실체를 파악의 어려움 • 서비스의 상상이 곤란	• 저장이 불가능 • 가치 파악이 어렵고 평가가 곤란 • 서비스 측정 · 평가 · 관리가 곤란
소멸성 (perishability)	• 판매되지 않은 서비스는 소멸 • 서비스 수요와 공급의 시한성	• 재고 불가능(저장 곤란) • 반품 및 재판매 불가능
동시성(同時性) (simultaneous)	• 생산과 소비가 동시 발생 • 고객은 생산과정에 참여 • 고객과 제공자 간 접촉으로 발생	• 서비스 제공 시 고객이 개입 • 구입 전에 시험 · 평가가 불가능
이질성(異質性) (heterogeneity)	• 표준화의 어려움 • 생산 및 제공과정의 가변성 • 고객체험에 따라 서비스 차이 발생	• 서비스의 표준화와 관리가 곤란 • 품질 측정 · 평가 · 관리가 곤란 • 개개의 고객을 만족시키기 곤란

제2절

고객 서비스 환경

1. 서비스 점점

서비스재 생산의 핵심은 고객과의 최초의 만남에서 시작된다고 해도 과언은 아니다. 우리는 이를 고객서비스 접점(encounter)이라고 한다. 서비스 접점은 고객이 서비스 기업이나 종업원, 커뮤니케이션과 여러 기술, 그리고 제공된 서비스 등과의 접촉을 시작하는 사건을 말하고 있다. 고객응대 서비스는 고객과의 커뮤니케이션이라는 수단을 통해서 고객의 움직임과 표정, 고객의 말과 속마음, 심지어 표현하기 힘든 욕구까지 파악하여 그 욕구를 형태 있는 상품으로 코디네이션(coordination)을 하는 것을 뜻한다.

고객의 관점에서 보면 서비스에 대한 인상은 고객이 서비스 회사와의 서로 상호작용을 하는 서비스 접점(service encounter) 또는 결정적 순간(MOT : Moments Of Truth)에 받게 된다.

서비스 접점은 고객이 서비스 조직과 상호작용을 할 때 발생이 되며, 서비스 접점을 원격접점(remote encounter), 전화접점(phone encounter), 대면접점(face to face encounter)의 3가지 유형으로 구분하고 있다.

호텔업은 고객이 호텔에 도착해서 상품을 이용하면서 서비스 품질을 체험하게 되며, 이러한 서비스 접점이 고객의 전반적인 만족도를 형성하게 되고, 재구매하려는 의사에 영향을 미치게 된다. 이러한 이유로 인하여 서비스 기업은 수요자의 공간적 존재에 대응하기 위한 위치(location)를 찾게 되고 설비나 요원의 공간적인 배치계획을 중요하게 고려한다.

서비스가 생산되고 전달이 되는 과정을 고려하고 검토하기 위해서는 고객과 서비스 제공자, 그리고 기업의 관점에서 종합적으로 파악하는 것이 중요하다. 서비스의 생산 체계를 고객과의 접촉 정도에 따라서 고접촉 서비스부문과 저접촉 서비스 부문으로 구분할 수가 있다. 그러나 서비스 재화의 생산과정은 고접촉 서비스부분과 저접촉 서비스 부분이 혼합되어 있는 경우가 있으며, 따라서 이를 분리하여 적합한 관리시스템을 적용하는 것을 고려할 필요성이 있으며, 이러한 결과는 생산 효율성을 높일 수도 있다.

고접촉 부분은 수요에 부응하도록 해야 하고, 가능한 고객의 개별욕구에 대처할 수 있도록 융통성 있는 유연한 조직을 갖추는 것이 바람직하며, 저접촉 부분은 내부 효율에 초점을 두고 원가 및 비용관리를 철저히 하는 것이 좋다.

서비스 영역의 설계요건

구분	고접촉 시스템	저접촉 시스템
시설배치 (layout)	• 서비스 활동을 고객 입장에서 배치 • 고객의 물리적 · 심리적 욕구와 기대에 부응하는 배치	• 활동을 지원하기 위하여 고객에게 작업이 신속하게 이루어지도록 배치 • 생산성을 높이는 방향으로 설계
서비스	• 예측 서비스 시작은 단기적이며, 시간 중심 지향적임.	• 서비스는 장기적이며, 생산 중심지향
시간기준	• 서비스 시간은 고객의 요구에 의존	• 고객의 관점보다는 시간기준이 적용되어 진행된다.
수용계획	• 손실을 방지하기 위해 수용계획은 최대수요를 고려	• 비교적 비축이 가능하기 때문에 계획은 평균수준에서 설정이 가능

구분	고접촉 시스템	저접촉 시스템
생산계획과 과정	• 고객의 스케줄에 맞추어야 하고 고객의 요구에 적응할 필요성이 있음. • 저장되지 않기 때문에 평준화된 생산으로 인하여 사업 손실 발생 가능성이 있음. • 생산과정에서 고객에게 직접적인 영향	• 고객의 생산 스케줄과는 거리가 있지만 고객의 요구에는 적응할 필요성은 있음. • 비축과 원활한 생산이 가능 • 생산과정에는 관계되지는 않지만 생산을 지원하는 역할
품질관리	• 품질기준은 수요자의 관점에 따라 평가가 다르고, 상황에 따라 변하기 쉽다.	• 일반적으로 측정이 가능하기 때문에 고정적인 품질관리가 비교적 가능
상품제공 환경	• 서비스 본질에서 환경의 중요도가 높음	• 접촉빈도가 낮기 때문에 고객은 상품보다 적은 특성으로 규정된다.
숙련도	• 고객과 접촉하는 빈도가 높기 때문에 상품생산의 숙련도가 높아야 하고 고객들과 양호한 관계가 필요	• 고객과의 직접적인 접촉빈도는 높지 않지만 기술적인 숙련도가 요구

자료 : 박상수, 관광서비스관리론, 백산출판사, 1998, pp.71-72.을 참고로 재구성함.

2. 고객 서비스 환경

고객 서비스는 그동안 많은 기업들이 중요한 이슈로서 제기해 왔다. 산업의 발전, 대도시의 생성 등으로 서비스 산업이 자리를 잡기 시작하였으며, 서비스가 발전이 되면서 다양한 소비자의 요구를 충족시키기 위한 노력과 시도가 있었다, 기업환경의 변화가 과거의 생산에 의존하던 방식에서 질이 좋은 서비스를 제공하는 것을 중요한 것으로 인식하게 되었다. 이처럼 고객 서비스 위주로 전환된 배경에는 기술의 효율성의 증가, 고객의 교육수준의 증가, 경제의 세계화, 사무직 노동자 수의 증가, 여성의 사회진출 증가, 고객의 교육수준의증가, 품질이 우수한 서비스에 대한 기대, 여가시간의 활용에 대한 욕구 증대 등이다.

따라서 이러한 변화에 부응하기 위해서는 고객서비스에 많은 비중을 두어야 함을 의미하며, 특히 서비스산업은 고객관련 기능을 수행하는 훈련된 인력을 유지해야 한다. 고객서비스 전달에 기여하는 많은 요인을 보여주는 고객서비스 환경을 고객, 기업문화, 종사원, 상품, 전달, 서비스를 그 핵심요소라고 하고 있다.

1) 고객

고객(customers)은 고객서비스 환경에서의 핵심요소이다. 고객을 중심으로 모든 서비스 조직이 운영된다. 따라서 내부고객이든 외부고객이든 고객이 있기 때문에 고객서비스를 제공해야 할 필요성이 제기되며, 알브렉트(Albrecht)와 젬케(Zemke)는 "만일 고객에게 보호하고 있지 않다면, 지금 여러분 앞에 있는 누군가에게라도 봉사하는 편이 낫다." 라고 언급한 것처럼 이러한 의식을 인식해야한다.

고객

고객은 일반적으로 내부고객과 외부고객으로 구분한다.내부고객이란 동료 및 다른 부서의 직원을 의미하고, 외부고객이란 현재의 고객과 미래의 고객도 포함된다.

2) 기업문화

기업 문화(culture)란 기업문화는 해당 기업의 특성을 나타내는 동시에 그 기업의 미래 가능성을 보여 주는 지표라고 할 수 있다. 기업문화는 고객이 경험하고 느끼는 것이며, 고객은 기업과 접촉을 하는 중요한 환경이며, 서비스산업에서 지원 할 체계와 분위기가 형성되어야 하는 것이 필요하며, 기업문화가 형성되어 있지 않으면 다른 환경요소는 성공하기가 어렵다. 조직의 지속 가능성이나 구성원과 고객으로부터 존경받는 기업이 되기 위해서는 건강한 조직을 위한 기업문화의 관리는 필수적이고, 전체 서비스 환경에 기여하고 그 영향을 준다.

3) 종사원

고객 서비스 환경에서의 중요한 환경은 종사원(employee)이다. 기업문화를 창조하고 구성하기 위해서는 자격이 있는 인적자원을 모집하고, 선발하여 교육훈련을 실시하는 것이다. 이것은 고객 서비스와 관련된 부서에 지원을 했을 때, 기술, 지식, 태도 등을 평가하여 선발하는 이유이다. 즉 동기부여가 되어 있고 능력이 있는 직원이 있어야 회사의 계획이나 정책의 변화에도 체계적으로 실현이 가능하기 때문이다.

4) 상품

회사가 고객에게 제공하는 것은 상품(product)이다. 일반적으로 호텔 및 관광사업에서 제공하는 것은 무형의 형태를 띄고 있는 경우가 많다. 호텔의 객실은 유형의 상품이며, 종업원이 제공하는 친절 등은 무형의 상품으로서 고객이 중시하고 이용 가능한 서비스이다. 소비자는 양과 품질의 측면에서 만족과 불만족이 발생하게 되는데, 기대한 것과 일치하지 않을 때 불만을 느끼게 된다.

5) 전달

효과적인 서비스의 구성은 상품이나 서비스가 전달되는 방법이다. 이러한 전달(delivery)방식을 결정 할 때는 고객의 기대, 경쟁기업의 전달방식, 기업이 갖고 있는 능력, 현재와 미래의 요구 등을 고려해야 한다.

6) 서비스

서비스(service)는 회사의 상품을 제공하고 전달할 때 고객을 접대하고 응대하는 방식이다. 고객의 욕구를 충족시키기 위해서는 다양한 기술과 전략을 효과적으로 이용하고 적극 활용해야 한다.

제3절

서비스의 생산과 관리

1. 서비스 생산의 의의

고객에게 제공되는 프로세스의 산출물(output)은 물리적인 형태를 갖춘 유형적인 상품(goods)과 보이지 않는 무형적인 서비스(services)로 구분할 수 있으며, 고객이 필요로 하는 욕구를 상품의 창출을 통해 충족시키는 데에 초점을 두는 산업은 제조(manufacturing)라고 하는 반면, 무형적인 가치의 창출을 통해 충족시키는 데에 초점을 두는 산업은 서비스라고 한다.

생산이란 제조업의 행동원리에 관심이 많은 경영학의 생산관리 분야에서 사용되는 용어로서 경제적 가치가 부가된 산출로 변환시키는 활동이라 정의하고 있다. 생산이란 재화나 서비스의 산출과정을 말하며, 산출과정은 기업이 이용 가능한 생산자원인 인간, 원자재, 에너지, 정보, 기계 설비를 유효하게 활용하여 제품이나 서비스로 변환하는 과정이 된다. 생산 활동이란 인간 활동 중에서 가장 기본적이고 중요한 것이며, 모든 경영활동의 기본이 된다.

서비스 생산성에 대한 개념 정의를 하기에 앞서 생산성(productivity)이란 대량생산을 위주로 하는 제조업에서 성과측정을 위한 개념으로서 개발된 것으로 중요성에도 불구하고 서비스 경영분야의 성과측정을 하는 데는 활발하게 사용되지 못했던 것이 사실이다. 이러한 이유는 서비스는 무형성, 생산과 소비의 동시성 등 제조업 등과는 다른 상품의 특성을 보여 왔기 때문이다.

일반적으로 생산성은 일정 기간 단위 투입량에 대한 산출량의 크기로 정의하였으며, 미국의 노동통계청에서는 생산성을 생산된 제품의 가치를 투입된 노동량으로 나눈 것으로 정의하고 있다. 그러나 이렇게 단순히 투입과 산출의 비율이 아니라 서비스 생산성의 측정에서는 고객이라는 투입요소가 큰 변수로 작용한다는 점을 간과해서는 안 된다.

서비스 생산성의 측정방법

$$\text{서비스 생산성} = \frac{\text{산출수량+산출품질}}{\text{투입수량+투입품질}}$$

기업은 생산성의 향상을 도모하기 위해 생산목표를 달성할 수 있도록 생산 활동이나 생산과정을 관리할 필요성이 제기되었으며, 이러한 관리활동을 생산관리(production management)라고 하며, 생산관리란 정당한 질적 수준의 제품 또는 서비스를 적당한 시기에 적당한 수량을 적당한 가격으로 생산할 수 있도록 이에 관련되는 생산과정이나 생산 활동 전체를 관리, 조정하는 일련의 활동이다.

2. 서비스의 생산성

고객들은 자기들이 소비한 금전적인 가치와 동일한 또는 그 이상의 가치를 지닌 제품이나 서비스를 받았을 때 만족한다. 제품에 있어서 우수한 품질을 강조하는 것은 가치의 개념을 강조하는 것이다. 생산성이란 고객에게 판매하는 금전적인 액수를 강조하는 것이다. 생산성이 높은 제품일수록 보다 저렴한 가격으로 고객에서 판매할 수 있다는 의미이다.

생산성이란 산출량(output)에 대한 투입량(input)의 비율이라는 원리이다. 그러나 실무적인 접근에 들어가면 간단하지 않다. 어떤 사람들은 생산성을 높이기 위해서는 시간 · 동작 연구(time-and-motion studies)가 필요하고 노동절약을 위한 장비확보에 투자해야 한다고 인식하고 있고, 생산성 향상의 문제는 교육 · 훈련, 금전적 보상 그리고 경영 스타일에 달려 있다고 한다.

시간 · 동작연구(time-and-motion studies)

시간 · 동작연구(time-and-motion studies)는 테일러(Taylor)에 의해 창안된 것으로 시간연구(time study)란 인간의 노력이 내포된 일의 가치를 시간가치로 평가하는 것을 말하며, 시간연구의 주된 목적은 표준시간의 설정에 있다. 동작연구(motion study)란 인간의 육체적 노동을 구성하는 동작을 분석하여 재결합함으로써 보다 능률적인 동작방법을 발견하기 위한 연구를 말한다.

1) 경제학적 측면

경제학자들은 생산성에 대한 개념을 생산요소(자본, 노동 등)들을 적절히 배분하고 합리적인 운영과 평가를 위한 수단으로 발전시켜 왔다.

가장 일반적인 개별 생산요소는 노동력(labor)이다. 종업원들의 노동생산성은 괄목할 정도로 높아졌으며, 근로자 1인당 산출량에 기초하여 집계된 생산성 통계는 지속적으로 제시되어 중요한 인식을 갖도록 유발시켜 왔고, 결국 생산성이란 곧 노동생산성을 의미하는 것으로 동일시 되어왔으며, 특히 노동집약성(labor intensity)이 높은 호텔산업은 생산성이 중요하다는 사실을 인식시켜왔다.

따라서 일부기업은 노동력을 절약하는 새로운 기계(labor-saving machine)를 구입한 결과 종사원들의 노동생산성이 증가되고, 향상되었다고 하고 있으나, 단기적으로는 자본 생산성(capital productivity)은 감소했다고 할 것이다. 따라서 장기적인 안목에서 총생산성의 향상 여부는 자본지출액과 그리고 그에 따른 영업비용과 기회원가(opportunity cost)를 어느 정도 상회했는가에 달려있다.

노동력을 절약하는 기계(省力機械 : labor-saving machine)

노동력을 절약하는 기계(省力機械 : labor-saving machine)란 노동절약 효과가 큰 기계를 말하는 것으로 일반적으로는 컨베이어, 자동판매기, 전산기 등도 포함하나 오늘날에는 ① 컴퓨터를 이용함으로써 두뇌 노동력도 생략할 수 있고 ② 종래 인력으로 하지 않으면 안 되었던 가공 조립 공정이나 운반부문도 생략할 수 있는 기계를 말한다.

기회원가(opportunity cost)

기회원가(opportunity cost)란 재료·노동 및 설비 등 각 생산자원의 대체적(代替的)인 용도중 하나가 선택되고 다른 것이 포기된 경우 그 포기의 결과로서 생기게 되는 이익의 희생액을 말한다. 자기자본을 설비투자에 이용할 것인가 혹은 주식투자에 이용할 것인가 하는 선택적 결정에서 설비투자에 이용하기로 하였다고 할 때 주식투자에 의한 배당수입이 곧 기회원가가 된다.

그러나 호텔업에서 생산성을 측정하려 할 때에 품질을 경시하는 경향은 심각한 문제를 야기할 수 있다. 서비스의 품질이란 눈에 보이지 않고 수치로 계산할 수 없는 부분이 많아 경시하기 쉽기 때문이다. 레스토랑의 지배인들은 그들이 제공하는 식사요리, 그리고 고객의 만족도를 그들의 생산제품으로 생각하여 품질을 개선해야 한다. 만약 고객의 만족도(guest satisfaction)를 품질의 기준으로 삼는다면 생산성을 측정하려 할 때에도 반드시 품질의 문제를 고려해야 한다.

고객의 만족도 측정

50명의 고객이 방문하여 모두 만족하고 돌아갔다면 생산성은 미약할지 모르지만 품질은 100%이며, 반면, 100명의 고객 중 만족한 고객이 50명, 불만족의 고객이 50명이라면 생산성은 향상되었지만 품질은 50% 하락된 것이다.

2) 경영과학적 측면

경영과학은 산업공학의 기술적인 측면에 기초로 두고 발전하여 왔다. 경영과학의 관리방식은 기술적으로 매우 정교(sophistication)한 수준까지 향상시켜 경영의 효율성을 높이는데 기여하였다.

경영과학(management science)

경영과학(management science)은 관리과학이라고도 하며, 두 가지의 의미를 가진 영역이라고 한다. 첫째, 미국에서 발달한 과학적 관리가 독일에서 수입되어 독일에서는 경영과학이라 하여 주로 공과대학에서 연구한 것으로 작업개선을 위한 동작연구, 노동과학 그리고 생산조직을 연구하는 경영조직론 등을 포함하며 둘째, 제2차 세계대전 중 영국 · 미국에서 발전한 것으로 OR(operations research)의 대명사처럼 사용되기도 하며 기업의 의사결정을 필요로 하는 문제에 대해 분석적 내지 계량적 방법을 사용하여 경영자의 의사결정을 논리적 · 객관적으로 하려는 목적을 가진 연구영역을 말한다.

넓은 의미에서의 생산성은 종사원 1인이 담당하여 서비스를 제공한 고객 인원수, 시간당 판매한 메뉴품목의 수량 및 금액, 교대(shift)조의 판매실적 등을 측정하는 방식이다. 생산성의 설정은 시간연구(time study)나 작업표본법(work sampling)과 같은 산업 공학적인 기법을 적용하기도 했지만 역사적 자료(historical data)에 근거하여 작성하였다. 이러한 측정방식은 경영진 자체의 한계성이 있으며, 물가상승에 따라 실질임금(가치)을 유지ㆍ보장하기 위하여 임금을 조정하고 판매량도 조정해야 한다는 것이다. 이러한 측정방식들을 서로 연계시켜 활용하면 생산성 지표(productivity index)를 작성할 수 있으며, 영업장의 생산 효율성을 추측하는 것이 가능하다.

작업표본법(work sampling)

작업표본법(work sampling)은 표본이론의 기법을 원용하는 작업측정기법의 하나이며, 관측대상을 임의로 선정하고 선정한 시점에서 순간적으로 관측하여 그 상태를 기록 집계하고 이것을 자료로 하여 통계적 방법을 통해 가동률이나 여유율 또는 기계 부하율(machine load)과 같이 사람이나 기계가 소비한 시간 비율을 측정하려는 것이다. 따라서 이는 순간 관측법의 대표적인 한가지 방법인데 연속관찰법에 비하면 한 사람이 다수의 대상을 관찰할 수 있고 노력과 비용이 적게 드는 여러가지 장점이 있는 반면 파악이 단시간에 이루어지기 때문에 오차가 발생할 가능성이 크다.

3) 행동과학 측면

행동과학자들은 생산성에 대하여 가장 넓은 의미에서 정의하고 있다. 종사원들의 업무수행 능력을 향상시키면 생산성이 향상된다는 인식하에 생산성에 영향을 미치는 여러 요인들의 중요성을 평가하는데 역점을 두게 되었다.

행동과학적 연구에 의하면 종사원들의 생산성을 향상시키는 문제는 근로조건을 개선하거나 시간ㆍ동작원리를 적용시킨다고 해서 생산성이 향상 되는 것이 아니라 종사원들의 동기를 유발하고 능력을 향상시키는 것이 중요하다고 인식하게 되었다.

서비스의 체제를 확립하고 있어도 종사원들의 훈련을 잘 받지 못하고, 미숙하며, 사기가 저하되어 있으면 생산성 목표를 달성할 수가 없다는 인식이 팽배하였다. 그러나 조직 구성원의 행동이 생산성 향상에 미치는 영향이 분명하지 않는 것처럼 보이지만 종사원들의 직무 만족도(job satisfaction)를 높이면, 생산성 향상에 기여할 수 있다는 결과를 도출하게 되었다. 종사원들의 직무 만족도를 높여 줌으로써 소외감의 해소, 사고 방지, 이직현상을 사전에 예방하고 감소시켜 줄슈 있다고 판단하였다. 그러나 직무만족도와 생산성의 관계는 단기적인 안목에서 보면 매우 불투명한 점이 있다. 종사원들은 맡은 직무에는 매우 불만족 하지만 승진하고 싶은 욕망에서 열심히 하여 실적을 높이고, 생산성 제고에 기여하는 경우가 있는 반면 직무에는 만족을 하지만 업무를 소홀히 하는 종사원도 있기 때문이라고 한다.

직무만족도(job satisfaction)

직무만족(job satisfaction)이란 주어진 직무에 대하여 가지는 만족의 정도를 말한다. 종사원의 행동을 이해하기 위해서는 사기 내지 근로의욕(morale)이란 개념이 사용되며, 이를 명확히 파악하기 위해서는 직무에 대한 만족감을 가지고 있는가를 파악해야 한다. 이것은 종사원의 사기 내지 근로의욕을 결정하는 중요한 요소가 되기 때문이며, 이 외에 임금 · 직무 · 지위의 안정성 · 업무의 종류나 회사에 대한 긍지 등과 같은 여러가지 요소가 복합적으로 작용하여 근로의욕을 형성한다.

행동과학적 접근기법들은 조직의 조건적합 이론(contingency theory)이 공통적 요소가 되고 있다는 인식을 하게 되었다. 그러나 품질관리 서클(quality control circle) 활동이나 자극임금제(incentive wage system)와 같은 제도는 상황여부에 따라 실효성의 격차가 크다.

조건적합이론(條件適合理論 : contingency theory)

조건적합이론(條件適合理論 : contingency theory)은 전통적 조직이론에서 환경이나 조건에 관계없이 모든 조직에 공통적으로 유효하다고 인정되는 조직 원칙을 확립하는데 주력해 왔다. 그러나 이러한 보편주의를 부정하고 모든 환경에 대하여 최선의 조직은 있을 수 없으며, 환경이 다르면 유효한 조직도 달라진다는 입장이다. 조직의 유효성은 기술이나 시장이라는 환경에 의존한다는 이론이다.

자극임금제(incentive wage system)

자극임금제(incentive wage system)란 종업원의 근로의욕을 자극하여 노동능률을 향상시킬 목적하에 사용되는 임금제도를 총칭하는 용어이다. 능률급이나 성과급과 같은 직접적인 자극 임금제도 외에도 상여금이나 할증금 등과 같이 작업능률의 양부(良否)를 직접 임금에 반영하는 경우도 있으며, 자극 대상은 개인 또는 집단을 택하는 경우가 있으며, 이러한 임금제를 채택할 때에는 반드시 공정한 표준작업시간 내지 작업량을 전제로 해야 한다.

생산성이나 품질을 향상시키는 일은 기업의 조직문화(corporate culture)에 일정한 사고방식을 주입시키는 것이 문제이다. 기업을 소개하는 대부분의 기사들은 생산성과 품질의 기준을 높게 설정하고 기업이 갖는 가치성에 대하여 종사원들을 대상으로 교육시킨다. 생산성의 문제는 경제 불황의 시기가 되면 비용을 절감해야 한다는 관점에서 논의되었으며, 경제가 회복되면 침체되었던 거래가 활발해짐에 따라 조업도(capacity)가 상승하고, 고정비(fixed cost)가 감소할 수 있으며, 생산성의 문제는 자동적으로 희석이 된다.

조업도(capacity)

조업도(capacity)란 넓은 의미에서는 기업의 경영규모인 생산설비나 인적요소, 조직요소, 환경요소 등의 경영능력 이용도를 의미하지만, 일반적으로는 변화에 따르는 원가의 변동이 중요하기 때문에 보유생산설비의 이용도를 말한다. 조업도를 측정하는 척도의 대부분은 기술적 수량단위로 표시되나 경제적 가치단위로 표시되는 경우도 있다. 조업도를 구체적인 단위로 표현할 경우 생산량, 시간수, 거래량, 중량, 용적 등의 실수로 표시하는 절대적 조업도와 보유생산설비의 생산능력의 기준치와 실제 급부와의 비율로 표시하는 상대적 조업도로 대별할 수 있다.

행동과학자들은 생산성과 품질의 향상은 회사 조직문화(corporate culture)와 관련되어 있거나 조직문화에서 도출된다는 결론을 짓고 있다. 회사의 조직문화를 변경하는 것은 조직구조의 개편 내지는 업무진행 절차를 변경하는 것 이상으로 중요하며, 경영진과 종업원들이 추구하는 목표의 재편성 · 재정립을 의미한다.

3. 기업과 생산성

생산성을 구성하는 중요한 조직계층은 기업차원의 생산성(corporate productivity)이다. 회사에서 설정한 사업목표가 어느 정도 유효하고 실현가능하며, 현재의 사업 활동이 목표와 부합되는가, 그리고 자원배분 상태의 효율성을 점검하는 것이다.

1) 기업의 생산성

기업의 생산성은 최고 경영진과 그리고 당해 사업의 이해관계를 가진 모든 사람들, 주주(share-holders), 종사원, 고객, 납품업자 그리고 지역사회의 최대 관심사가 되고 있다. 이해관계를 가진 사람들은 당해 회사에 대하여 눈에 보이는 또는 보이지 않는 자원을 투입(input)하고 있으며, 산출(output)결과에 대한 소정의 기대사항(expectations)을 갖고 있다는 것이다.

기업은 사람들의 이해관계로 의견이 충돌할 경우에는 회사의 경영진은 분쟁 당사자가 서로 만족스럽게 받아들일 수 있는 합의점을 제시하여 해결하는 조정능력도 갖추고 있어야 하며, 균형을 잃지 않고 유지해 나가는 노력이 중요하다.

2) 부문별 생산성

부문별 생산성(partial-factor productivity)이란 생산성 향상을 위한 체제가 정비되면 경영진은 현재 보유하고 있는 개별자원(자본, 노동 등)들을 효율적으로 관리하는 일이다. 회계 및 인사담당 관리자들은 자신이 보유하고 있는 자원들이 부문별로어느 정도 유효하게 활용되고 있는가를 판단하고, 실적을 평가하는 것은 부문별 생산성의 전형적인 예이다.

3) 업장별 생산성

업장별 생산성(operational productivity)은 영업장의 효율성을 제고시키는 관점에서 시작되었다. 효율성 제고를 위한 초점은 본질적으로 전술적(tactical)인 문제이므로 생산성 측정은 중간관리자들의 주요 관심사가 되고 있다.

업장별 생산성 제고를 위하여 산업공학과 행동과학 측면에서 제기한 많은 기법들이 사용되었으며, 이러한 기법들은 주로 원가절감 방향으로 시도되었다. 또한 일부 관리자들은 이러한 노력을 제품계획 내지 상품화 정책(merchandising)과 결합시켜 판매를 증진시키는 경우도 있다.

4) 종사원 노동생산성

종사원 노동생산성(employee productivity)은 개별종사원의 근무실적의 평가 내지 특정 직종에 대한 잠재 능력을 측정하는 것이다. 이것은 회사가 보유하고 있는 노동력을 어느 정도 잘 활용하고 있는가를 제시해 준다. 잠재능력이 풍부한 종사원들을 선발하여 그들의 능력을 개발시켜 줌으로써 맡은 바 직무를 충실히 수행하고 있는가는 동기유발(motivation)의 여부에 따라서 달라진다.

기업의 생산성 구성요소

• 기업의 생산성(corporate productivity)			
– 사업목표의 확인(실제 활동과의 부합 여부) – 주변 경영환경과의 관계에서 당사의 위치(位置) 및 업장환경			
• 부문별 생산성(partial-factor productivity)			
– 인사관리	– 회계 · 재무관리	– 정보관리	– 마케팅 관리
• 업장별 생산성(operational productivity)			
– 객실	– 식당	– 음료	– 부대사업
• 종사원 노동생산성(employee productivity)			
– 종사원 노동력(실적 및 잠재) 능력			

4. 생산성과 품질관리

품질관리의 중요성에 관한 산업계의 인식은 지속적이었으나 생산성에 관한 관심은 상황에 따라 변화되었다. 생산성 개념의 배후에 내재한 정통적 조직의 원리는 권위주의적 관료제 이론에 의하면 경영진의 관점에서 여러가지 원칙이 제기되었다. 기업과 직접적인 이해관계를 가진 사람들은 회사에 대한 기여도(contributions)와 기대사항(expectations)의 의미를 생산성과 관련을 시키게 되었으며, 품질과 생산성의 상호연계(a link between productivity and quality)를 창출해 낼 수 있다고 인식하였다. 회사와의 이해관계자들(stake holders)은 당해 기업에 참여한 결과로서 경제적 그리고 사회적 성과(social outcomes)를 기대하게 되었으며, 이러한 기대사항(expectations)에는 양과 질을 측정하려는 개념을 포함시키기에 이르렀다. 호텔을 방문하는 고객들은 어떠한 기대감을 가지고 오고 있으며, 종사원들은 그 고객을 위하여 어떠한 서비스를 제공하려고 노력을 하고 있는가, 더 나아가 종사원은 노동력을 제공하는 대가로 임금을 받고 회사의 승진 등과 같은 기대감을 가지고 있는 있는가 하는 것이다.

이러한 측면을 고려할 때 생산성과 품질은 상호 불가분의 관계에 있는 것이며, 양자의 관계를 상호 배타적인 관점으로 인식하는 것이 아니라 상대적 우선의 관계가 있다고 보는 것이다.

기업의 생산성과 품질과의 관계에 따른 유형

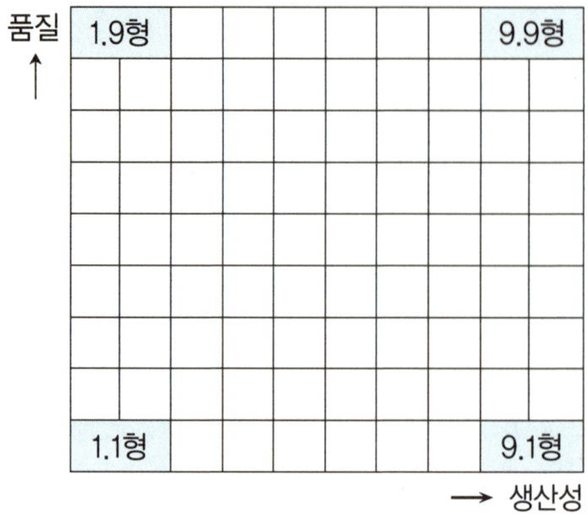

(1.1형) 생산성 및 품질향상 모두의 관심을 두지 않는 기업
(1.9형) 생산성 향상보다는 품질향상에 관심이 있는 기업
(9.1형) 품질향상보다는 생산성 향상에 관심이 있는 기업
(9.9형) 품질향상 및 서비스 향상에 관심이 있는 기업

생산성과 품질향상에 관심이 없다고 생각을 하는 회사라도 이 두 가지 요인은 중요하다고 인식하고 있으며, 또한 생산성과 품질향상의 문제를 중요하다고 보고 있지만 필수적인 것이 아니라는 인식을 갖고 있는 회사들도 있다. 상품에 문제가 있다고 판단하는 경우에는 품질에 우선권을 부여하여 품질향상에 주력하지만 품질문제가 해결되면 다른 관심을 갖게 된다.

품질향상을 기하지 않는다고 해서 수익을 증대시키지 못한다는 의미는 아니지만, 원가절감 대신 가격을 인상하는 가격회복(price recovery)전략을 채택하여 증가된 원가를 고객에게 부담시키는 경우도 있다.

경기가 침체한다고 당초의 가격으로 인상하는 가격 회복 정책은 더 이상 효과가 없음을 인식하였고 원가를 절감하여 이윤을 유지하려는 정책을 수립하게 되었다. 그러나 원가를 절감하는 정책도 품질을 저하시키지 않으면 성공을 할 수 있었으나, 효율성을 추진한다는 목적하에 비용절감을 지나치게 강조하여 일시 해고제(lay-off)를 실시한 결과 종사원들의 사기가 떨어져 서비스의 품질이 저하되기 시작했다.

품질이 저하되자 판매실적이 부진하게 되어 원가를 절감해야 되는 악순환이 거듭되어 생산성 함정(productivity trap)에 빠지게 되었다. 즉 메뉴품목, 영업시간, 서비스 방법 등을 변경하여 상황이 더욱 악화되어 생산성과 품질이 상호 관련성을 갖지 못하고 상반되는 결과를 초래하기도 하였다.

그러나 생산성 향상에 초점을 두고 주력해온 많은 기업들은 지속적인 전략을 추진해온 결과 노동력을 절약하는 설비에 투자하고 종사원들의 신분을 보장하여 품질과 생산성의 관계를 원만하게 유지할 수가 있었다. 즉, 종사원들의 복지를 우선하고 인간적인 대우를 해줌으로써 종사원과 고객과의 우호적인 관계를 유지시켜 서비스의 품질을 향상시킬 수가 있었다.

생산성 향상에 관심이 없고 품질향상에만 주력하는 전략은 유지하기가 어렵지만 전략을 지속적으로 유지하면 생산성도 동시에 향상되어 이득을 보게 될 것이라는 기대감도 갖게 되었다.

제4절

호텔서비스의 품질 관리

1. 호텔서비스 품질의 의의

상품을 설계, 생산, 인도 및 지원하기 위해서 조직이 필요로 하는 경영시스템을 정의하고, 실행하기 위해서 개발된 것이 국제표준화 기구(ISO : International Organization for Standardization)이다. 품질이 우수한 상품이나 서비스를 생산하는 경영시스템을 구축하기 위해서 표준을 제정하는 것이 목적이며, 특정 상품이나 기술의 규칙과 관련된 표준을 담은 것이 아니다. 제조부문을 중심으로 채택이 되어 실행되었던 ISO는 1990년대 중반에 들어서면서 서비스 부문에서도 실행되기 시작하였으며, 오늘날에는 전 서비스 부문에 확대되어 실행되는 추세에 있다.

서비스 과정의 품질 인증은 서비스 부문까지 확대되고 있으며, 호텔은 고객에게 의존해서 생존하기 때문에 현재와 미래의 고객을 이해하고, 고객의 요구상항을 잘 충족시키고 있다고 믿는 기업만이 무한경쟁의 경쟁에서 살아남을 수 있기 때문이다. 이러한 관점에서 서비스 품질의 중요성을 다음과 같이 설명할 수가 있다.

첫째, 서비스 수준의 향상을 위해서는 품질경영 수준에 맞추려는 노력이 필요하다. 고객만족을 목표로 고객이 요구하는 서비스를 제공하는 경영시스템으로서의 전사적 품질경영(TQM : Total Quality Management)에 관한 개념화 작업이 필요하다.

둘째, 서비스 기업에서 제공하는 서비스의 품질은 고객의 만족 및 불만족과 직결되므로 기업의 경쟁력 차원에서 중요한 전략적 요소로 인식되고 있다.

셋째, 서비스 기업의 물적 · 인적 시스템은 서비스 상품을 구성하고 있는 중요한 요인이며, 서비스 요원의 사기와 태도는 서비스 기업을 이용하는 고객 만족도에 결정적인 역할을 하기 때문에 고객을 만족시키기 위해서는 직원의 직무만족이 중요한 변수로 인식되고 있다.

2. 호텔서비스 품질의 구성

호텔상품을 구성하는 요소는 위치(location), 시설(facilities), 서비스(service), 이미지(image), 가격(price)의 5가지를 구분하고 있으며, 호텔상품은 종합시스템 차원의 물적, 인적, 환경적 자원의 요소를 효과적으로 결합하여 전달되는 상품적 가치를 제고 시켜야만 효과를 달성할 수 있다. 특히 고객들의 서비스를 전담하고 있는 종사원을 서비스 영역에 포함시키는 중요한 구성요소가 되고 있다.

오베로이(Oberoi)와 홀스(Halls)는 호텔의 서비스 품질의 요소를 ❶ 시설(객실 및 부대시설, 시설의 청결성, 시설의 내부 인테리어 등), ❷ 케이터링(융통성 있는 메뉴 및 식사시간, 충분한 음식의 양과 질 등), ❸ 가격(경쟁가격, 가격에 포함된 오디오-비디오 기본설비 등), ❹ 활동(호텔의 인적 서비스 등) 등 로 구성을 하였다.

종사원들은 고객과 직접 접촉하기 때문에 종사원의 행동을 상품의 중요한 품질적인 특성으로 규정함으로서 종사원의 서비스가 상품의 품질을 좌우하는 중요한 요인이 된다는 것을 강조하고 있다. 즉 대부분의 연구에서 인적자원에 의한 구성요소를 중요하게 인식하고 있다. 호텔의 서비스 품질의 측정은 서비스 제공자 및 고객을 중심으로 측정을 할 수가 있으며, 최근의 연구에 의하면 서비스 품질의 구성요소에 물리적인 요소가 많이 가미되고 있다.

이러한 물적 서비스의 구성차원에는 상품 자체의 기능적인 요소를 포함하여 부가적인 요소, 주차장, 부대시설, 편의시설, 입지 조건, 이미지 등도 포함되고 있다. 따라서 인적서비스 차원의 구성요소와 더불어 물리적 구성요소도 중요한 구성 차원으로 부각되고 있어, 물적 서비스에 대한 관리와 통제가 필요하다고 할 수 있다. 이러한 상황을 토대로 하여 서비스 품질 평가 구성요소를 다음과 같이 제시 하고자 한다.

호텔 서비스 품질 구성

구분	구성요소
위치	편리한 위치(입지), 주변경관 및 환경
시설	건물의 외형(외양, 색상), 호텔 장식, 운영 시스템의 안정성, 환기시설(온도 · 습도 및 환풍 상태), 시설의 품질유지(공간, 면적, 로비 등), 시설 배치 상태(접근성, 이용 편의성), 객실 및 욕조의 규모, 객실용품 비치(amenities 종류 및 품질), 주차 공간, 객실 청결상태, 금연 객실(금연 객실의 운영), 식당의 종류 및 다양성, 부대시설의 다양성, 스포츠 관련 시설의 종류
가격	가격의 적절성(가격 · 가치의 상관성), 요금제도의 공시성(Tariff의 비치, 할인제도의 공시 등)
서비스	복장, 용모의 단정성, 표정 및 몸가짐, 고객과의 커뮤니케이션 유지(외국어 구사), 예약(예약의 신뢰성, 예약의 편리성), 고객환영 및 영송, 고객안내, 주문(주문 처리의 효율성), 서비스 마감(서비스 마감의 효율성), 수납 자세(계산의 정확성), 서비스 자세 및 수행, 서비스의 신속과 정확성, 표준화된 서비스, 고객에 대한 지속적 관심도, 고객욕구 파악, 종사원에 대한 권한 위임, 고객 불평처리(방법, 능력 등), 고객만족을 위한 종사원 업무처리 능력, 서비스 내용의 유형화 및 보증(서비스에 대한 정보제공 여부)
이미지	명성(브랜드), 호텔 분위기(음악, 조명 등)
조직	다른 부문과의 상호 협조체계, 팀워크에 의한 서비스, 서비스 개선을 위한 혁신성, 고객중심의 정책 개발, 고객 서비스 평가 시스템의 인지도, 고객 서비스 평가 시스템의 효율성, 고객 서비스 정책, 서비스 품질에 대한 관리자의 인식 정도, 관리자의 종사원 통제 및 역할

구분	구성요소
마케팅	내부 마케팅(종사원의 친절성, 종사원의 전문성, 불평처리 능력, 긍정적인 첫인상, 단골고객에 대한 배려), 관계 마케팅(고객의 의사결정을 도움, 경쟁사와의 차별화된 서비스, 고객 충성도 프로그램에 대한 인지 정도), 마케팅 지향성(고객의 욕구에 대한 정기적 정보 수집), 상향 커뮤니케이션(관리자와 종사원 간의 커뮤니케이션), 고객(고객군의 형태, 고객군의 수준)

자료 : 정규엽 · 이준혁, 호텔기업 서비스 품질 평가 속성의 도출에 관한 연구, 호텔 · 외식경영학연구 제6권 제1호(통권 8호), 한국호텔 · 외식경영학회, 1997, p.212. p.216. p.221. p.224.를 참조하여 재구성함.

3. 호텔서비스 품질향상과 목표

서비스 품질이 호텔경영의 성패를 좌우할 만큼 중요한 요소로 부각되었으며, 기업의 경쟁력을 배양하는 유일한 수단과 방법이 되었다. 호텔업의 경쟁력은 기업이 보유하고 있는 기술력이나 관리능력에 의해서 결정이 된다. 호텔과 같은 서비스업의 경우에는 인적자원에 대한 의존도가 높아 이들이 보유하고 있는 제(諸)자원을 활용함으로서 경쟁력을 강화할 수 있다. 그러나 품질경영은 호텔을 경영하는 최고경영자가 경영이념이나 경영철학을 가지고 추진할 때 비로소 경쟁우위를 달성할 수가 있다. 이것은 호텔이 추구하는 가치와 신념으로 대변하며, 이익이나 가치의 극대화를 궁극적인 목적으로 하기 위해서는 종업원이나 소비자에 대한 인식을 새롭게 하는 인식의 전환이 필요하다.

호텔업은 영리를 추구하기 이전에 사회에 공헌하는 기업으로 고객에 대한 봉사는 사회적 책임이다. 따라서 고객을 중시하며, 고객의 욕구를 파악하고 봉사하여 고객만족을 효과적으로 이끌어낼 수 있다는 신념이 필요하다. 즉 고객을 최우선시 한다는 경영방침이다.

또한 고객에게 서비스 상품을 제공하는 종업원에 대한 인간성의 존중이다. 종업원은 그들이 인간성이 존중되고 있다는 사실을 인식할 때 능력이 최대한 발휘가 된다. 특히 종업원에 대한 공정한 분배도 품질 경영의 가장 중요한 요인이 된다. 그리고 이러한 노력들이 서비스를 향상시킬 수 있다.

호텔업이 경쟁할 수 있는 요인에는 품질, 가격, 유연성 등과 같은 다양한 경쟁력이 있다. 그 중에서 품질우위를 확보하는 것은 기업이 선택할 수 있는 경쟁전략이 될 수가 있다. 즉 품질우선주의, 품질제일주의는 호텔경영에 있어서 중요한 요인이 된다.

호텔업은 서비스를 생산하여 고객에게 제공함으로서 이익을 창출할 수가 있으며, 이를 계기로 호텔업의 위상을 정립할 수가 있다. 이를 실천하기 위해서는 종사원들은 서비스 능력을 위한 자기 개발과 서비스의 혁신, 능력 개발이 선행되어야 하고 기업은 서비스를 위한 방향의 설정과 이릉 위한 적극적인 보상과 지원이 뒷받침되어야 한다. 따라서 고객에게 서비스를 향상시킬 수 있고 차별화된 서비스를 제공함으로서 고객감동을 창출할 수가 있으며, 특히, 고객의 불평 및 불만사항 등과 같은 문제점을 체계적으로 연구, 분석하는 자세가 필요하다는 것이다.

서비스가 곧 상품이 되는 호텔업은 훌륭한 서비스의 제공을 통해서 고객을 감동시키고 칭찬을 받을 수 있으며, 불평과 불만을 해결하고 다시는 발생이 되지 않도록 하는 자세가 필요하다. 호텔업은 친절, 청결, 질서가 상품의 성패를 좌우하는 상품이 되고 친절한 서비스 태도는 전사적(全社的)인 차원에서 생활화해야 할 중요한 상품이 된다는 사실을 인식해야 한다.

제7장

프런트 오피스 관리

제1절

프런트 오피스의 의의와 업무

1. 프런트 오피스의 의의

일반적으로 프런트 오피스(front office)란 현관사무실을 의미하며, 숙박하고자 하는 고객에게 객실예약에서부터 객실등록 및 정산 등과 관련된 업무를 수행할 목적으로 유기적으로 결합된 서비스의 조직으로 숙박관계의 업무활동을 총괄하는 곳이다.

프런트 오피스는 호텔고객을 영접하고 영송하는 곳으로서 호텔과 고객을 연결시켜주는 장소라고 할 수 있다. 또한 투숙객이 호텔에 머물고 있는 동안 모든 정보를 제공하여 주는 부서이기도 한다. 프런트 오피스는 지배인이나 각 부서에서 얻어진 정보나 자료를 기초로 하여 서비스를 개선하고 보완하면서 영업을 성공적으로 이끌어 나가게 한다.

호텔의 규모에 따라 프런트 오피스의 규모나 시설은 차이가 있지만 일반적인 주요 기능은 다음과 같다.

첫째, 객실판매

둘째, 정보제공 서비스(information service)

셋째, 고객 서비스(guest service)

넷째, 객실이용 현황의 파악

다섯째, 숙박객 계정의 작성 및 정산

2. 프런트 오피스의 업무

1) 객실판매

객실판매는 프런트에 있어서 가장 중요한 기능으로 판매 성과의 측정이기도 하며, 이 측정은 판매된 객실의 수와 객실요금의 분석에 의해서 이루어진다. 객실판매와 관련이 되는 업무는 체크 인(check in)으로 예약고객(reservation guest) 및 비 예약고객(walk-in guest)의 취급, 숙박에 따른 등록(registration)수속, 객실배정(room assignment) 등이다.

프런트에서 일반적으로 취급하는 고객은 사전에 예약을 마친 예약고객(reservation guest)과 예약을 하지 않고 숙박을 하러 오는 비 예약고객(walk-in guest)으로 구분된다.

2) 정보제공 서비스

호텔에 투숙한 고객 및 방문객들에 대한 안내는 호텔의 서비스의 기본적인 기능 중의 한가지이다. 호텔시설 이용에 관한 정보에 대해서는 프런트에 문의하는 경우가 가장 많다. 정보에 대한 서비스는 호텔, 지역, 여행 등의 서비스로 분류할 수 있으며 레크리에이션 시설과 식당시설 등의 시설에 관한 문의에 대한 응대도 중요한 기능이라고 하겠다.

3) 고객에 대한 서비스

호텔이 고객에 대한 서비스 부문 간에는 상호 연락관계가 있어야 하는데 연락서비스는 프런트 오피스의 주요 기능 중의 한가지이다. 숙박등록이 종료되었을 때에 하우스키핑(housekeeping)에 알리는 도착정보와 고객이 도착을 한 경우에는 도착정보를 제공하여 투숙고객에 대한 서비스를 제공할 수 있도록 한다. 이러한 서비스는 숙박등록기능과 객실상태를 알려주는 기능이 있어 가능하다. 또한, 식음료 부분에서도 투숙객 수에 의한 적절한 재료의 준비, 종사원의 근무일정을 조정하여 고객서비스 제공에 만전을 기할 수 있다.

또한 고객이 체재하는 동안에 발생이 되는 각종 연락사항은 메시지 전달서비스를 통하여 수행되고 있으며, 최근에는 메시지 전달방법이 전화기능의 향상으로 상당부분 대체되고 있고 보이스 메일 시스템(voice mail system)이 좋은 예이다.

4) 객실 이용 현황의 파악

프런트 오피스는 항상 각 객실에 대한 정확한 상황을 알고 있어야 하는데 정확한 객실 상황(room status)을 파악하고 유지하는데 기본적인 기능으로는 체재 중인 객실, 체크아웃 예정인 객실, 판매 가능한 객실 등이며, 스키퍼(skipper)의 방지, 슬리퍼(sleeper)의 발견 등이다. 정확한 객실 이용 현황을 파악하는 것이 이상적이지만 실제로는 많은 호텔에서 판매가능 객실 수의 파악에 많은 시간이 소요되고, 판매가능 객실 수의 파악 미비 등으로 객실을 판매할 기회의 손실로 호텔은 객실 상황 현황의 원활화를 기하기 위하여 컴퓨터를 도입, 활용하고 있다.

스키퍼(skipper)와 슬리퍼(sleeper)

스키퍼(skipper)란 호텔에 체크인(check-in)을 하였으나 정당한 절차를 거치지 않고 출발해 버린 고객이다.
슬리퍼(sleeper)란 프런트에서의 착오로 인하여 빈 객실인데 체재 중이라고 표시되어 고객에게 객실을 판매할 수 없는 경우이다.
최근에는 호텔운영 시스템의 발달로 인하여 발생의 빈도가 감소하고 있다.

5) 숙박객 계정의 작성 및 정산

고객이 호텔에 도착을 해서 숙박등록 및 객실 배정(room assignment)이 끝나면 숙박객의 계정(guest folio)이 작성되어 고객이 체재하는 동안에 거래내역의 기록을 유지하는 것이 필요하다. 고객이 언제, 어떠한 때에 출발이 된다고 하여도 고객에게 제시할 수 있도록 준비되어야 한다.

각 영업 부문에서 발생된 거래는 숙박객의 계정에 정확히 기록되어야 하는데, 숙박 등록 시 결정된 지불조건(현금, 외상거래, 신용카드 등) 및 지불범위(객실료, 객실료 및 조식, 객실료 및 식음료, 전액 등)를 근거로 호텔은 계정을 분리하여 고객에게 해당되는 금액을 받고, 고객에게 영수증(receipt)을 발급하게 된다.

숙박객 계정(guest folio)

숙박객 계정(guest folio)은 고객이 체크인이 되면 고객과 호텔 간의 거래내역을 정확히 기록하여야 하는 계정이다. 그러나 호텔 내의 각 영업부문에서 이루어지는 현금거래는 숙박객 계정에 기록되지 않는다.

호텔에서는 영업부서에서 고객들과의 거래와 관련된 많은 전표와 기록 등은 사무처리가 능률적이 아닌 경우도 있지만 숙박객 계정에 있어서의 이 계산서들은 호텔정보시스템을 구축하기 위한 자료로서 활용이 된다. 영업부에서 발생된 각종 거래 내역은 판매관리시점(POS : Point Of Sales)시스템을 통하여 숙박객 계정으로 즉시 전송이 된다.

3. 고객서비스 기능 업무

1) 비즈니스 전용층

비즈니스 고객의 업무 편의를 증진하기 위해서 도입된 비즈니스 전용층(EFL : Executive Floor)은 일반 객실층과 차별화한 것으로 호텔 내의 호텔이라고 하고 있다. 비즈니스 고객의 사무능률을 높이기 위하여 회의실을 설치하고 첨단 사무기기(OA : Office Automation)를 비치하여 고객의 응대와 휴식을 위한 음료와 스낵 등을 준비하고 신문, 잡지, 도서 등을 비치하여 차원 높은 서비스를 제공하기 위한 것이다. 이러한 층을 운영함으로서 개별고객을 확보할 수 있으며, 호텔 운영에 있어 GRO(Guest Relation Officer)는 통상 일반고객보다는 VIP고객을 대상으로 불편사항의 해결이나, 고객의 취향, 관광, 여행, 쇼핑에 관한 정보 등을 제공하고, 고객이 요구하는 사항을 찾아내 해결해 주고, VIP가 호텔에 투숙할 때 신속한 체크인 & 아웃(check-in & out)을 처리해 주기도 하는 원스톱(one-stop) 서비스를 제공하는 업무를 수행한다.

2) 고객 관계 서비스

대규모 호텔에서는 고객들과의 지속적인 관계를 유지하기 위해서 GRO(Guest Relation Officer)데스크를 운영하고 있으며, 호텔을 이용하는 VIP(Very Important Person)고객의 영접 및 환송을 담당하거나 고객들에게 호텔 시설 이용의 안내 및 식당 예약, 인근지역에 관한 정보제공, 항공기 예약 및 예약 재확인, 관광지 및 각종 행사정보 등의 업무를 수행하고 있다.

3) 비즈니스 센터

비즈니스 센터(business center)는 비즈니스 고객의 업무 목적을 효율적으로 실현할 수 있도록 개인 비서 기능의 업무를 담당하고 있는 조직이다. 주요업무는 비즈니스 관련 정보의 제공 각종 컴퓨터 기기 및 사무집기 · 비품대여, 우편 · 전신전보 · 팩스(FAX)업무, 번역과 통역, 회의실 대여 업무, 패킹(packing)업무 등을 수행하고 있다.

4) 컨시어지 서비스

현지 사정에 익숙지 못한 고객들에게 누군가의 도움을 받아야 할 경우, 혹은 문제가 발생한 경우, 컨시어지(concierge)는 고객의 손과 발이 되어 어려움을 해결해 주는 역할을 하게 된다. 따라서 컨시어지는 고객과 접하기 좋은 호텔 현관에서 가까운 곳에서 근무하며, 고객 개개인의 필요한 각종 정보에서부터 불평 · 불만 처리에 이르기까지 고객이 원하는 모든 서비스를 제공하는 업무이다.

5) 교환 서비스

교환서비스(telephone operator)는 호텔에 있어서 매우 중요한 관리이며, 외부와의 연결 기능이며, 호텔 내에서 고객을 직접적으로 응대하는 곳이다. 교환서비스의 기능은 통신매개체, 안내센터, 홍보매체로서의 역할을 수행하고 있으며, 투숙고객에 대한 모닝콜(morning call)서비스는 물론 고객에게 각종 정보제공 및 메시지의 접수 및 전달업무 등을 수행하며. 대내적으로는 부서 간의 긴밀한 연락체계 구성을 위한 프런트 데스크, 컨시어지, 프런트 회계담당, 영선, 경리, 연회, 경비, 판촉 및 홍보 등의 전 부서 간의 유기적인 협조관계가 필요하다.

제2절

프런트 서비스

1. 프런트 서비스의 의의

현관서비스는 유니폼서비스(uniformed service)라고도 하는데, 인적 서비스를 제공하는 부서로서 그들의 업무는 항상 고객이 보는 앞에서 수행하여야 하며 호텔의 다른 부서의 직원보다도 고객과의 직접적인 접촉의 기회가 가장 많은 곳이다. 특히, 중요한 것은 고객이 호텔에 들어 왔을 때 맨 처음 맞이하는 일을 하게 되며, 호텔을 떠날 때에도 제일 나중에 배웅을 하게 되는 것이다.

프런트 서비스에서는 일반적으로 로비관리, 체크 인 & 체크 아웃 업무 시 고객의 짐을 운반(baggage handling), 보관업무(cloak room service), 엘리베이터(elevator attendant)서비스, 페이징 서비스(paging service), 차량안내 및 주차 대행(valet) 서비스 등의 업무를 수행한다.

프런트 서비스의 업무기능

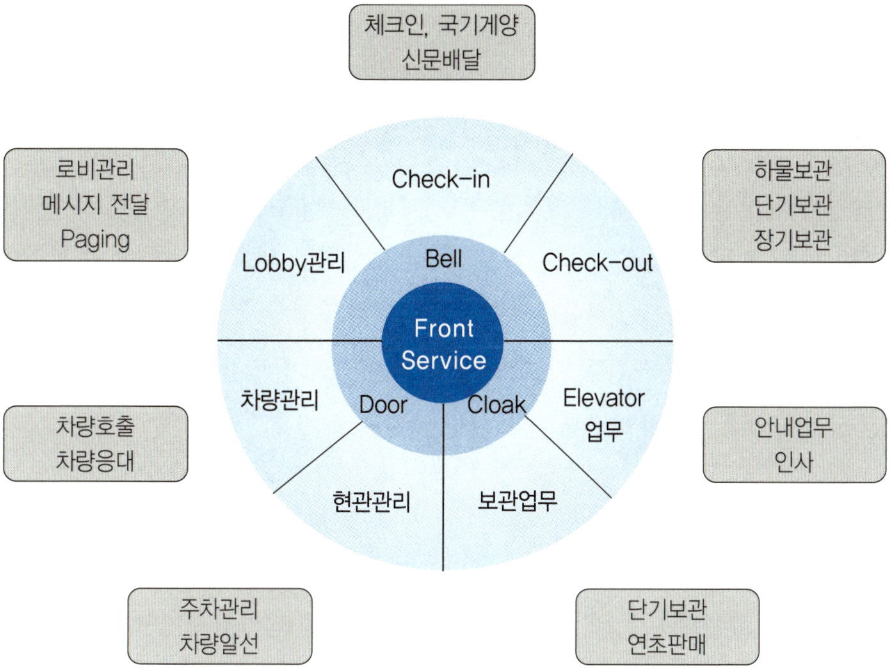

2. 도어 서비스(door service) 업무

door service는 호텔을 방문하는 다양한 고객을 최초로 맞이하고 떠나는 고객을 최후로 접촉하는 부문으로서 호텔을 대표한다고 해도 과언이 아니다. 따라서 고객이 쉽게 알아보고, 고객에게 언제나 친절한 서비스를 제공할 수 있는 준비가 되어 있어야 한다.

일반적인 업무는 다음과 같다.

첫째, 고객영접 및 환송

둘째, 차량안내 및 교통정리

셋째, 주차서비스 및 차량호출

넷째, 교통편 안내

다섯째, 호텔시설 및 주요 행사 안내

여섯째, 현관주변 관리

1) 고객영접 및 환송

고객이 호텔에 도착하였을 경우에는 차량을 적절히 안내하여 고객과 수하물이 안전하게 하차될 수 있도록 안내한다. 차량이 완전히 정지하면 고객의 안전을 위해서 고객이 타고 있는 좌석 쪽의 문을 열어 정중한 환영의 인사와 함께 고객의 하차를 도와준다.

차 내에 실려 있는 고객의 수하물을 신속히 내리고 차 안에 남아 있는 물건이 없는지를 확인하며, 차량의 기사가 있는 경우 수량을 점검하고, 손수 운전을 하여 도착한 고객은 고객이 차량을 하차한 다음에 수하물을 확인하도록 한다.

VIP인 경우는 이미 프런트 데스크로부터 통보를 받아 도착예정시간, 차량번호, 수행원 등을 파악하고 있어야 한다.

2) 차량 안내 및 교통정리

교통정리는 현관서비스 업무 중에서 가장 많은 비중을 차지하는 것으로서, 현관에 도착하고 출발하는 차량의 안내와 주차관리일 것이다. 특히 대규모의 행사가 호텔에서 개최되는 날짜에는 많은 차량이 도착하여 호텔입구가 혼잡할 수 있으므로, 차량이 뒤엉키지 않도록 적절히 안내를 해야 한다.

고객의 차량이 현관 앞으로 진입하면 반갑게 인사를 하고 차량이 정차할 수 있는 위치를 수신호를 통하여 알려준다. 이때 주위의 다른 고객의 차량이 주차하고 있을 경우에는 주차공간을 안내하여 하차하는데 지장이 없도록 한다. 호텔의 현관 입구는 언제나 차량이 쉽게 도착하고 출발할 수 있도록 차량을 효과적이고 안내해야 한다.

3) 주차 서비스 및 차량 호출

주차 여부를 확인하고 주차장으로 차량을 안내하거나 고객의 요구가 있을 경우 고객을 대신하여 주차 대행 서비스(valet parking service)를 제공하기도 한다.

고객의 요구에 따라 차량을 대기시키기 위하여 차량 호출(paging service)은 정확하게 호출하여 호텔 앞으로 대기시킨다. 주차대행 서비스를 했던 고객이 차량 대기를 원할 경우 고객이 소지하고 있는 주차표를 확인하고, 안전하고 신속하게 현관입구로 대기시키도록 해야 한다.

4) 교통편 안내

고객안내를 위한 각종 정보를 숙지해야만 하고, 고객의 문의에 기쁜 마음으로 적절히 응대해야 한다. 호텔을 출입하는 고객을 대상으로 도어맨이 적극적이고 친절한 서비스를 제공한다면, 호텔에 대하여 호감을 가질 것이다.

호텔 주변의 관광지나 도심지 등의 교통에 대한 문의가 있을 경우, 친절히 안내를 하기 위해 근무자는 주변의 관광지, 쇼핑센터, 골프장, 관공서, 섬 및 도로망 등의 위치를 숙지하고 있어야 한다.

5) 호텔의 시설 및 주요 행사 안내

고객에 대한 서비스 업무를 위해서는 호텔 내 제반 시설과 영업장의 위치 및 영업내용, 연회행사의 내용 및 장소 등을 정확하게 숙지하고 있어야 한다.

당일의 VIP 예약현황 및 연회행사에 관한 모든 사항을 숙지하여 고객을 친절하게 안내하는 것은 물론, 신속한 주차정리가 되도록 안내실에 사전 협조를 구한다. VIP 차량은 도어 데스크(door desk) 가까운 곳에 주차하도록 유도한다.

6) 현관 주변관리

현관은 첫인상을 결정짓는 장소이고, 현관의 주변 환경이 호텔 서비스 질의 수준을 좌우하는 요인이기 때문에 현관 주변을 항상 청결한 상태로 유지해야 한다. 보통 현관입구에는 각종 안내 표지판, 안내 데스크, 택시 승 · 하차장, 국기게양대, 회전문 등의 설비가 있다.

호텔을 출입하는 고객의 안전을 위하여 도어 근무자는 취객이나 부랑자 등과 같은 정상적인 고객으로서의 방문자가 아니라고 판단되면, 즉시 경비 부서에 연락하여 적정한 조치를 취한다.

3. 벨 서비스(bell service) 업무

벨 서비스는 프런트 가까이에서 bell desk를 중심으로 하여 고객용 승강기, 현관 정문, 프런트(front)에서 고객이나 프런트 오피스(front office)의 요구에 즉시 응대할 수 있도록 하는 업무이다. 일반적인 업무는 다음과 같다.

첫째, 고객 영접 및 환송

둘째, 숙박등록(registration)의 안내

셋째, 객실 안내

넷째, 호텔 시설 안내

다섯째, 수하물 보관 및 관리

여섯째, 정보제공 서비스

일곱째, 로비 관리

여덟째, 배달(delivery) 서비스

아홉째, 객실변경 서비스(room change service)

1) 고객 영접 및 환송

(1) 체크 인 서비스

고객이 도착하면 영접 인사를 하고 고객의 짐을 받아 들고 프런트 데스크로 안내한다. 이때 고객의 짐이 많을 때는 baggage cart(Trolley, Wagon)에 짐을 싣고, 짐의 이상 유무에 관해 고객에게 확인한다. 그리고 컴퓨터와 카메라와 같은 정밀기기 등은 가능한 한 고객이 직접 운반할 수 있도록 유도한다.

(2) 체크 아웃 서비스

고객이나 프런트 데스크(front desk)로부터 고객이 체크아웃(check-out)한다는 연락을 받으면 객실번호와 수하물 수량을 확인받고 상황에 따라 행동을 취한다. 고객과 함께 로비(lobby)에 내려오면 고객은 프런트로 유도하고 정산절차가 마무리될 수 있도록 도와주는 것이다.

2) 숙박등록 안내

프런트에서 고객이 등록(registration)하는 동안에는 객실로 향하는 방향과 고객의 뒤편에 수하물을 놓고 바르게 서서 대기한다. 이때 대기하면서 고객의 성함을 기억해야 하고 등록절차에서 발생하는 모든 문제들을 기억하고 있다가 고객의 성향에 따라 세심한 주의를 기울여야 한다.

고객의 성함을 기억하면 VIP 대우를 하는 것과 같은 느낌을 줄 수 있고 고객이 귀빈대접을 받는 것처럼 생각하므로 고객이 호텔에 체류하는 동안 즐거운 시간이 될 것이다. 그러나 주의해야 할 점은 고객이 성함을 부르는 것을 원하지 않는다고 생각되면 억지로 불러서는 안 된다.

3) 객실 안내

등록을 마치고 프런트에서 고객을 객실로 안내해 드리라는 말이 있으면 고객의 수하물을 들고 2~3보 앞서서 안내를 한다. 엘리베이터는 고객이 먼저 타게 하고 뒤따라 들어가 출구를 향하여 선다. 목적하는 층에 도착하면 고객이 먼저 내리도록 한다. 객실 앞에 도착하면 객실번호를 확인하고 벨을 눌러 빈 객실이라는 것을 확인 후 객실 문을 열어 키를 Key Sensor에 꽂고 키의 사용법을 설명해 준다. 그리고 Bellman은 욕실의 맞은편의 옷장 쪽으로 서서 문을 잡고 고객을 객실 안으로 인도한다.

4) 호텔시설 안내

처음 호텔을 찾는 고객은 무엇이든지 생소하기 때문에 정확하게 알려 주어야 한다. 숙박하고 있는 호텔의 각종 식당은 물론, 부대시설 등과 임대 업소등의 영업시간과 위치를 및 특수성 등을 설명해 준다.

5) 수하물 보관 및 관리

고객으로부터 수하물의 보관요청을 받으면 Baggage tag에 투숙했던 객실번호, 보관날짜, 고객명, 수하물의 보관 여부를 기록하고 Baggage tag를 떼어 준다. 그리고 수하물의 보관 여부를 수화물 보관대장(baggage log book)에 기록을 남긴다. 고객으로부터 보관을 받을 때 고가품이나 귀중품은 호텔 안전금고(safety deposit box)에 맡기도록 유도한다. 특히 제3자가 수하물을 보관할 때는 수하물의 인수 인계증을 발급하여 서로의 신원을 확인할 수 있도록 기록을 남긴다. 이때에 주의할 점은 수하물의 전달을 의뢰한 고객의 주소, 이름, 전화번호 등의 연락처를 받아 놓아야 한다.

6) 정보제공 서비스

호텔에 투숙하거나 잠시 방문하는 고객은 일반적으로 고객 자신의 의문 사항을 질문하게 된다. 매우 다양한 고객들에게 완벽한 서비스를 제공하기 위해서는 서비스 방법을 개발하고 아울러 사내 또는 사외의 정보에 대해서 정확히 알고 있어야 한다. 호텔 내부의 전반적인 시설, 즉 객실, 연회장, 각종 식당, 부대시설 등의 위치, 영업시간, 메뉴, 업장명 등의 특이한 사항에 대해서는 명확하게 설명할 수 있도록 해야 한다. 특히 당일의 연회행사의 일정(event schedule)을 숙지하고 있다가 고객의 문의 즉시 정확하게 안내할 수 있어야 한다.

호텔 외의 정보(information)서비스는 관광정보 안내, 외부 식당 안내, 관공서, 은행, 학교, 성당 등과 같은 특수한 건물안내, 골프 안내, 백화점 및 쇼핑 안내, 렌터카 안내, 교통편 안내 등 다양한 정보를 제공할 수 있어야 한다.

7) 로비 관리

호텔의 로비(lobby)는 많은 사람들이 이용하는 공간이다. 호텔 외부는 물론 내부가 불결하면 고객에게 좋은 인상을 주지 못하기 때문에 항상 청결을 유지할 수 있도록 관리를 해야 한다. 따라서 로비를 쾌적하고 안락한 분위기를 유지하기 위해서 정중하게 주의를 환기시키거나 아니면 통제를 하여야 한다.

8) 배달 서비스

객실에 주로 배달(delivery)하게 되는 것으로는 우편물, 전보, 팩스, 메시지, 각종 서류 등이 있다. 고객이 소포나 우편물을 부탁하는 경우(out-going) 간단한 우편물은 프런트에서 즉시 처리할 수 있도록 안내하며, 고객용 우편물이나 소포(in-coming parcel)들은 수령(pick-up)하여 신속하게 처리한다. 신문배달 서비스(newspaper delivery service)는 마감시간(약 2시경)에 맞추어 호텔 체재고객(in-house guest) 리포트를 토대로 하여 당일의 투숙객 상황을 파악하여 국적별(내국인, 외국인)로 구분하여 국내신문과 영자신문을 객실별로 배달한다.

9) 객실변경 서비스

고객들 중에는 여러 가지 상황에 의해서 객실을 변경하는 경우가 발생이 된다. 고객이 재실 중인 객실을 이동할 경우에는 고객의 수하물을 새로운 객실로 이동한다. 객실변경(room change)를 할 때는 욕실, 옷장, 냉장고, 서랍 등을 살펴 물건을 빠뜨리는 일이 없도록 주의한다.

새로운 객실로 수하물을 가지고 가는 경우 가능한 한 전에 사용했던 객실의 수하물의 위치와 같은 위치에 놓도록 한다. 객실변경은 고객과 동행하여 하는 것이 바람직하다. 고객 부재 중인 경우에는 하우스키핑(housekeeping)의 담당자와 같이 하는 것이 원칙이지만 부득이한 경우 책임감을 갖고 업무를 수행한다.

제3절

프런트 데스크

1. 체크 인

호텔에서의 체크 인(check in)이란 등록의 개시를 말하는 것으로서 고객은 객실을 판매하는 프런트 데스크에서 객실에 관한 정보를 얻는다. 체크인을 결정한 후 고객에게는 객실 키(key)가 제공이 되고 고객은 지정된 객실로 입실하게 된다. 따라서 호텔은 등록절차를 간소화하고 서비스를 제공하기 위해서는 많은 정보를 갖고 있어야 한다.

호텔 프런트 데스크 업무 흐름

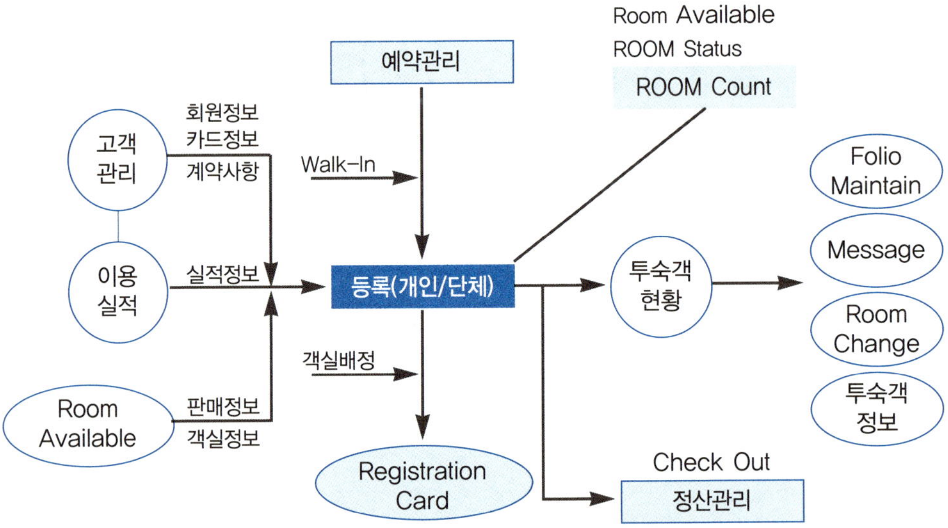

1) 체크 인의 유형

(1) 예약고객(reservation guest)

호텔의 예약망을 통하여 도착 이전 이미 예약이 확인된 고객을 말한다. 고객이 도착하기 전 준비된 등록카드(pre-registration card)를 활용하여 고객이 도착하면 성함만 말하면 등록카드에 서명할 수 있도록 해야 한다. 재방문 고객(repeat guest)일 경우에는 성함 및 기호 등을 암기하여 도착과 동시에 고객을 환영하는 자세를 갖도록 한다.

(2) 비 예약고객(walk-in guest)

우선 예약 유무를 확인한 후 예약이 되어 있지 않은 비 예약고객은 프런트 오피스에서 비치하고 있는 등록카드(registration card)에 인적사항을 상세하게 기록하도록 한다. 모든 사항을 기입하고 고객의 서명이 끝나면 프런트 클럭은 등록사항을 재확인 후 원하는 형태의 객실을 지정한 후 고객에게 객실 키(room key)를 제공한다.

(3) 단체 체크 인(group check-in)

단체예약(group reservation)에 의거 프런트에서는 당일 도착예정 단체(expected arrival group)에 관하여 오전에 여행사로부터 받은 예약 정보인 객실의 수, 객실 종류, 숙박일자, 인원수, 도착시간, 이용 교통기관, 식사, 수화물(baggage), 지불방법, 가이드 등을 재확인하여 객실판매에 효율적으로 대처한다. 주요 업무는 객실배정(room assignment) 업무, 객실 키(Key) 준비, 아침식사 수배(breakfast arrangement), 등록(registration) 및 확인사항, 모닝 콜(morning call) 확인, 지불조건 확인 등이다.

단체 체크 인(group check-in)

대규모 단체가 일시에 도착하므로 신속하고 정확하게 진행하여야 하며, 환대 데스크(hospitality desk)를 운영하여 일반 고객이 불편이 없도록 한다.

2) 등록

예약(reservation)의 확인과 등록(registration)은 동시에 행해지며, 예약의 확인 시에는 고객의 이름(full name)에 의해서 확인을 해야 한다.

고객이 도착하기 전 사전 준비된 등록카드(pre-registration card)를 암기하여 고객이 도착하여 성함만 말하면 알 수 있도록 해야 하며, 재방문 고객(repeat guest)일 경우에는 성함 및 기호 등을 기억하여 도착과 동시에 고객의 성함을 불러주며 고객을 환영하는 자세를 갖도록 한다.

호텔 등록(registration)카드 사례

JW MARRIOTT.
BUCHAREST GRAND HOTEL

HOTEL REGISTRATION FORM

Seminar for Parliaments from Central and Eastern Europe organized jointly by the Chamber of Deputies of the Romanian Parliament and the Inter-Parliamentary Union
15-16 June 2015, Bucharest (Romania)

DELEGATION OF ________________________________

□ Ms. / □ Mr.			
First Name		Family name	
Address			
Country		City	
Telephone		Cell phone	
E-mail			

Date of arrival				Time of arrival	
Date of departure				Time of departure	

Room rate:

121 EURO/ Single Deluxe room / night. Rate includes Full American Breakfast for one person in one of our Restaurants and local tax (9% VAT and 1% city tax)

132 EURO/ Double Deluxe room / night. Rate includes Full American Breakfast for two persons in one of our Restaurants and local tax (9% VAT and 1% city tax)

Rooms can be booked until 01.06.2015 at the above mentioned rates, upon room & rates availability.
Local taxes (VAT and city tax) are subject to governmental change without further notice.

Additional requests:

Non smoking room　　Smoking room
Room with 1 King Size Bed　　Room with 2 Double Beds

PLEASE NOTE THAT A LIMITED NUMBER OF ROOMS ARE AVAILABLE FOR EACH RATE CATEGORY. PLEASE REGISTER EARLY.

Method of guarantee and advance payment:

*You can use one of the following Credit Cards:
American Express　　Visa　　MasterCard/EuroCard
Card Number: ______________________ Exp. Date....................

* For your safety, in case the name that appears on the credit card is different than that of the guest for which the bedroom is reserved, we require a credit card authorization form to be signed by the card owner prior to guest arrival. We will email this form as soon as you notify us.

yes, I'm the owner of the credit card.　　I'm not the owner, please email/fax me the authorization form.

Cancellation and No Show:
Starting with 01.06.2015, any cancellation will be charged for the first night's stay.
Any decrease in length of stay within 3 days before arrival will be 100% charged. Any guest room reservation confirmed and guaranteed through the Reservation Form, but not claimed on the day of arrival (no show), will be cancelled and will only be re-entered into the reservation system subject to space availability. In this case all nights will be charged the calculated room rate plus taxes.

Other information:
Check-in time: 3.00pm　　Check-out time: Noon

....　　..............................
Date　　Signature

The reservation is confirmed upon receipt of the confirmation number from the hotel.

등록(registration)과 관련된 등록카드(registration card)를 사용한다. 귀빈(VIP)이나 재방문 고객(repeat guest)은 사전에 준비된 등록카드를 제시하여 고객의 서명만 받도록 한다. 객실 키(key)를 제공할 경우에는 일정 기간 객실 사용을 인정하는 웰컴키트(welcome kits)에 넣어서 고객에게 건네주며, Bell Man에게 건네주어 객실로 안내하도록 한다. 지불처가 여행사이거나 특정단체인 경우 가이드 및 단체 책임자에게 건네주도록 한다.

웰컴 키트(welcome kits)

2. 거래 등록

거래 등록(post transaction)업무는 판매한 객실 및 호텔 내의 다양한 부대시설의 사용 대가를 고객으로부터 수납하는 매출의 회수와 업무거래 내용의 기입을 의미한다.

고객의 체크 인과 동시에 고객원장(guest folio)이 작성되며, 고객의 거래내역을 기록하고 유지하며, 관리하기 위한 것이다.

1) 고객회계 관리

고객회계(guest accounting)란 호텔을 운영하는데 있어서 호텔에서 제공되는 모든 서비스에 대해서 고객의 지불을 정확하게 하는 것이 중요하다. 고객이 객실을 예약하는 시점에서부터 개인 지불, 회사 지불, 항공사 및 여행사 지불 등이 결정이 된다. 회사지불이나 항공사 및 여행사 지불조건의 예약신청은 여신관리자(credit manager)의 승인을 얻어야 하지만 내부적으로는 여신 허용업체의 실적에 근거하여 승인을 한다.

2) 중간 지불 및 청구

숙박요금의 지불은 특별한 경우를 제외하고는 체크 아웃 시에 지불하는 것이 통상적인 관례이다. 그러나 이러한 방법은 장기간 투숙하는 고객에게는 외상매출금의 과다한 발생으로 인하여 자금의 사정이 악화될 소지가 있고 지불하지 못하는 고객, 또는 불량고객에 대한 위험 부담률이 높게 된다. 따라서 자금의 원활한 운영 및 균형관리를 위해서 중간 지불(high balance) 제도를 운영하게 되는 것이다.

중간 지불(high balance) 제도

호텔에서의 장기숙박을 하는 고객의 미수금을 방지하고 고객에게는 일시에 많은 부담을 주는 것을 예방하기 위해서 중간지불을 청구하는 제도이다. 중간지불은 주말계산(Weekly pay)방법, 총액(amount) 방법, 중간 지불이 필요한 경우 고객에게 청구하는 것이다.

3. 체크 아웃

고객이 숙박을 하고 있는 동안에 발생된 미지불된 금액을 회수하거나 기타 다른 방법으로 지불할 때 호텔에서는 정확한 회계 기록을 남기고 고객으로 하여금 투숙기간 동안의 금액을 완납시키기 위한 것으로 정확한 체크아웃(check out)을 실시하여 고객에게 좋은 인상을 창출시키기 위한 것이다.

고객이 수납을 위하여 프런트에 접근할 때는 고객을 영접하는 자세를 갖는다. 고객이 객실 키(key)를 제시하면 번호를 확인한 후에 고객원장(guest folio)파일에서 자료를 꺼내어 등록카드와 컴퓨터를 보면서 고객의 이름을 호칭하여 확인을 한다. 컴퓨터를 통해서 객실 안의 미니 바와 식음료 등의 사용 여부를 확인한다. 회계가 종료되면 고객으로부터 객실 열쇠를 반납받고 퇴숙시킨다.

미니 바(mini bar) 관리 시스템

미니 바(mini bar)란 호텔 객실 안에 있는 소형 냉장고로 일부 호텔의 경우에는 고객이 미니 바를 이용하면 자동적으로 빌링(billing)이 되기도 한다.

1) 객실매출의 회수

객실매출은 결제하는 시기에 따라 중간수납과 체크아웃 수납으로 구분할 수 있다. 또한 지불의 형태에 따라 현금결제와 신용결제로 구분한다. 신용결제란 고객이 호텔에 지불하는 방법으로서 분류할 수 있다. ❶ 신용카드(credit card), ❷ 숙박객 외상회계(guest ledger), ❸ 외상매출관리(city ledger)이다.

(1) 숙박객 외상회계

숙박객 외상회계(guest ledger)란 객실에 숙박 중인 고객이 일시적으로 고객의 원장(guest folio)에 영업장의 매출을 이체시키는 거래로서 통상적으로 고객의 키(room key) 또는 객실번호(room number)를 확인함으로서 단기여신의 근거로 한다.

(2) 외상매출관리

외상매출관리(city ledger)는 후불관리라고도 하며, 고객이 체크아웃을 할 때에 현금으로 지불하지 않는 경우이며, 신용카드 지불은 추후에 신용카드 회사에 청구하게 된다. 후불관리에는 ❶ direct bills, ❷ 항공사 지불, ❸ 여행사 지불, ❹ skippers, ❺ disputed bills, ❻ late charges 등이 있다.

후불관리의 종류

- **direct bills** 투숙고객의 회사, 협회, 그룹으로 청구
- **항공사 지불** 항공기의 연착 등으로 인해서 항공사에서 객실요금을 부담하는 경우
- **여행사 지불** 여행사를 통해 투숙한 그룹 또는 개인
- **skippers** 객실료 및 기타 비용을 지불하지 않고 가는 경우
- **disputed bills** 호텔 이용요금에 대해서 지불을 하지 않으려는 고객
- **late charges** 추가요금을 의미한다.

2) 선수금의 처리

일반적으로 예치금(deposit)이란 고객에 대해서 체크 인(check in) 시에 미리 청구하여 받는 선납금이다. 선수금(advanced payment)은 고객이 호텔을 예약할 경우 계약을 확실히 하기 위해서 받는 일종의 계약금이다.

3) 기타 거래의 처리

(1) paid out(立替金)의 청구

숙박고객에게 서비스의 관점에서 택시비, 우편료, 의료비 등의 소액 현금을 미리 가불을 해주는 것으로 paid out전표에 숙박객의 서명을 받아 수취인에게 대신 지불을 해주고 고객의 원장(guest folio)에 금액을 부과하는 것이다.

(2) 미니 바 요금 청구

미니 바(mini bar)란 호텔 객실 내에 설치되어 있는 소형의 냉장고로서 각종 음료를 품목으로 하고 있다. 이것을 고객이 사용을 하였을 경우에는 그 빌(bill)이 한꺼번에 계산되어 체크 아웃 시 프런트에서 부과하게 된다. 따라서 미니 바의 품목을 정확히 체크하는 것이 중요하다.

(3) 패키지 회계처리

호텔에서는 비수기의 객실점유율을 향상시켜 매출을 증대하기 위한 일환으로서 패키지(package) 상품을 기획하여 판매하게 되는데, 일반적으로 선수금을 받고 상품권 또는 이용권(coupon)을 발행하여 선수수익으로 계산한다.

(4) 매출정정

매출정정(訂正)은 발생한 시점에 따라서 void 및 allowance로 구분을 한다. 매출발생 시 또는 그 이후의 오류로 인하여 과다하게 계상이 되거나 과소계상이 된 것을 객관적인 자료 및 증빙에 의해서 조정하는 것을 말한다.

매출 정정(void와 allowance)

- void는 당일에 발생한 매출을 당일 조정하는 것을 지칭한다.
- allowance는 당일 이전에 발생한 매출을 당일에 조정하는 것을 말한다.

4) 스키퍼(skipper) 관리

정당한 퇴숙(check out)절차를 이행하지 않고 떠난 손님을 스키퍼(skipper)라고 말하며, 요금을 계산하지 않은 관계로 회사 매출의 막대한 지장을 초래하므로 사전에 발생되지 않도록 최선을 다해야 한다.

고객의 등록카드에 의하여 전화연락 등을 통하여 신원 여부를 확인한 후 신원이 확실한 경우에는 지불방법 및 기간을 확답받아 여신회계에 의뢰를 한다. 등록카드의 허위 기재로 신원 파악이 불가능할 경우에는 여신회계와 상의하여 객실 책임자에게 보고하여 경영자의 결재를 득한 후 결손 처리한다.

5) 고객의 불평처리

일반적으로 사람들의 욕구가 다양하므로 고객의 불평에 대하여 너무 부담감을 갖기보다는 불평을 받는 속에서 무엇인가를 배우려는 긍정적인 자세가 중요하다. 손님의 불평을 부정적으로 인식하여 트집이나 손님의 이해하지 못하는 부분으로 인식하는 것보다는 하나의 정보로써 생각하여 이를 분석, 검토하여 차후의 업무에 참고로 삼아야 할 것이다. 손님의 불평을 들을 때에도 불평 내용 중 일부가 오해에서 또는 손님의 착각에서 오는 부당한 것이라고 생각되더라도 끝까지 듣고 있어야 하며, 고객의 불평 도중에 변명하거나 손님의 잘못을 지적하지 않는 것이 좋다. 가능하면 손님으로 하여금 불평을 말하도록 한 후 적절한 응대를 하는 인내심이 필요하다.

4. 야간결산

야간결산(night audit)은 모든 고객이 지불할 금액을 정확히 등록, 확인하고 고객의 원장에 대한 결산을 하기 위한 것이다. 따라서 당일의 모든 거래의 합산과 필요한 통계 자료를 갱신하며, 당일분의 보고서(report)를 출력하고 호텔운영을 위한 백업 자료(back up data)를 안전하게 저장을 한다.

야간감사(night auditor)는 호텔 내의 모든 영업장에서 부문별로 발생되는 당일의 매상수입을 마감하여 정산하는 일을 맡아서 처리하는 것이다.

회계의 각 계정 과목이 정확하게 전기(posting)되었는지, 각 전표(voucher, slip)는 타당성 있게 승인을 받아 처리되었는지, 입금은 정확하게 시켰는지 등과 같은 모든 발생자료를 집계하고, 잘못된 부분은 수정하여 처리한다.

모든 고객이 지불할 금액을 정확히 등록, 확인하고 고객의 원장에 대한 결산을 하기 위한 것이다. 호텔에서는 야간결산(night audit) 작업을 위해서 일정한 시간 동안 off-line을 시키며, 나머지 결산작업은 온라인(on-line) 상태에서 수행을 하게 되는데, 이것은 곧바로 익일로 바뀌면서 거래를 익일(翌日)로 등록시킬 수가 있다.

야간결산(night audit)

야간결산은 업체에 따라 다소차이가 있으나 새벽2시(일부 호텔은 새벽 1시30분)에 시작하여 20~30분 동안 off-line을 시킨다.

제8장

객실관리

제1절

객실의 개념과 특성

1. 객실의 중요성

객실이란 고객이 거처하거나 접대하게 하는 장소의 의미와 여객선, 여객기, 열차 등에서 고객이 머무르는 장소라는 의미로 구분된다. 객실은 고객에게 편안한 휴식과 조용하고 안락한 잠자리 장소로 제공하는 건축물 공간의 일부라고 정의하고 있다.

호텔경영에 있어서 객실수입이 가장 큰 비중을 차지한다. 객실판매로 인한 객실 수익은 그 자체만의 수익으로 그치는 것이 아니라 호텔 영업 수익 전반에 영향을 미치는 것이므로 식당의 식음료 판매와 부대사업장의 수익발생은 숙박하는 고객의 증대에 따라서 영향이 크다.

호텔의 객실상품은 유형적인 것과 무형적인 것까지 포함해서 고객의 욕구에 맞도록 제공될 수 있는 물적, 인적, 종합 시스템적 상품으로 구성되어 있다.

객실상품은 물적 자원에 속한 시설상품으로서 유형적 성격을 갖는 상품을 고객에게 제공하는 기본적인 서비스를 말한다. 인적자원의 상품은 호텔 종사원의 인적 서비스를 상품화한 것을 말한다. 객실상품의 상품적인 가치는 물적 자원의 상품과 시설상품 및 인적 서비스 상품의 단순한 구성만으로 성립되는 것은 아니며, 고객에게 전달될 수 있는 시스템적 서비스가 종합되어야만 완전한 객실상품이 되는 것이다.

객실상품에서 시설은 객실상품이 고객의 취향에 맞는 미관, 장비, 청결성 등의 다목적 활용성과 안전성, 편리성, 쾌적성과 함께 고객의 사생활을 보호되어야 한다.

객실 서비스는 근본적으로 무형적인 것이므로 고객을 위해 견본을 제시하는 것이 불가능하다. 따라서 서비스의 형태가 객실의 이미지 및 개인적인 친근감과 친절성이 객실상품의 품질을 결정한다.

2. 객실상품의 특성

객실수입은 호텔경영에 있어서 많은 비중을 차지하고 있으며, 더우기 객실상품은 초기에 투자가 진행되며, 재고가 불가능하여 판매 증진을 위해서는 객실상품성의 증대를 위해서 다각적인 방법을 강구하고 있다.

1) 객실형태의 다양화

객실판매 관리의 효과성을 높이기 위하여 객실형태의 규격화 내지는 표준화를 탈피하여 고객의 욕구와 취향에 맞도록 이를 개선하여 객실의 종류를 다양화함으로써 상품성을 증대시키고 있다.

2) 객실공간의 특성화

객실은 막대한 자본이 소요되는 특성을 가지고 있는 상품이기 때문에 공간을 최대한 활용할 수 있도록 집기 및 비품을 디자인하고 배치하는 것이다.

3) 어메니티의 비치 및 제공

고객을 유치하고 다른 호텔과 경쟁하기 위해서 객실공간에 배치한 가구나 비치품목을 경쟁호텔보다 고급화하고 있는데, 다른 호텔과 차별화되는 어메니티(amenities)의 비치 및 제공하여 이미지를 증대시키고 있다.

4) 객실상품의 복합화

객실은 고객에게 숙박 기능만 제공하는 것이 아니라 고객에게 판매할 목적으로 주류 · 음료 · 스낵 등을 비치하여 객실의 부가가치를 높이고 또한 고객의 구매를 촉진하여 객실판매 매출은 물론 기타 부문의 매출을 증대시키고 있다.

제2절

객실의 분류

1. 침대 수에 의한 분류

1) 싱글 룸

싱글 룸(single room)이란 1인용 베드(single bed)를 설비한 객실로 기준면적은 13㎡ 이상이어야 하고 침대의 표준규격은 90cm×195cm 이상이고, 담요의 규격은 230cm×170cm 이상이어야 한다.

2) 트윈 룸

트윈 룸(twin room)은 트윈(twin), 말 그대로 쌍둥이를 의미하며, 싱글 베드 또는 세미 더블 베드가 2개가 설치된 2인용 호텔 객실을 말한다.

세미 더블 베드(semi double bed)

더블 베드의 약 4분의 3 크기의 침대로서 three-quarter bed라고도 한다. 일반적으로 크기는 세로 195~200cm, 가로 110cm~130cm, 높이 35cm~48cm가 적당하다.

3) 더블 룸

더블 룸(double room)은 2인용 베드(double bed)를 설비한 객실로 객실의 넓이는 16㎡ 이상이며, 침대의 규격은 138cm×195cm 이상이다.

4) 트리플 룸

트리플 룸(triple room)에 대한 정의는 3명이 잘 수 있는 방이라는 표현이며, 더블 베드+싱글 베드, 트윈 베드+엑스트라 베드, 트윈 베드+쇼파 베드 등 3명이 잘 수 있도록 해주는 개념이다. 통상 유아는 부모와 같은 침대를 사용할 경우 대부분은 무료로 가능하지만 간혹 드물게는 성인 요금이 청구되는 호텔도 있다. 따라서 각 호텔 무료 정책이 차이가 있다고 할 수 있다.

5) 스위트 룸

스위트 룸(suite room)은 2개 이상의 유니트(unit)로 구성된다. 침실과 응접실을 사용할 수 있도록 구비되어 있는 객실로서 하나는 거실이나 응접실, 사무실, 회의실 용도의 역할을 하기도 하고 다른 하나는 침실로 사용이 되며, 내부설비가 호화스럽게 설계되어 있는 경우가 많다.

2. 객실 방향에 의한 분류

1) 아웃사이드 룸

아웃사이드 룸(outside room)은 객실 중에서 객실에서 외부전망이 가능한 객실을 말하며, 호텔이 입지해 있는 가에 따라서 오션 뷰(ocean view), 하버 뷰(harbor view), 마운틴 뷰(mountain view), 비치 사이드(beach side) 등으로 구분하고 있으며, 일반적으로 전망에 따라서 다른 객실보다 비싼 가격을 받고 있는 경우가 많다.

2) 인사이드 룸

인사이드 룸(inside room)이란 호텔의 객실 내에서 외부전망을 볼 수 없는 객실을 말한다.

3. 객실 위치에 의한 분류

1) 커넥팅 룸

커넥팅 룸(connecting room)이란 2개의 객실이 인접해 있어 객실과 객실 사이에 통용문이 있어 객실 사이를 자유롭게 왕래할 수 있도록 설계된 객실이다. 고객 편의지향적인 객실로서 가족단위의 이용에 편리하며, 복도를 통해서 출입하는 불편이 적다.

2) 어조이닝 룸

어조이닝 룸(adjoining room)은 객실이 같은 방향으로 복도에 나란히 연결되어 있으나, 객실과 객실 사이에 연결되는 통로 문이 없어 외부의 문으로만 출입할 수 있는 일반 객실이다.

4. 객실 기능에 의한 분류

1) 비즈니스 전용 객실

비즈니스 고객을 위한 특별 전용층(executive floor)에 위치한 객실을 말하며, 객실상품을 업무수행상 상용목적으로 투숙하는 비즈니스 고객들을 위한 특별한 객실로서 물리적 및 가격차별화를 실시하여 판매하여 운영하고 있다. 이러한 객실의 출현은 호텔을 이용하는 비즈니스의 필요와 욕구를 파악하여 충족시키기 위한 상품개발 노력으로 마케팅의 본질을 호텔시장에 적절하게 도입한 사례라고 할 수 있다.

호텔들은 업무에 필요한 인원 및 설비를 갖춘 비즈니스센터를 운영하고 있지만 투숙하고 있는 동안의 시간을 유효하게 이용하기 위해서는 객실과 가까운 장소에서 업무가 처리되기를 원한다. 또한 이들은 순수 관광목적으로 투숙한 관광객들과의 혼잡을 피하고 일반고객들과 다른 차별화된 서비스를 받고 싶어 하는 심리적인 상태도 작용하고 있다.

2) 금연 객실

전 세계적으로 확산되고 있고 금연에 대한 규제를 법으로 지정해 놓은 장소는 산업현장, 사무실, 공공기관, 교통기관에까지 다양하다고 할 수 있다. 항공기 내, 기차의 좌석에서도 금연석을 운영함으로서 비흡연자를 보호하고 있다. 이러한 경향은 호텔에까지 영향을 미치고 있어 호텔 이용고객도 흡연고객과 비흡연고객으로 분류함으로서 고객의 욕구를 충족시키는 기능을 수행할 금연층의 객실(non-smoking room)운영이 등장하게 되었다.

3) 여성 전용 객실

여성들의 사회활동이 활발해지고 이를 계기로 사업상의 목적이나 관광 목적으로 여행을 하는 수도 증가하고 있다. 여성 전용 객실(ladies room)은 이들을 위한 특별한 객실운영으로 여성사업 여행자의 증가는 개별고객 구성비에도 많은 영향을 끼치고 있다. 일부 호텔에서는 여성 고객을 최대한의 안전을 보장한다는 홍보문안을 내보내는 등 비즈니스 우먼(business women)을 목표로 하는 다양한 프로그램을 내놓고 있다.

4) 장기 투숙객 전용 객실

일정 지역에서 장기적으로 체류하는 고객을 위해 특별히 운영되는 객실로서 침실, 취사, 사무실 기능을 수행하는 형태의 객실이다. 장기 투숙객을 위한 객실(long term stay room)은 호텔에서 장기간 생활하는 습관이 있어 이들의 욕구를 충족시키기 위해서 개발한 것이다. 호텔은 개별고객 증진에 기여도가 높고 이들은 장기적으로 투숙시키는 동안 호텔 직원과의 좋은 유대관계를 도모할 수가 있다. 특히 투숙 고객에게는 인지(認知)도를 통한 서비스를 증진시킬 수 있고 직원들에게는 고객의 이동, 체크 인(check in) 및 체크 아웃(check out)업무를 빈번하게 처리하는 번거로움을 줄일 수 있다.

제3절

객실요금 제도

1. 공표요금

공표요금(tariff)은 호텔이 요금을 책정하여 공식적인 절차를 거쳐 호텔이 공시하는 요금으로 할인하기 이전의 정찰가격을 말한다. 공표요금은 일반적으로 호텔에서 공표한 요금으로 객실요금이 명시된 호텔의 브로슈어(brochure)를 타리프(tariff)라고 하는데, 타리프(tariff)란 원래의 의미는 미국에서 수입품에 부과시키는 관세율표(tariff)로 사용되었던 것이 발전이 되어 현재는 철도의 운임표, 항공 운임표, 호텔요금표로 사용되게 되었다.

타리프(tariff)에는 객실의 종류에 따른 요금과 식사요금 등을 병행 기록하는 것이 보통이며, 휴양지 호텔은 계절에 따라 객실요금이 변동되기도 하며 오락시설의 이용에 관한 요금도 표시되기도 한다.

호텔은 원칙적으로 대외에 공포한 공표요금을 적용하고 있으나 호텔의 경영정책이나 또는 지배인의 권한에 의해서 객실요금을 무료로 하거나 공표요금에서 할인을 하여 고객을 유치하는 경우가 있는데, 호텔에서 공포한 요금과 일치하지 않는 경우가 있다.

2. 특별요금

1) 무료요금

호텔에서 특별히 접대해야 할 고객이나 호텔의 판매촉진을 목적으로 고객에 대하여 요금을 징수하지 않는 경우를 말하며 컴프(comp.)라고 하는데, 이는 컴플리멘터리(complimentary)인 무료라고 하는 뜻이다. 컴플리멘터리는 객실요금만 무료인 경우와 식사요금까지 포함하여 무료인 2가지가 있다.

스페셜 유스(special use)란 컴플리멘터리와는 달리 각종의 행사 및 세미나를 주관하는 실무담당자나 행사의 진행요원, 단체를 안내하는 여행사 안내원, 단체를 위해 수행하는 여행사의 직원 등에게 무료로 제공되는 객실을 말한다.

2) 할인요금

(1) 비수기 요금

비수기 요금(off season rate)은 비수기에 적용하는 경영방식으로 호텔의 이용률이 낮은 계절에 한하여 가격을 할인해 주는 요금정책이다. 이 제도는 과당경쟁을 유발할 수 있기도 하지만 기업의 경영정책으로서 필요한 요금제도라고 할 수 있다. 비수기는 호텔의 입지조건인 도시, 산간, 휴양지 등의 특성에 따라서 다르게 적용하며, 계절별 할인율도 적용하여 판매하는 경우이다.

(2) 싱글 할인요금

싱글 할인요금(single rate)은 호텔의 객실요금은 일반적으로 숙박객에 대한 요금계산 방법이 아니라 객실에 대한 요금계산 방법을 적용하고 있다. 2인용 객실에 1명이 숙박을 하여도 숙박 인원수에 관계없이 객실요금은 정액이 청구가 된다. 싱글 할인요금이란 고객이 싱글 룸(single room)을 예약을 하고 호텔은 고객에게 싱글 룸을 제공하기로 하였으나, 호텔 측의 사정에 의해서 싱글 룸의 제공이 불가능한 경우 싱글 룸 대신 트윈 룸(win room)이나 더블 룸(double room)을 제공하고 가격은 싱글 룸의 요금을 적용하는 경우를 말한다.

(3) 단체 할인요금

단체 할인요금(group discount rate)은 여행사에서 송객하는 단체 관광객이나 정부기관, 각종단체, 학회 등의 공공단체에서 개회하는 각종 세미나 등에 참석하는 단체행사에 대해서 특별히 할인되는 요금을 말한다. 일반적으로 단체에게는 객실의 가격이나 형태에 관계없이 균일한 요금제도가 적용이 되며, 여행사의 단체요금은 거래 여행사와 호텔 사이의 계약에 의해서 이루어진다. 또한 단체행사의 경우에는 식사를 포함한 요금으로 계약하는 경우가 많다.

(4) 커머셜요금

커머셜요금(commercial rate)이란 기업체나 공공단체, 장기 투숙하는 숙박객 등에게 고객 유치 전략으로 일정한 금액을 할인해 주는 요금제도이다. 대기업 중에서 호텔을 경영하는 경우 계열기업이나 관련회사에 대해서 이러한 요금제도를 도입 운영하고 있는 경우가 있다.

3) 추가요금

(1) 미드나이트 차지

미드나이트 차지(midnight charge)는 예약을 한 고객이 당일영업 마감을 한 이후에 도착을 하거나 그 다음날 새벽에 도착을 했을 경우에 해당되는 요금제도이다. 호텔에서는 예약한 고객을 위해 객실을 판매하지 않았기 때문에 그 해당객실에 대한 요금을 적용하는 제도라고 할 수 있으며, 이 제도는 호텔의 퇴숙시간이 일반적으로 정오이기 때문에 1일 객실요금으로 계산이 된다.

(2) 홀드 룸 차지

홀드 룸 차지(hold room charge)는 숙박을 한 고객이 단기간의 여행으로 고객의 수하물을 객실에 남겨두는 경우와 다른 하나는 고객이 항공기나 개인의 사정으로 호텔도착이 늦어져 그 객실을 다른 사람에게 판매하지 않고 보류시킨 경우이다.

4) 취소요금

취소요금(cancellation charge)이란 객실예약을 한 고객이 사정에 의해서 예약을 일방적으로 취소를 해 올 경우 취소요금을 징수하게 되는데 이러한 요금의 규정은 호텔에 따라 차이가 있겠지만 호텔의 숙박약관에서 정하고 있다.

5) 초과요금

초과요금(over charge)이란 호텔이 정하고 있는 퇴숙시간(check out time)을 넘겨 객실을 사용할 때 시간을 기준으로 요금이 부과되는데, 호텔의 경영방침에 따라서 또는 특별한 고객들에게는 초과요금을 부과하지 않는 경우도 있다.

6) 임의요금

임의요금(optional rate)이란 객실을 예약할 시점에서 요금결정을 할 수 없는 경우이다. 이는 객실예약 당시의 요금이 결정이 되지 않았거나 또는 예약신청자가 할인을 요청했을 때 요구사항을 확약할 수 없을 경우에 적용되는 요금이라는 의미로 사용하고 있다.

3. 숙박형식에 따른 요금제도

일반적인 호텔의 객실요금에는 식사요금이 별도로 표시되고 있다. 그러나 호텔주변의 식사시설 등이 부족한 관광지의 경우에는 식사대를 일부 객실요금에 포함시켜 일괄적으로 지불받고 있는 제도를 채택하고 있는 호텔도 있다.

1) 유럽식 요금제도

유럽식 요금제도(EP : European Plan)란 객실과 식사요금을 별도로 계산하고 있는 요금제도이다. 세계 각국의 주요 도시에서는 여러 가지 식사를 제공할 수 있는 시설이 많이 있기 때문에 이 제도를 채택을 하고 있으며, 한국의 호텔도 대부분 유럽식 요금제도를 도입하고 있다.

호텔주변에 식사를 할 수 있는 경쟁시설들이 많이 있고 점차 그 대상을 확대하고 있어 투숙한 호텔에서 식사를 하지 않는 것은 호텔운영에 있어서 큰 과제라고 할 수 있다.

2) 미국식 요금제도

미국식 요금제도(AP : American Plan)는 객실요금과 식사요금을 포함하여 숙박요금을 계산한다. 이러한 요금제도는 일반적으로 휴양지 호텔에서 많이 이용되는 방식이지만 현대에 와서는 호텔 주변에 다양한 식사시설이 생겨나서 이 제도의 경영방식은 감소되고 있다.

미국식 요금제도는 객실요금에 3회의 식사대가 포함되어 일괄적으로 호텔요금을 지불하는 것인데, 미국의 서부 개척시대에는 숙박과 더불어 식사나 음료를 제공하는 장소가 없었기 때문이다.

경영자 측면에서는 유리한 점을 갖고 있는데, 식재료의 구매와 재고 확보량에 대한 메뉴 품목의 축소가 가능하며 한정된 메뉴작성으로 조리사에 대한 인건비의 절감이 되고 식사고객의 수요예측이 가능하여 원가절감의 효과가 있다. 또한, 예산수립의 가능성이 용이하며, 회계절차가 간단하다. 그리고 수입의 증대를 높일 수 있다.

3) 대륙식 요금제도

대륙식 요금제도(CP : Continental Plan)는 객실요금에 아침식사 요금을 포함하여 지불하는 제도로서 유럽지역에서 많이 분포되어 있다. 호텔측의 입장에서는 콘티넨탈 브렉퍼스트(continental breakfast)를 객실요금에 포함을 시킴으로서 고객에게는 별다른 부담을 주지 않고 고객에게 호텔측에서 서비스를 제공받는다는 느낌을 받을 수가 있는 제도이다.

4) 수정식 아메리칸 플랜

수정식 아메리칸 플랜(MAP : Modified American Plan)은 미국식 요금제도(AP)를 수정하여 주로 조식과 석식요금을 객실요금에 포함시키는 것이다. 핼프 펜션(half pension) 또는 데미 펜션(demi pension)이라고도 하는데 관광객들은 호텔에서 조식을 하고 관광지에서 관광을 하고 저녁에 들어오는 경우가 있어 저녁을 호텔에서 먹는 경우에 적용할 수 있는 요금제도라고 할 수 있다.

제4절

하우스키핑

1. 하우스키핑의 의의

하우스키핑(housekeeping)이란 가사, 가정, 가계 등의 뜻으로 집을 수리하고 관리하는 일이라고 할 수 있다. 오늘날에는 호텔, 병원, 학교, 아파트 등과 같은 많은 인원이 유치되는 대규모 빌딩 등의 시설유지, 수리 및 관리, 안전과 청결 등의 각종 분야에서 생산적인 시설을 유지한다는 의미로 사용되고 있다.

호텔의 공공장소와 객실을 깨끗하고 질서 있게 정리정돈 하는 것이 하우스키핑의 중요한 기능이다. 호텔 객실의 사용을 하게 되면 판매를 위해서는 객실의 재정비와 청소를 필요로 하게 된다.

하우스키핑은 호텔의 서비스 또는 상품을 생산하는 부문이기 때문에 효과적인 린넨(linen)관리를 비롯하여 유니폼, 객실용 소모품, 비품, 가구, 카펫, 침구, 분실물 취급, 공공장소의 관리, 실내분위기 조성, 디자인, 고객용 세탁물에 걸쳐 다양한 업무를 수행하며 고객에 대한 청결, 정돈, 청소 등을 통해 서비스를 제공하는 것이다.

프런트 오피스가 상품을 판매하는 곳이라고 한다면, 하우스키핑은 호텔상품을 생산하고 관리하는 곳이며, 하우스 키핑의 업무는 다음과 같다. ❶ 객실정비, ❷ 린넨 및 종사원 유니폼 관리, ❸ 세탁물 서비스, ❹ 안전관리, ❺ 습득물 보관 및 처리, ❻ 미니 바 관리 등이 있다.

2. 하우스키핑의 업무

1) 객실정비

객실정비는 객실청소(room cleaning), 객실의 설비와 객실가구(furnitures & fixture) 및 비품(guest supplies)관리뿐만이 아니라 투숙객의 관점에서 중요한 공간이기 때문에 세심한 주의가 필요하다.

프런트 오피스가 객실을 판매하는 곳이라면 하우스 키핑은 객실상품을 생산하는 조직으로서 룸 메이드(room maid)에 의해서 객실정비(bed making)나 청소를 하게 되는 것이라고 할 수 있다. 객실정비를 위해서는 객실열쇠 및 근무일지를 수령하고 청소를 담당하게 될 객실들의 상황, 즉 퇴숙하는 객실(check out), 투숙 중인 객실(occupied), 아침 일찍 청소가 필요한 객실(early service requests) 등이 기록되어 있는 근무일지를 수령한다.

룸 메이드(room maid)

일부 호텔에서는 객실 상품을 생산하여 창조한다는 관점메서 스타일리스트(stylist)라고 표현하기도 한다.

객실 청소는 요청이 있는 객실과 퇴숙한 객실의 청소를 먼저 하게 되며 일지에 기록된 객실 상황을 확인하는 것이다. 근무가 끝난 후 퇴근하기 전에 룸 메이드는 청소도구와 린넨(linen) 및 객실 소모품 등을 나르는 카트(cart)를 정리하고 필요한 물품을 제공

받아야 한다. 저녁에 객실청소를 원하는 객실이나 청소를 원하지 않는 객실이 있으면 보고하여 교대자가 청소를 하도록 조치해야 한다.

룸메이드 카트

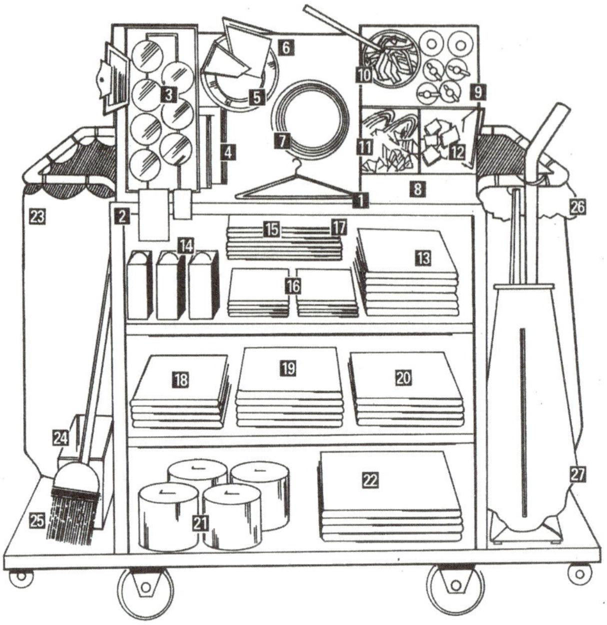

자료 : Madelin Schneider & Georgina Trucker, The Professional Housekeeper, Van Nostrand Reinhold, 1989, p.261.

2) 린넨 및 종사원 유니폼 관리

린넨(linen)이란 아마(亞麻)의 섬유로 짠 엷은 직물을 말하며, 호텔 전체 영업장과 사무실에서 사용되는 모든 천의 종류를 말한다. 호텔 운영을 위해서는 수건(towels), 냅킨(napkin), 시트(sheets), 담요(blanket), 커튼(curtain), 테이블 크로스(table clothes), 종사원 유니폼(uniform) 등이 있다.

린넨류의 적정한 재고를 설정할 때 고려해야 할 사항으로는 침대의 수, 객실이용률(객실예상 이용률), 교체 횟수, 세탁 소요시간, 여유분의 린넨(spare linen), 린넨류의 수선, 소요시간, 긴급사태에 대한 예측 등이다. 따라서 적정재고(보유수량)는 일반적으로 침대당 기준으로 4~5회전의 수량이 필요한데, 사용 중, 보관, 세탁 대기 중, 세탁 중, 긴급 대비용(예비) 등이라고 하겠다.

특히 호텔의 객실과 식음료 영업장에서 근무하고 있는 종사원들의 유니폼 관리를 통해서 고객에게 단정하고 청결한 서비스가 가능하도록 하고 있다.

3) 세탁물 서비스

세탁물 서비스(laundry service)는 오랜 경험과 숙련된 판단력으로 세탁물을 청결하고 위생적으로 처리하는데 목적이 있고 세탁물 서비스는 세탁물의 종류에 따른 자동 및 수동의 세탁기 공정의 과정을 통해서 이루어지고 있다. 고객 세탁물의 경우에는 귀중품 및 메모지 등의 확인과 세탁물의 이상 여부의 확인, 세탁과정을 통해서 고객에게 지정된 일자 및 시간에 전달이 될 수 있도록 하여야 한다.

4) 안전관리

호텔에 있어서의 안전관리는 화재, 도난 및 안전사고에 대비한 시설과 설비를 갖추어 활용하는 것이다. 화재의 예방을 위하여 객실 내에 사용되는 카펫, 커튼 및 침대 시트는 특별처리가 된 제품을 사용하고 있다. 도난 방지를 위하여 객실 문은 자동 및 이중장금장치(automatic/chain door locked system)가 되어 있고, 객실열쇠도 카드 키 시스템(card key system)을 도입하여 객실 출입 기록을 컴퓨터로 관리하고 있다. 안전사고에 대비한 비상 벨을 객실 내에 설치하여 호텔의 중앙감시반에 연결하여 고객의 안전에 만전을 기하고 있다.

5) 습득물 보관 및 처리

하우스키핑 부문은 고객이 객실을 이용하다고 고객의 물품 등을 분실을 하는 경우가 발생이 된다. 사소한 물건이라도 고객에게는 소중한 것이 될 수 있기 때문에 이를 보관하거나 고객에게 되돌려 주기 위한 것은 호텔의 이미지를 향상시킬 수 있는 좋은 서비스 방법이 된다.

6) 미니 바 관리

미니 바(mini bar)란 호텔 객실 내에 설치되어 있는 소형의 냉장고로서 각종 음료를 품목으로 하고 있다. 고객이 셀프 서비스로 이용하는 일종의 음료 서비스이다. 영업장 서비스와는 달리 객실 내에서 고객 스스로에 의해서 상품을 이용하게 되며, 이용할 때마다 발생이 되어 매출을 관리하기가 쉽지는 않다. 이로 인하여 손실(loss)이 많이 발생이 되기 때문에 신중한 관리가 필요한 서비스분야이다. 따라서 고객이 이용을 하였을 경우에는 품목을 정확히 체크하는 것이 중요하다.

객실판매 현황 보고서 사례

	2015 DAY	2015 MONTH	2015 YEAR	2014 DAY	2014 MONTH	2014 YEAR
% Rooms Occupied	68.68	61.59	61.59	0.00	0.00	0.00
% Rooms Occupied minus Comp and House	66.98	60.12	60.12	0.00	0.00	0.00
ADR	228,983	218,602	218,602	0	0	0
Revenue per Available Rooms minus ○○○	661,506	564,726	564,726	0	0	0
Total Revenue	383,649,453	7,269,710,322	7,269,710,322	0	0	0
Room Revenue	83,349,750	2,212,032,731	2,212,032,731	0	0	0
Food And Beverage Revenue	179,150,525	4,229,503,079	4,229,503,079	0	0	0
Other Revenue	121,149,178	828,174,512	828,174,512	0	0	0
Total Rooms in Hotel 530	16430	16430		0	0	0
Available Rooms minus ○○○ Rooms	126	3917	3917	0	0	0
Rooms Occupied	364	10119	10119	0	0	0
Rooms Occupied minus Comp and House Use	355	9878	9878	0	0	0
Rooms Occupied minus Comp	360	10035	10035	0	0	0
Day Use Rooms	0	30	30	0	0	0
Complimentary Rooms	4	84	84	0	0	0
House Use Rooms	5	157	157	0	0	0
Out of Order Rooms	40	2394	2394	0	0	0
Out of Service Rooms	0	139	139	0	0	0
Arrival Rooms	145	3793	3793	0	0	0
Arrival Persons	176	4969	4969	0	0	0
Departure Rooms	52	3685	3685	0	0	0
No Show Rooms	13	164	164	0	0	0
Walk-in Rooms	6	211	211	0	0	0
Total Persons In-House	423	13075	13075	0	0	0
Individual Persons In-House	392	10675	10675	0	0	0
Block Persons In-House	31	2400	2400	0	0	0
Adults In-House	423	13001	13001	0	0	0
Children In-House	0	74	74	0	0	0
Early Departure Rooms	2	214	214	0	0	0
Extended Stay Rooms	4	230	230	0	0	0
Cancelled Reservations for Today	42	1046	1046	0	0	0
Late Cancellations for Today	8	308	308	0	0	0
Reservations Made Today	209	5668	5668	0	0	0
Cancellations Made Today	36	1129	1129	0	0	0
Room Nights Reserved Today	447	13713	13713	0	0	0
Turnaways	0	0	0	0	0	0
Arrival Rooms for Tomorrow	174			0		
Arrival Persons for Tomorrow	187			0		
Departure Rooms for Tomorrow	107			0		
Departure Persons for Tomorrow	137			0		
% Rooms Occupied for Tomorrow	81.13			0.00		
% Occupancy Next 7 Days	47.82			0.00		
% Occupancy for the Month	25.58			0.00		
Individual Rooms In-House	336	8642	8642	0	0	0
Individual Room Revenue	77,224,750	2,017,367,731	2,017,367,731	0	0	0
Group Rooms In-House	28	1495	1495	0	0	0
Block Room Revenue	6,125,000	194,665,000	194,665,000	0	0	0
Average Room Revenue per Block Rooms	218,750	131,798	131,798	0	0	0
Average Revenue per Block Rooms	253,345	147,698	147,698	0	0	0
Clean Rooms	125			0		
Dirty Rooms	364			0		
Inspected Rooms	0			0		

제5절

객실 예약

1. 객실예약의 의의

예약이란 고객과 호텔과의 사이에서 이루어지는 첫번째 접촉이라고 할 수가 있으며, 고객이 주문한 상품이다. 예약의 목표는 호텔을 찾아오는 고객들의 인원을 효율적으로 조정하여 수입을 극대화시키는 일이며, 고객이 호텔 도착 후 객실에 대한 이용의 보장을 하는 것이다.

객실을 이용하고자 하는 고객 또는 중개자에 의해서 객실이 판매가 될 때는 객실의 종류, 이용자 성명, 기간, 지불조건, 객실 수 등을 잠정적으로 결정하는 절차라고 할 수 있다. 따라서 객실의 예약은 객실판매를 증진시킴으로서 호텔수입과 직결이 되는 차원에서 중요한 의미가 있으며, 예약업무의 처리는 무엇보다도 경험, 판단력 등을 갖추고 신중하게 처리해야 한다.

2. 객실예약의 경로

1) 개인 예약

개인예약(FIT reservation)이란 대부분 고객이 직접 전화 또는 인터넷 또는 팩스(FAX)를 통해서 예약을 하는 경우이다. 또한 기업체, 단체, 정부 주요기관 등에서 요청하는 예약이다.

2) 여행사 예약

여행사를 통하여 예약을 하는 방법은 여행사 예약(travel agent reservation)으로서 여행업자로부터의 요청에 의해서 예약을 하게 되는데, 개인예약과 단체예약이 포함이 되며, 사전의 계약이 이루어진 상태에서 주로 예약이 성립이 되고 있기 때문에 여행사를 통해서 예약하는 경우가 많다.

3) 방문 예약

개인적인 사정에 의해서 미리 호텔을 예약을 하지 못하였을 경우 숙박하고자 하는 호텔을 직접 방문하여 고객이 직접 원하는 객실을 예약하는 방법이다.

4) 컴퓨터 예약

컴퓨터를 이용한 예약은 호텔이 제공하는 인터넷 홈페이지상의 객실예약 부문을 통하여 실시되는 예약과 세계 유명 항공사에서 개발한 컴퓨터 예약시스템(CRS : Computerized Reservation System) 혹은 세계적 유통시스템(GDS : Global Distribution System)을 통하여 실시되는 예약이 있다. 이러한 방법의 예약은 꾸준한 증가 추세에 있으며, 세계 예약 체인망의 예약 접수는 80% 이상이 세계적 유통시스템을 경유한 예약이다. 체인 본사에서 전 세계를 대상으로 해외체인을 이용한 예약(SRS, UTELL, SUMMIT 등) 의미한다.

5) 호텔 판매사무소

국내에서 활동 중인 해외호텔 예약회사는 해외체인만을 전단해서 판매하는 대리점(GSA : General sales Agent)과 여러 호텔들과 직접계약을 맺거나 예약시스템을 활용하여 사용하는 업체가 있다.

예약 경로

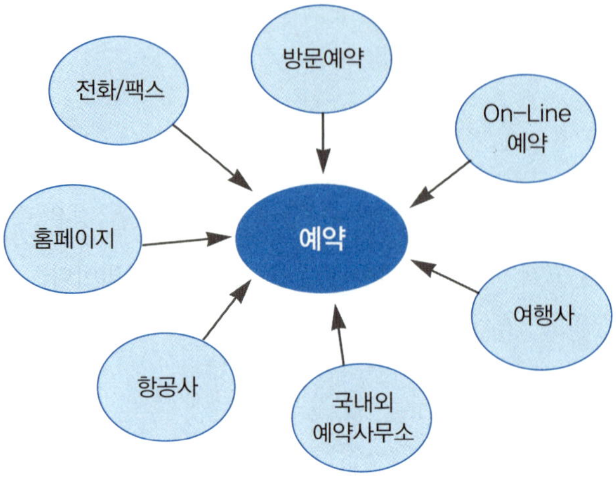

3. 객실예약의 관리

호텔의 상품은 당일의 판매가 되지 않았을 경우 저장하여 판매할 수가 없는 특성이 있기 때문에 고객의 요구와 취향의 변화로 예약과정이나 완료 후에도 고객의 상황에 따라 예약을 취소하거나 호텔사정에 의해서도 변경이 될 수 있다.

예약을 효율적으로 관리하기 위해서는 예약금의 선불이나 예약의 통제나 조정, 예약객실(blocking room)의 확인, 초과 예약(over booking) 등에 관해서 상세하게 분석을 해야 할 필요가 있다. 또한 행사가 많은 성수기의 시기, 고객시장의 분포, 예약부도(no show)의 발생원인, 체재기간의 연장(over stay), 조기 체크아웃(early check out), 공식적인 체크아웃 없이 호텔을 떠나는 고객(walks out), 초과예약으로 고객을 수용할 수 없는 경우 다른 호텔로 보내지는 서비스(turn away) 등이 발생이 되기도 한다.

호텔예약은 객실의 판매 유지를 통한 수입증대, 고객에 대한 편의 및 서비스 제공차원에서 원칙이 세워져야 한다.

1) 성수기의 예약관리

성수기의 예약관리는 객실예약의 요청이 보유 객실 수를 초과하게 될 경우에 해당되는 기간으로 객실 매출액을 극대화하기 위한 통제방법을 의미한다. 따라서 1~2개월 전 객실이 많이 남아 있어도 개인 여행객(FIT), 단골고객, VIP, 기업체, 계약회사 예약 등 객실수입이나 호텔영업에 큰 이익을 주는 고객을 선별하여 접수해야 한다. 또한, 경쟁호텔과 비교하여 성수기 기간 중의 객실예약 관리를 철저하게 통제해야 하며, 만약 통제장치가 없을 경우에는 상황을 고려하여 초과예약을 접수하는 것이 좋다. 그리고 당일 판매예측을 보다 정확히 하기 위해서는 도착 2~3일 전에 예약을 확인, 재확인하는 방법을 취해야 한다.

2) 비수기의 예약관리

비수기의 객실예약 관리는 비수기 중에도 성수기 때의 예약을 통제하기 위한 방법을 의미한다. 객실판매에 있어 단 하루라도 객실판매의 기회를 상실하거나 또는 2~3일간의 예약통제가 잘못 이루어져 비수기임에도 불구하고 많은 고객에게 피해를 준다거나 고가(高價)객실 판매의 기회를 상실하는 일이 없도록 해야 한다. 또한 저조한 객실판매가 지속되는 비수기의 예약통제나 관리를 안이하게 생각하고 방심하는 사이 특정기간 2~3일간 초과 예약되어 곤란을 당하게 되는 경우가 발생할 수 있다. 너무 많은 초과예약이 발생할 경우, 초과예약 기간 전후 약 3일간씩 6일간에 걸쳐서 예약을 통제함으로서 발생되는 손실액은 매우 크게 나타나게 된다.

제9장

식당 · 연회관리

제1절

식음료의 의의와 조직

1. 식음료의 의의

호텔의 상품은 객실부문과 식 · 음료부문, 그리고 부대시설로 크게 나눌 수 있다. 식음료란 음식(food)과 음료(beverage)의 합성어로서 고객에게 식욕을 충족시켜주는 수단으로서 판매되는 상품을 말한다. 음식은 조리를 통해서 생산되는 각종 요리이며, 음료는 마실 수 있는 모든 것, 즉 알코올성 음료인 주류와 비알코올성인 음료수 등이 모두 포함된다.

호텔의 수익에서 객실의 경우에는 매출액에 한정이 되는 반면에 식음료는 이에 비해서 탄력적이고 매출액 증대를 위한 가능성이 매우 높은 부문이라고 할 수 있다. 따라서 팀원들은 고객의 물질적 기대와 심리적 기대를 동시에 충족시킬 수 있는 고객 지향적인 태도와 차원 높은 서비스 기법을 갖추고, 고객의 욕구 변화에 대처하고, 적정한 가격, 분위기의 조성, 고객의 욕구에 맞는 메뉴 개발 등을 토대로 경쟁력 있게 대응할 수 있어야만 한다.

식음료 서비스는 양을 많이 주고 빨리만 제공이 되면 훌륭한 서비스라고 평가하였으나 최근에 와서는 양보다는 질이라는 측면과 심리적인 면에 더욱 중점을 두게 되었다.

식음료부문은 상품속에 심리적인 요소를 가미하는 일은 장래에 있어서 생산활동의 중요한 관건이 될 것이다.라고 제안했듯이 심리적인 서비스에서 가장 중요한 것인 인적인 서비스로 접객종사원들의 비중이 더욱 가중될 것이다. 따라서 호텔 식음료 영업에 있어서의 중요한 요소는 다음과 같다.

❶ 훌륭한 환경(good environment), ❷ 친절한 서비스(good friendly service), ❸ 최고의 식사와 음료(good food & beverage), ❹ 훌륭한 가치(good value), ❺ 경영통제(good management control)의 5G' s를 성공적으로 수행할 수 있어야 할 것이다. 특히 기업에 있어서의 적극적인 서비스 활동의 효과는 기업의 판촉비용의 절감, 판매수익의 증대, 구전 광고효과, 고객의 재방문 효과 등을 거둘 수 있다고 하겠다. 일반적으로 호텔의 식음료부문은 식당, 연회, 음료 등으로 조직, 운영되고 있다고 하겠다.

2. 식음료 부문의 조직

조직이란 일반적으로 어떤 목적을 달성하기 위해 혼자 해야 할 일을 타인과 협력해서 하는 것이 효율적인 경우에 형성된다. 조직은 수행해야 할 일을 명시하고 개인을 집단화하여 책임과 권한을 규정하고 위임하여 소기의 목적을 달성하기 위하여 구성원들이 가장 효과적으로 협동하여 일할 수 있도록 직무관계를 설정하는 과정이다.

기업의 조직은 기업의 목적 또는 각 조직 단위의 목적을 능률적으로 달성하고 성장과 발전을 촉진하는데 그 목적이 있다. 기업경영의 핵심은 경영조직이며, 경영의 실제가 인간의 활동시스템이라는 것이며, 조직이란 경영목적을 효율적으로 달성하기 위해서 각 구성원의 직무를 규정하고 직무의 수행에 필요한 권한과 책임을 할당함으로서 각 직무의 상호관계를 정하고 구성원의 활동을 조정하는 것이다.

식음료부문 경영에 있어 조직은 경영의 한 과정으로서 인식된다. 이것은 호텔의 규모가 커지고 전문화되어 일반기업의 경영활동과 마찬가지로 호텔의 경영도 고도화되었다. 따라서 효율적인 호텔경영을 위해 식음료부문에 대한 조직도 경영조직의 기본이념에 입각하여 조직의 형태가 이루어지는 것이므로 각 업무가 합리적으로 구성되어야 한다. 특히, 다양한 고객의 욕구를 충족시켜 줌으로써 수익증대의 목적을 달성할 수 있는 식음료부문은 조직구성원에 의한 인적 서비스를 통해 각종 정보를 제공하여 고객의 수요를 확산시키고 구매행동으로 유도하는 중요한 역할을 수행한다.

따라서 식음료부문의 조직 구성원은 고객의 물질적 기대와 심리적 기대를 동시에 충족시킬 수 있는 소비자 지향적인 수준 높은 서비스기법을 갖추어 판매촉진을 위한 합리적인 경영활동의 조직체계를 갖추어야 한다.

식음료 부문의 조직 사례

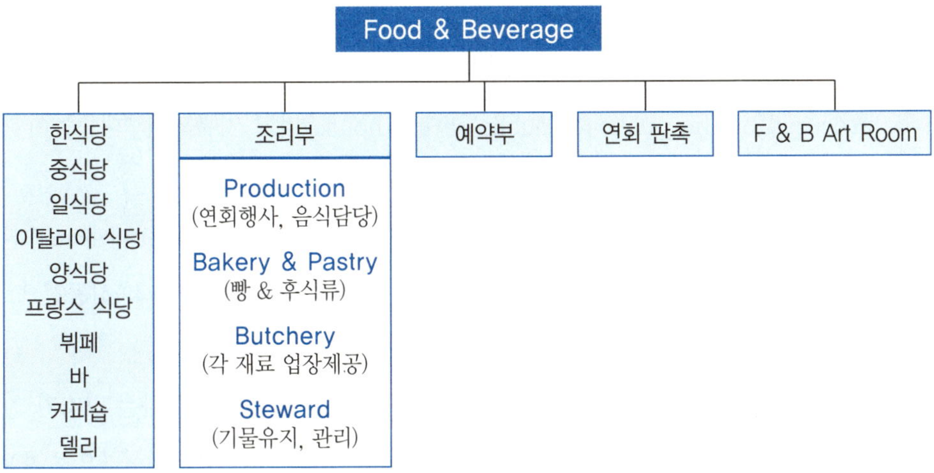

제2절

식당관리

1. 식당의 개념

레스토랑은 식사를 제공하는 장소로써 사람이 여행이나 이사, 전쟁 등 여러 가지 이유로 집을 떠나 이동을 하면서 자연 발생적으로 생겨나게 되었다.

식당이란 인간이 일상생활을 하는데 있어서 식사를 제공할 수 있는 시설을 갖춘 곳으로써 호텔, 공장, 사무소, 학교 또는 열차나 선박 등과 같은 곳에서 식사를 하기 위해 시설을 갖춘 장소라고 할 수가 있다. 따라서 식당이란 이용객을 위하여 음식물을 제공할 수 있는 설비를 갖추고 일정한 장소를 준비하여 영리 또는 비영리를 목적으로 식사를 제공하는 시설이라고 할 수 있다.

레스토랑이란 의미는 레스토레(Restaurer)에서 유래되었으며, '기력을 회복(回復)시킨다', '재기 (再起)한다', '수복(修復)한다'라는 뜻으로 피로한 심신을 원래 상태로 회복시킨다는 것을 의미하고 있다.

미국의 웹스터사전에는 "an establishment where refreshments or meals may be procured by the public : a public eating house"라고 기록되어 "대중들이 가벼운 음식물이나 식사를 할 수 있는 시설"로 설명되어 있다.

현대적인 의미의 레스토랑은 좋은 서비스와 분위기, 맛, 청결 등이 하나로 조화된 종합적인 상품을 판매하는 장소일 뿐만 아니라 내일의 비즈니스를 위한 휴식공간으로서의 의미도 갖고 있다고 할 수 있다.

그러나 현대의 호텔경영에 있어서 식당이란 단순히 음식만을 제공하는 장소가 아닌 식사와 음료의 물적 서비스와 인적 서비스를 복합적으로 제공, 판매하는 곳으로 호텔경영에 있어서의 중요한 부문이라고 하겠다.

2. 식당의 일반적인 분류

식당의 종류에 있어서의 명칭은 서비스 형식에 의하여 분류되기도 하는데 서구사회에서의 명칭을 중심으로 하여 분류하고자 하였다.

1) 명칭에 따른 분류

(1) 레스토랑

레스토랑(restaurant)은 일반적인 식당의 의미로서 사용되고 있으며 식탁과 의자를 마련해 놓고 고객의 주문에 의해 종사원이 음식을 제공하며, 고급음식과 정중한 서비스, 훌륭한 시설이 갖추어진 식당이다.

(2) 다이닝 룸

다이닝 룸(dining room)은 주로 정식(table d' hote)을 제공하는 호텔의 식당으로, 이용하는 시간을 정하여 일반적으로 조식을 제외한 점심과 저녁식사를 제공한다. 그러나 최근에는 이 명칭의 사용이 점차 감소되고 있고, 고유의 명칭을 붙인 전문요리 레스토랑과 그릴(grill)로 형태가 바뀌었으며, 정식뿐만 아니라 일품요리(a la carte)도 제공하고 있다.

(3) 그릴

그릴(grill)은 전형적인 테이블 서비스 식당으로서 일품요리(a la carte), 즉석요리를 주로 제공하며 아침의 일정한 시간부터 저녁의 일정한 시간까지 계속해서 식사가 제공이 되며 수입의 증진을 위해서 특별요리(daily special)를 제공하기도 한다.

(4) 커피숍

커피숍(coffee shop)은 고객이 많이 출입하는 장소의 주변에 위치하여 주로 커피나 음료를 판매하면서 고객의 요구에 의해서 간단한 식사도 판매하고 있으며 호텔의 부대시설로서 반드시 있어야 할 식당으로 관광객들에게 주로 아침식사(breakfast)를 전담하는 경우도 있다.

(5) 런치 카운터

런치 카운터(lunch counter)는 식탁대신 조리과정을 직접 볼 수 있는 카운터 테이블에 앉아, 조리사에게 직접 주문하여 식사를 제공받는 식당이다. 고객은 직접 조리과정을 지켜볼 수 있기 때문에 기다리는 시간의 지루함을 덜 수 있고, 식욕을 촉진시킬 수 있다.

(6) 다이닝 카

다이닝 카(dining car)는 기차를 이용하는 여행객들을 대상으로 여행자를 위한 객차에 식당차를 연결하여 식사를 제공하는 것이다. 메뉴는 다양하지 않지만 가격은 비교적 저렴한 편이라고 하겠다.

(7) 델리 카티슨

델리 카티슨(delicatessen)은 델리(deli)라고도 하며 세계 각국의 유명한 와인과 간단한 샌드위치, 샐러드, 빵, 케이크, 육가공 제품(소시지, 햄), 초콜릿, 음료 등을 준비하여 판매하는 곳을 말한다.

(8) 룸 서비스

호텔에서의 룸 서비스(room service)는 고객이 객실에서 식·음료를 주문하면 주문한 음식을 신속, 정확하게 객실까지 배달해 제공하는 서비스를 말한다. 음료로서는 소프트드링크(soft drink) 종류의 주문이 많고 식사는 아침식사와 간식이 주류를 이룬다. 룸 서비스는 엘리베이터나 주방이 가까운 곳에 위치하여 운영되는 곳이 일반적이다.

2) 음식 제공 품목에 따른 분류

인류의 탄생과 함께 세계는 나라와 지역의 생활문화를 토대로 요리가 발전 변화되어 왔다고 할 수 있다. 특히 요리의 기본을 프랑스라고 하고 있는데, 프랑스는 역사적으로 정치, 문화의 중심지였으며 지리적으로는 독일, 스페인, 스위스, 이탈리아 등과 문화적인 교류가 활발했기 때문이라고 할 수 있다. 제공품목에 따라서는 프랑스, 이탈리아, 미국, 한국, 중국, 일본 식당으로 분류하고자 한다.

(1) 프랑스 식당

프랑스 요리는 고대 그리스·로마시대부터 전래한 요리였으며 루이 왕조시대에 왕실의 보호를 받음으로써 미각과 예술성을 갖추고 맛이 좋은 요리가 이루어졌다. 요리 이름에는 지명 · 인명 따위가 요리의 대표이름으로 내려온 것이 특징이며, 전 국토에서 생산되는 풍부한 식재료와 국민의 미식가적 기질이 세계적인 요리로 만들었다. 프랑스 요리에서 조리기술이나 재료의 종류도 특별하지만, 격조 높은 요리의 내용만큼 그릇의 선택이나 식탁의 조화를 찾는 테이블 문화가 큰 비중을 차지한다. 저녁식사의 경우 메뉴가 7~9코스이고, 시간은 보통 3~4시간 정도가 소요된다. 달팽이(escargot), 거위의 간(foie gras), 그리고 땅 속에서 자라는 흑백 색의 송로 버섯(truffle)요리 등이 세계적으로 유명하다.

(2) 이탈리아 식당

이탈리아 요리는 기원 14세기 초에 탐험가인 마르코 폴로가 중국의 원나라에 가서 배워온 면류를 바탕으로 고유한 음식으로서 발전시켰으며, 특히 스파케티(spaghetti)와 마카로니(macaroni) 등으로 정착되었으며, 이탈리아 요리는 풍부한 해산물 등의 식재료와 그 자체에 맛이 있고 올리브 오일(olive oil), 토마토, 치즈를 이용한 요리가 많으며, 올리브유를 주로 사용한다.

(3) 미국 식당

미국식 요리는 전 세계 민족이 생활하는 나라인 만큼 각국의 특징 있는 요리를 개발하고 풍부한 농산물로 대량 생산하는 가공식품, 각종 통조림 등을 이용하는 요리가 많다. 또한 반 조리품, 인스턴트 식품이 미국에서 발달하여 전 세계에 보급되었다. 미국인이 즐겨 먹는 것은 비프 스테이크(beef steak), 바비큐(barbecue : 통고기 구이), 햄버거(hamburg) 등이 있으며, 식사는 빵과 곡물, 고기와 계란, 낙농제품, 과일 및 채소 등을 이용하는데, 간소한 메뉴와 경제적인 재료 및 영양 위주의 식생활을 하고 있다.

(4) 한국 식당

한국요리는 유구한 역사와 함께 이루어진 문화유산 중의 하나로서 지리적 여건과 기후변화 등의 영향을 받으며 각 지방과 지역에 따라 생산되는 다양한 농수산물과 향토성이 짙은 음식들이 창출되었다. 시대에 따라 전파된 종교의 영향, 외세의 침입에 따른 새로운 문물도입에 영향을 받았으며, 향토음식, 궁중음식, 민간 신앙 음식, 관혼상제 음식, 사찰음식, 계절음식, 떡, 과자 등 분야별로 변화의 과정을 거치면서 독특한 조리기술 개발과 상차림 및 독창적인 식기 문화의 변천과 더불어 우리의 식문화가 발전되었다고 할 수 있다.

한국식 레스토랑은 우리나라 고유의 음식을 제공하는 레스토랑으로 특히 외국인들에게 한국음식을 맛볼 수 있는 좋은 기회를 제공한다. 최근에는 한식요리 개발에 많은 관심을 기울이고 있어 호텔에서의 상업요리로서 점차 정착되고 있다고 하겠다.

(5) 중국 식당

중국요리는 중국 대륙에서 발달한 요리의 총칭으로 일명 '청요리' 라고도 한다. 중국은 오랜 세월을 두고 넓은 영토와 영해에서 다양한 생산물과 풍부한 해산물을 얻을 수 있었다. 중국요리는 2천년 전 요리의 전문서적이 출판되었고, 6세기경에 식경(食經)이라는 책이 지금도 남아 있을 정도로 중국의 요리는 그 맛과 전통을 증명하고 있다. 광대한 지역의 중국은 음식의 맛과 질도 다양하여 요리의 수준이 세계적이라고 할 수 있다.

독특한 개성을 지니고 발전해 온 각 지방의 요리는 예부터 빈번하게 있어온 민족 간의 이동과 더불어 상호 교류와 보완을 통해서 오늘의 중국요리로 발전된 것이다. 중국의 전통요리는 북경요리, 광동요리, 사천요리, 상해요리의 4대 계통으로 구분하고 있다.

(6) 일본식당

일식당(和式 食堂 : japanese style restaurant)은 일본식의 식사를 할 수 있는 곳이다. 일본은 계절의 변화가 뚜렷하고 바다로 둘러싸인 해양국가의 특수성으로 색깔 좋고, 향기 좋고, 맛 좋은 것을 생명으로 조미료를 가미하는 것을 특색으로 하고 있다. 일본에는 다도(茶道)의 전통과 함께 생선요리를 비롯하여 초밥, 튀김 요리, 쓰끼야끼 등의 생선 요리에만도 200여 가지가 넘는다고 한다. 일본의 요리는 본선(本膳)요리(會席요리), 정진요리(精進料理 : 懷席料理), 회석요리(茶懷)의 3가지로 구분할 수가 있다.

3. 식당의 서비스 형식

일반적으로 식당이라고 하면 식탁과 의자가 있고 고객이 메뉴를 선택을 하면 종사원의 서비스를 제공받으며 요금은 음식을 먹은 후에 지불하는 것으로 인식되어 있다. 이러한 식당이 테이블 서비스(table service)인가, 셀프 서비스(self service)인가에 따라서 제공하는 요리가 같다고 하여도 현실적으로 요금지불에 있어서는 큰 차이가 있다. 식당의 일방적인 분류에서 고객에게 제공되는 식당의 서비스 형식은 다음과 같다.

1) 테이블 서비스 식당

테이블서비스(table service)식당은 일반적으로 인식되어 있는 식당을 뜻하는 것으로 고객의 주문에 의해서 종사원이 서비스를 해주는 식당으로 호텔에 있는 각종 식당들의 대부분 이 범주에 속한다고 할 수 있다.

테이블 서비스의 목적은 특징 있는 요리 서비스로 식당의 분위기에 맞게 요리를 제공하여 최적의 분위기에서 식사를 즐기게 하는데 있다. 요리를 제공하는 방법에는 프랑스, 영국, 러시아, 미국 등 각국의 식생활의 발달에 수반하여 연구되어 그 나라의 고유한 서비스 방법에 의한 종류로 구분할 수가 있다.

테이블 서비스의 특징

구분	특징
프렌치 서비스 (french service)	• 식탁과 식탁 사이에 게리동(gueridon)이 움직일 수 있는 충분한 공간이 필요하다. • 주문된 음식을 정확하게 조리할 수 있는 숙련된 종업원이 필요 • 사전에 정확한 요리준비가 필요하다. • 제공하는 시간이 오래 걸린다. • 음식을 식지 않게 제공할 수 있다.
러시안 서비스 (russian service)	• 전형적인 연회 서비스이다. • 서비스하는 인원 및 시간이 절약된다. • 주방에서 만들어진 음식을 직접 가져와 제공하므로 준비기물이 필요하지 않다.
잉글리쉬 서비스 (english service)	• 고객은 자기 몫의 음식을 선택할 수 있다. • 남은 요리의 추가 서비스가 가능하다.

구분	특징
아메리칸 서비스 (american service)	• 다른 서비스에 비해 빠른 서비스를 할 수 있다. • 종업원 한사람이 많은 고객을 서비스할 수 있다. • 서비스하는 시간이 짧다. • 고객회전이 빠른 식당에 적합하다.
잉글리쉬 서비스 (english service)	• 고객은 자기 몫의 음식을 선택할 수 있다. • 남은 요리의 추가 서비스가 가능하다.

자료: 유정남, 호텔경영론, 기문사, 1998, p.p.189-190.

2) 셀프 서비스 식당

셀프 서비스(self service)식당은 고객 자신이 기호에 맞는 음식물들을 갖다가 먹는 형식으로 만들어 놓은 음식을 가져다가 먹기 때문에 신속한 식사를 할 수 있으며 인건비를 절감해서 음식요금을 저렴하게 할 수가 있다. 이러한 식당은 인구가 많은 대도시나 산업체에서의 식당이 매우 편리하며 경제적이라고 할 수가 있다. 뷔페(buffet), 카페테리아(cafeteria), 구내식당(feeding facilities) 등이 이러한 범주에 속한다.

3) 카운터 서비스 식당

카운터 서비스(counter service) 식당은 주방을 개방(open kitchen)해서 카운터를 식탁으로 하여 음식을 제공하는 것으로 비교적 저렴한 가격과 서브하는 종사원이 없이 조리사에게 주문을 하면 고객이 보는 앞에서 조리사가 카운터 안에서 직접 조리해서 제공한다. 이러한 식당은 고객이 주문한 요리가 다 될 때까지 지켜볼 수 있고 지루함을 느끼지 않고 기다리게 되며 비교적 불평도 적다고 하겠다.

제3절

메뉴관리

1. 메뉴의 의의

메뉴란 라틴어 미누투스(minutus)에서 유래한 말로 아주 작은 표(small or small list)라는 뜻으로 즉 식사의 종류를 나열해 놓은 아주 작은 차림표이다.

그러나 오늘날 호텔에서 상업적으로 쓰이는 메뉴는 결코 작지 않으며 날이 갈수록 점점 다양화되고 고급화되는 추세에 있다.

호텔에서 식음료를 상품으로 판매하는 장소에서의 메뉴란 고객에게 제시하기 위하여 식음료의 품목과 가격을 작성 기록하여 고객이 식음료를 구입하는데 필요한 정보를 제공하는 차림표라고 할 수 있다.

메뉴란 오늘날 세계 공용으로 통용되고 있으며, 우리나라에서는 식단 혹은 차림표라고 부르며 프랑스어로는 카르떼(carte), 카르떼 쥬르(carte de jour), 영어로는 bill of fair 등으로 부르기도 한다.

현대 호텔 경영에 있어서 메뉴란 단순히 품목과 가격을 기록한 데 그치는 것이 아니라 고객과 기업체를 연결하는 판매촉진의 수단으로서 판매원의 역할을 할 뿐만 아니라 고객에게 식음료를 제공하기 위한 설명서의 역할도 하고 있으므로 현대 호텔 식 · 음료 경영에 있어서 메뉴는 매우 중요한 부분인 것이다.

2. 메뉴의 분류

1) 시간적 분류

(1) 조식

아침 식사로 제공되는 모든 요리를 모두 일컫는데 일반적으로 양식당에서 제공되는 조식(breakfast)으로는 아메리칸 조식(american breakfast)과 콘티넨탈 조식(continental breakfast)으로 나누어진다. 정해진 아침식사 외에도 고객이 주문해서 먹을 수 있는 여러 가지 종류의 알라카트 메뉴가 있는 경우도 있다.

아메리칸 조식(american breakfast)

계란요리(egg dish)를 중심으로 하여 제공되는 아침 식사로서, 과일(fruit), 주스 류(juice), 시리얼(cereal), 빵 종류(toast or bread), 커피나 홍차(coffee or tea) 등이 제공된다.

콘티넨탈 조식(continental breakfast)

유럽식 또는 대륙식이라고 하며, 주로 유럽에서 많이 하는 식사이며, 미국식 조식(american breakfast)에 비해서 비교적 간단하게 제공 되는데, 일반적으로 계란요리가 곁들여지지 않고, 주스(juice)류, 빵 종류(toast or croissant, danish), 커피나 홍차(coffee or tea)의 메뉴로 구성된다.

(2) 브런치

브런치(brunch)란 조반(breakfast)의 "br"과 런치(lunch)의 "unch"로 만든 새로운 단어로 조식과 점심의 병용 식사를 뜻한다. 대도시를 방문하는 관광객은 밤이 늦게 도착되는 경우가 많으므로 자연히 아침식사가 늦어지게 되어, 식당에서는 점심때가 되어서 식사를 하게 되는 경향이 있다. 일반적으로 간단한 뷔페로 제공한다.

(3) 런치

런치 · 런천(lunch · luncheon)은 점심이란 뜻이지만 영국에서는 런치를 아침과 저녁(dinner) 중간에 먹는 식사를 말하고 미국에서는 시간에 관계없이 간단히 먹는 식사를 런치라고 한다. 런천은 코스를 갖춘 오찬(正餐)을 말하는데, 일반적으로 3~4가지 코스로 구성된다. 일반적으로 수프(soup), 앙뜨레(entree), 후식(dessert), 음료(coffee or tea)로 구분이 된다.

(4) 애프터누운 티

애프터누운 티(afternoon tea)는 영국인의 전통적인 식사습관으로 간단한 후식과 샌드위치 그리고 음료가 제공되는 간식으로서 뷔페로 제공된다. 최근 들어 영국뿐만 아니라 세계의 여러 나라에서 오후의 티 타임(tea time)제도를 활용하여 식당의 판매 증진을 목표로 설정하는 경우가 되고 있다.

(5) 디너

저녁식사로 제공되는 요리로서 메뉴가 정식코스(full course)로 구성되고 음료 및 주류 등이 함께 제공되기도 한다. 식당에서는 이러한 식사에 주류 등과 같은 음료를 적극적으로 판매할 수 있게 되고 요리 원가의 상승에 따른 압박을 회복할 수 있는 기회가 된다. 디너는 하루에서 가장 화려한 성찬을 말하며, 저녁에도 제공되지만, 오늘날에는 디너(dinner)도 정식코스(full course)보다는 간단하게 일품요리(a la carte)로 주문하여 먹기도 한다.

(6) 서퍼

서퍼(supper)란 본래 격식 높은 정식의 만찬을 의미하였으나 근래에는 그 이미지가 변화되어 늦은 저녁 밤참으로 제공되는 것을 말한다. 여행에서 시차적으로 늦은 시간에 객실이나 라운지 등에서 가벼운 샌드위치나 샐러드가 제공되기도 한다.

2) 내용적 분류

식사가 제공되는 내용에 의한 분류로서 정식 차림표(table d' hote)와 일품요리 차림표(a la carte)로 나누어진다.

(1) 정식메뉴

테이블 도트(table d'hote)란 중세 시대의 기록에 의하면, 식당에는 큰 식탁이 고정되어 있어서 테이블 마스터(table master)라고 하여, 그 집주인이 손님과 함께 식사를 했다고 하는데, 손님이 숙소의 주인과 같은 식탁에서 식사를 했던 것이 테이블 도트라고 전해지고 있다. 이것은 최초에는 일품요리 정도로 생각할 수 있는 단조로운 것이었으나 점차 발전되어 오늘날 서구식 테이블 도트로 된 것이다.

이 메뉴는 정해진 순서에 따라 제공되는 메뉴로서 매일매일 변화 있게 작성되기도 하고, A course, B course 등으로 구분되기도 한다. 장시간 식사하는 풀코스 메뉴(full course menu)는 정해진 가격과 순서대로 제공되는 요리를 말하며, 전채(appetizer), 수프(soup), 생선요리(fish), 셔벗(sherbet), 주 요리(entree), 샐러드(salad), 디저트(dessert), 커피 또는 홍차(coffee or tea) 등의 순서로 구성된다.

정찬 메뉴 구성

구분	특징
전채요리 Appetizer(영) H'ors dòeuvre(프)	• 한입에 먹을 수 있도록 분량이 적어야 함 • 맛이 좋고 주 요리와 균형을 이루어야 함 • 소화를 돕도록 짠맛, 신맛이 곁들어져야 함 • 계절감이 있고, 지방색이 있으면 더욱 좋음
수프 Soup(영), Potage(프)	• 육류, 생선, 닭 등의 고기나 뼈를 채소와 향료를 섞어서 장기간 동안 끓여 낸 국물 즉, 스톡(stock)에 각종 재료를 가미함
생선요리 Fish(영) Possion(프)	• 정식이 아니면 생선코스가 생략되는 경우가 많거나 주요리로 제공되기도 함. • 본격적인 주요리가 제공되기 전에 소화가 잘되는 연한 생선으로 하고 육류로 들어감
셔벗 sherbet(영), sherbet(프)	• 얼음과자의 일종으로 당분은 통상 3% 이내 • 주요리를 먹기 전에 입을 개운하게 하기 위함.
육류요리 Meat(영), Entree(프)	• 칼로리가 높고 특히 단백질, 탄수화물, 지방, 무기질, 비타민 등이 풍부하여 주요리(main dish)로 선호됨.
샐러드 Salad(영), Salade(프)	• 지방분이 많은 주요리(main dish)의 소화를 촉진하고 비타민 등과 미네랄이 함유되어 건강의 균형을 유지함.

구분	특징
후식 Dessert(영), Dessert(프)	• 시각적으로 구미가 당길 수 있도록 화려한 모양으로 만들어지며, 지나치게 달거나 기름지지 않고 산뜻한 맛을 주어야 함.
음료 Beverage(영) Breuvage(프)	• 커피의 적정온도는 80℃이며, 설탕과 크림을 넣으면 약 60℃~63℃로 마시기에 알맞고 맛도 좋음.

자료 : 한국관광호텔업협회, 관광호텔 서비스편람(식음료분야), 1997., 3., pp.160-241.를 참고하여 재구성함.

정찬 메뉴 사례

Ph.D.S.M.Koh.

MENU

Home Smoked Salmon with
Traditional Accompaniments
전통적인 방식으로 제공되는 훈제 연어
*
Mushroom and Chestnut Cream
Flavoured with Fresh Herbs
버섯과 밤으로 만든 크림스프
*
Sherbet of the Day
오늘의 셔베트
*
Panfried Fillet of Sea Bream
with Fine Vegetables and Ginger Butter Sauce
건강야채와 생강버터 소스의 도미
or
Beef Tenderloin with Chive Flavoured Creamed Potatoes
and Pommery Mustard Sauce
뽀메이 머스타드 소스의 소안심
*
Fresh Fruit
신선한 과일
*
Coffee or Tea

Welcome
to
The Silk Road Club
Sorel Inter-Continental Seoul
19:00 December 18.1998

(2) 일품요리

일품요리(a la carte)는 일명 선택메뉴라고도 하는데 주문에 의하여 조리하며 호텔의 그릴 또는 전문 레스토랑에서 제공하고 있다.

고객의 기호에 따른 주문에 의하여 제공되는 요리로서 코스별로 여러 종류를 나열해 놓고 고객이 골라먹을 수 있게 만들어진 차림표이다. 고객은 메뉴에 따라 자기의 기호대로 주문을 하게 되어 고객에게는 폭넓은 서비스로 욕구를 충족시켜 주게 되었고, 또한, 호텔의 식당에서는 매상의 증진을 위하여 전문화된 서비스를 제공하고 있다.

이러한 일품요리는 코스마다 주문한 대로 가격이 따로 정해져 있고 식사를 다 제공한 뒤 그 가격을 총합계하여 지불하기 때문에 비교적 가격이 비싸게 되고 판매의 노력에 따라 매출액도 올릴 수 있는 것이다.

3) 식사형태에 따른 분류

제공되는 요리의 품목 및 특성에 따른 분류로서 크게 양식 메뉴, 중식 메뉴, 일식 메뉴, 한식 메뉴 등으로 분류할 수 있으며, 특별히 고객이 선택을 할 수 있는 스테이크 메뉴(steak menu), 해산물 메뉴(seafood menu), 아이용 메뉴(children' s menu), 특별요리 메뉴(daily special menu), 계절별 특별 메뉴(season special menu) 등으로도 구분할 수 있다.

제4절

연회관리

1. 연회관리의 의의

연회(banquet)란 호텔 또는 식음료를 판매하기 위한 시설이 완비된 구별된 장소에서 5인 이상의 단체고객에게 식음료와 기타 부수적인 사항을 첨가하여 행사 본연의 목적을 달성할 수 있도록 하여 그 대가를 수수하는 행위라고 정의하고 있다.

호텔은 규모에 따라서 연회관련 조직을 별도로 구성하고 있는 경우가 많으며, 호텔의 연회부문은 식음료에 소속되어 식음료 책임자가 관리하는 것이 일반적이나 시대의 변화에 따라서 독립형태로 운영하여 조직체계를 형성하여 운영해 나가는 것이 추세이다.

호텔에서의 연회는 이러한 의미 외에 각종회의, 이벤트, 축제, 환영회나 기념회 혹은 파티 등을 하는 것을 말한다. 연회장은 일반 식당과는 다르게 테이블과 의자가 준비되어 있는 것이 아니라 일정한 장소에서 고객의 요구, 행사의 목적, 인원 등에 따라 여러 형태로 변화할 수 있는 식음료 영업장 중의 하나이다.

연회행사는 연회예약과 연회판촉에 의해서 연회고객을 창출한다. 연회업무는 행사를 위해서 직접 호텔을 방문하는 개별고객, 전화문의 고객, 그리고 최근에는 인터넷을 이용해서 예약을 하는 고객을 관리하는 업무이다. 연회의 신청을 받으면 연회의 목적, 일시, 참석인원, 귀빈(VIP)의 유무 등을 세밀히 정리한다.

호텔을 이용하는 이용객들이 증가하고 있는 추세에 따라 연회장을 효과적으로 운영하기 위하여 연회예약 행사, 행사 진행 준비, 행사내역 및 세미나, 행사내역 관리 등을 통하여 신속, 정확한 고객서비스의 지원이 필요하게 되었다.

2. 연회의 종류

일반적인 연회의 분류는 기능, 장소, 목적 등에 따라서 다양하게 분류할 수 있는데,

기능에 의해서는 식음료 판매와 연회장 판매(rental)를 목적으로 하는 경우가 있다. 연회 행사에는 국가적인 행사나 국제적인 대규모 행사를 띄고 있는 경우도 많이 있다.

1) 정찬 파티

정찬 파티(table service party)는 정식의 연회로서 규모가 크며, 사교적인 목적을 갖고 운영하는 경우가 많다. 정찬 파티에는 통상 예복을 입고 참석하는 것이 일반적인 예의이며, 서비스 측면에서는 고객이 참석하기 전에 좌석 배치도(seating arrangement)가 결정되고 지정좌석(place card)을 통한 식탁에 배치하여 지정된 좌석에 앉을 수 있도록 한다.

2) 칵테일 파티

칵테일 파티(cocktail party)는 식사를 주로 하는 것이 아니고 각종의 칵테일 및 음료를 주제로 하며, 오르되브르(h' ors d' oeuvre)를 곁들이면서 입식(立食)형태로 진행되는 연회이다. 칵테일 파티는 일종의 비공식적 내지는 격식을 차리지 않는 행사로써 생일, 결혼기념일, 졸업, 진급 등 다양하게 이용되며 시간대는 식사와 식사의 중간으로써 점심 후 저녁 전의 2시간 정도(afternoon tea time)가 적당한 시간이다. 정찬 파티에 비해서 비용이 저렴하고 자유로이 이동하면서 담소를 할 수 있으며, 복장이나 시간도 제약을 받지 않은 사교모임의 파티이다.

3) 뷔페 연회

뷔페 연회(buffet party)는 입식(立食)뷔페(standing buffet)와 좌식(坐食)뷔페(sitting down buffet)로 구분할 수가 있다. 입식 뷔페(standing buffet)인 경우 칵테일파티 보다 음식의 양이 더 많은(heavy) 식사가 될 수 있어야 한다. 뷔페 식사의 경우 단일 종류의 뷔페 식사도 있을 수 있으며, 여러 가지가 혼합된 식사인 양식 · 한식 · 일식 · 중식이 포함된 식사가 제공하기도 한다.

4) 가족 모임

생활이 윤택해지면서 가족 모임(family party)을 호텔에서 하는 추세가 증가하고 있다. 가족 모임의 종류에는 약혼식, 결혼 피로연, 생일잔치, 돌잔치, 결혼 기념, 회갑, 칠순 등이 있다.

5) 출장 연회

출장 연회(outside catering)란 한정된 연회장을 탈피하여 고객이 원하는 장소, 시간에 따라 행하여지는 행사이다. 출장 연회에는 보통 요리, 음료, 식기, 테이블, 비품, 글라스, 린넨 등 필요한 집기 비품들을 준비하여 고객이 지정한 장소에 운반하여 행사를 실시하는 것을 말한다.

6) 야외 연회

야외연회(garden party)는 쾌적한 날씨를 선택하여 정원이나 경치 좋은 야외에서 실시하는 것을 말하며, 각종 여흥이나 경기, 오락도 할 수 있다. 야회 연회일 경우 숯불이나 기카의 열원을 이용한 바비큐(barbecue)파티로서 각종 통구이를 즐기기도 한다. 야외연회(garden party)는 자연의 풍경이나 경치를 만끽할 수 있는 연회로써 서비스 방법도 실내 서비스와 동일하게 진행이 되지만, 우천 시를 대비하는 방안도 사전에 강구하여야 한다.

7) 티 파티

티 파티(tea party)는 칵테일 파티(cocktail party)식으로 다과(茶菓)를 놓고 하는 경우와 테이블을 세팅(table set-up)하여 하는 경우가 있다. 서양식 다과(洋茶菓)만으로 하는 경우와 한국식 다과(韓茶菓)만으로 하는 경우, 한 · 양 다과를 섞어서 하는 경우가 있다. 티 파티(tea party)의 경우 커피, 홍차, 인삼차와 같은 더운 음료가 있고, 주스(juice), 사이다(cider) 등과 같은 찬 음료가 서브될 수도 있다. 서브되는 음식은 커피나 티(tea)를 중심으로 한 음료종류와 디저트, 빵 종류, 소시지류나 찬 육류(cold meat)를 곁들이기도 한다. 그밖에 과일이나 아이스크림 같은 것이 제공되기도 하는데, 다과회는 좌담회 또는 젊은 층을 위한 모임 등에 이용이 된다.

8) 커피 브레이크

커피 브레이크(coffee break)는 회의나 세미나 등의 장시간이 소요되는 모임을 개최할 때 회의 중간의 휴식시간에 제공되는 것을 커피 브레이크라고 한다. 주로 커피나 차 혹은 주스 등의 간단한 음료에 케이크나 쿠키 등의 과자류가 제공된다. 일종의 티 파티(tea party)종류의 메뉴와 유사하다.

9) 임대 연회행사

임대(rental)연회 행사는 식음료판매 중심의 행사가 아니라 주로 연회장소를 임대하는 목적을 갖는 연회를 말한다. 이와 같은 임대 연회에는 국제회의를 비롯한 다양한 형태의 콘서트, 패션쇼, 전시회, 세미나 개최 등이 있다.

3. 연회예약 관리 업무

1) 연회예약의 상담

연회의 예약은 전화 · 인터넷 · 판촉사원 · 직원소개 및 고객의 직접내방 등을 통해서 받게 된다. 특히 전화에 의한 예약이 가장 많고 중요하다. 전화예약은 직접적인 대화가 아닌 고객의 언어만으로 모든 것을 판단해야 한다.

고객을 유치하기 위해서는 고객의 욕구를 파악하고 경쟁업체보다 우위를 유지하기 위해서는 시설, 요리, 장식, 서비스를 지속적으로 개발하여 중요한 상품으로 판매될 수 있도록 노력하는 것은 중요하다. 예의 바른 자세와 언어 표현, 상품지식 등을 습득하여 좋은 이미지를 심어줄 수 있도록 노력해야 한다.

연회 예약 담당자는 예약 과정에서 연회 목적, 준비내용, 메뉴, 서비스 방법, 귀빈(VIP) 참석 여부 및 특기사항 등을 협의한다.

2) 연회예약 장부

연회예약 장부(control chart)는 예약을 받을 수 있는 장부이다. 예약 장부는 예약 현황, 예약과 관련된 요소와 연회장이 기록 정리된 원장이다. 예약은 전화예약, 편지, 방문예약, 판촉사원에 예약, 직원소개 등을 통해서 연회행사가 이루어지는 경우가 많으므로 항상 연회행사와 관련된 사항을 숙지하고 있어야 한다.

3) 연회 구성

연회예약이 결정되면 주최자와 충분한 협의를 통하여 행사의 내용을 구성하고 진행할 것인지에 대하여 고객에게 대한 충분한 설명을 해야 하며, 본인의 능력을 최대한 발휘해야 한다. 특히 연회는 일반적으로 요금이 정해져 있는 것이 아니라 연회라는 상품을 창조하여 판매하는 것이라는 인식을 해야 한다. 일반적인 연회구성은 견적서, 연회 접수 확인, 요리 및 음료관계 확인, 좌석 배치 및 안내문 준비, 꽃(flower) 및 장식류, 귀빈(VIP) 참석 여부 등이다.

4) 연회행사 통보서

행사 주최측과 견적서(quotation)를 주고받아 행사가 결정되면, 연회예약 장부(control chart)를 재확인하여 확정한 내용을 기록하고 연회행사 통보서(event order)를 작성한다. 행사 진행 관련 부서에서는 고객과의 대화나 대면도 없이 연회행사 통보서(EO : event order) 의해서만 행사를 진행하기 때문에, 고객과의 협의 내용과 필요한 사항 등 기록할 내용이 많아서 난이 부족할 경우에는 별도 업무 연락 혹은 회의를 통하여 행사 내용을 관련 부서에 배부한다.

연회행사 통보서에는 식사(food)의 종류, 가격 및 인원의 결정, 꽃 장식(flower

decoration), 얼음조각(ice carving), 음료(beverage), 임대료(rental charge), 장식, 테이블 배치(table lay-out), 음향 및 조명시설, 지불(billing) 조건, 기타 유의사항 등이 세밀하게 정리되어야 한다.

5) 연회 서비스 인계

연회 예약이 이루어져서 작성된 연회행사통보서(event order)를 연회 서비스 담당자에게 전달하는 것은 가장 중요한 업무이다.

연회행사통보서(event order)의 내용을 서비스 지배인에게 정확히 전달하고 변경사항 발생 시에는 사전에 신속히 전달하여야 한다. 모든 연회는 연회행사통보서(event order)에 의하여 이루어지기 때문에 특별한 설명이 요구되는 부분과 불충분한 사항은 회의(meeting)를 통해서 완벽하게 전달되고 이해되어야 한다.

6) 연회서비스 준비

연회행사와 관련되는 사항은 내부, 외부와 구분하여 점검을 하는 것이 중요하다. 내부사항으로는 요리를 담당하는 주방(main kitchen), 음료(banquet bar), 방송 및 음향, 냉 · 난방, 주차 및 배차, 꽃 장식, 얼음조각(ice carving)장식 등이 있으며, 호텔 자체에서 외부 업자에게 발주된 사항으로 간판, 음악 및 연예인, 무대장치 및 특수 음향, 사진 촬영 등이 있다. 이러한 사항들 이외에도 관련부서와 정확히 연락을 취하여 행사 1시간 전까지는 완성되도록 시간별로 재점검하여 확인하는 것이 매우 중요하다.

7) 연회서비스 진행

연회서비스는 대규모의 단체고객을 상대로 업무가 이루어지므로 준비작업 및 서비스도 다양하다. 따라서 연회 매니저는 사전에 연회의 성격별로 준비작업과 서비스의 요령을 결정하여 종사원에게 충분히 숙지시켜야 한다.

행사를 위한 서비스 직원의 수는 행사의 종류 및 성격, 고객 수, 메뉴, 서비스 방법에 따라 차이가 있으나 일상적 파티인 경우는 직원 1명이 15명의 고객, 정식 파티인 경우 직원 1명이 4~8명의 고객을 서비스하도록 하는 것이 적당하다. 지배인은 연회의 성격에 따라 직원을 확보, 배치하도록 한다.

서비스 직원은 연회가 시작되기 20분 전에 각자 맡은 지역에서 대기 자세를 취하고 지배인, 캡틴은 연회장의 입구에서 고객을 맞이할 준비를 한다. 연회장에 입장하는 고객에게 착석 보조 등 전반적인 서비스를 할 수 있는 마음의 자세를 갖도록 한다.

8) 계산

연회 행사 통보서를 참고로 하여 계산서를 작성하고, 추가 발생한 식음료를 확인하여 최종 계산서를 확인한다. 캐셔에 의해 완성된 계산서를 주최자에게 제시하고 현금, 신용카드 등으로 분류하여 최종계산서를 캐셔(cashier)에게 통보한다. 후불일 경우 주최자의 연락처, 회사명을 정확하게 파악한다.

제10장

음료관리

제1절

음료의 의의와 분류

1. 음료의 의의

음료(飮料)란 여러 가지 종류의 수분으로 형성이 된다. 인간의 신체는 약 2/3가 수분으로 구성되어 있으며 수분의 균형이 감소가 되면 생명까지도 위험할 정도로 중요한 요소이다.

인간이 1일 필요한 물의 양은 개인마다 약간의 차이가 있지만 어른의 경우 약 2.35리터~20.82리터라고 알려져 있다. 따라서 인간은 1일 필요한 양의 47%를 음료수로부터 섭취하고 39%를 식물로부터 섭취하고 있으며 나머지 14%는 세포호흡이라고 하는 생화학적 작용의 부산물로서 체내에서 만들어지고 있다. 인간에게 필요 불가결한 물은 체내에서 일정량을 보유하게 됨에 따라 물을 중요시되고 여러 가지 형태로 섭취가 가능하게 되었다.

일반적으로 음료라고 하면 비알코올성 음료만을 뜻하는 것으로 알코올성 음료는 "술"이라고 생각을 하고 있는 것이 보편적인 관념이다. 음료(beverage)라는 범주에서 알코올성 · 비알코올성 음료 구분은 하지만 마시는 것은 통칭 음료라고 하며, 어떤 의미에서는 알코올성 음료를 더 짙게 표현하기도 한다.

일반적으로 음료를 구분을 할 때에는 알코올성 음료와 비알코올성 음료로 구분을 하고 있으며, 알코올이 함유된 음료를 술 또는 주류라고 하는데 양조주, 증류주, 혼성주로 구분을 하고 비알코올성 음료는 청량음료, 영양음료, 기호음료 등으로 분류할 수 있는데, 청량음료는 일반적으로 칵테일을 조주하는 과정에서 재료로 사용되고 있다.

알코올성 음료(alcoholic beverage)란 주정(酒精)과 알코올 성분이 1% 이상의 경우를 총칭하여 일반적으로 술이라고 한다. 술이란 인류의 역사와 함께 시작이 되었다고 할 수 있는데, 회교도들이 쓰는 눈 화장용 액체 "KHOL"에서 변하여 alcohol이 되었으며, 알코올은 오늘날 모든 술을 의미하게 되었다. 술을 만든다는 것은 효모를 사용하여 발효시켜 주정을 얻는 것으로 곡식이나 과일 등 식물의 전분이나 당분이 함유된 물질이 그 재료가 된다. 효모는 영양을 추출하여 증식시켜 알코올이나 탄산가스를 만들지만 효모는 전분을 그대로 발효시킬 수 없으므로 당분으로 분해시킬 목적으로 아미타제(Amytase)라고 하는 효소를 포함한 엿기름이나 곰팡이를 사용하여 당분으로 변화시킨다. 술의 원료는 과일과 같이 그 전분을 당분으로 변화시킨 다음 효모를 넣은 것과 곡류와 같이 그 전분을 당분으로 변화시켜 효모를 넣은 것으로 구분할 수가 있다.

호텔의 식당에서 식사 이외에도 음료를 판매하기 위해서는 일반적인 음료의 특성과 성격 등을 파악하는 것은 서비스요원으로서 갖추어야 될 지식이며, 음료(beverage) 중에서 알코올성 음료에 대한 전반적인 내용을 습득하는 것이 중요하다.

2. 음료의 분류

1) 알코올성 음료

(1) 양조주

양조주(fermented liquor)는 술의 역사로 보아 가장 오래 전부터 인간이 마셔온 술로써 곡류와 과실 등 당분이 함유된 원료를 효모균에 의해서 발효시켜 얻어지는 주정, 즉 포도주와 사과주가 있고, 또 하나는 전분을 원료로 하여 그 전분을 당화시켜 다시 발효 공정을 거쳐 얻어내는 것으로서 맥주와 청주가 있다. 양조주는 보편적으로 알코올 함량이 낮은 것이 특징이다.

(2) 증류주

곡물이나 과실 또는 당분을 포함하는 원료를 발효시켜 약한 주정분(釀造酒)을 만들고 그것을 다시 증류기에 의해 증류한 것이다. 양조주는 효모의 성분이나 당분의 함유량에 의해 대개 8°~14°의 알코올을 함유한 음료를 산출하는데 이를 보다 더 강한 알코올 음료, 순도 높은 주정을 얻기 위해 증류해서 나온 것이 증류주(distilled liquor)이다.

(3) 혼성주

혼성주(liqueur)는 과일이나 곡물을 발효시킨 주정을 기초로 하여 증류한 스피리츠(spirits)에 정제한 설탕으로 감미를 더하고 과실이나 약초류, 향료 등 초근목피의 침전물로 향미를 붙인 혼성주이다. 즉, 색채, 향기, 감미, 알코올의 조화가 잡힌 것이 혼성주의 특징이다. 식후주로 즐겨 마시며 간장, 위장 소화불량 등에 효과가 있는 술이다.

(4) 혼합주

혼합주(cocktail)란 두 종류 이상의 재료를 사용하여, 즉 여러 가지 양주 종류와 부재료를 적당히 혼합하여 색, 맛, 향을 조화 있게 만드는 것이다. 주조 시에는 조화를 이루어야 하며, 일반적으로 분위기와 예술적 가치를 마시는 것이라고 한다.

2) 비알코올성 음료

(1) 청량음료

청량음료(soft drink)는 마실 때 청량감을 주는 음료로 탄산음료와 무탄산음료로 나누어진다. 탄산음료에는 탄산가스가 포함된 것으로 콜라, 사이다, 환타, 토닉워터, 소다수(soda water), 칼린스 믹스, 진저 에일 등이 있다. 무(無) 탄산음료는 일반적으로 미네랄 워터(mineral water : 생수)를 가리킨다.

(2) 영양음료

영양음료(nutritious)는 영양성분이 많이 함유된 음료로 건강에 이로운 것이다. 일반적으로 영양음료라고 할 수 있는 것은 채소나 과즙 음료로써 주스, 우유 등이 있다. 또한 과일 주스는 생 과즙(fresh)과 캔 과즙(can)으로 나눌 수 있다.

(3) 기호음료

기호음료(fancy taste)는 식전이나 식후에 즐겨 마시는 커피, 차 종류를 말한다. 커피는 보통 커피와 무카페인 커피로 나누어지며 차의 종류에는 홍차, 녹차, 인삼차 등이 있다. 이 같은 기호음료는 식후 음료 또는 칵테일의 부재료로도 사용할 수 있다.

음료의 분류

<table>
<tr><th>구분</th><th>종류</th><th>내용</th></tr>
<tr><td rowspan="9">알코올성 음료
(Alcoholic Beverages)</td><td rowspan="3">양조주
(Fermented)</td><td>포도(wine) : natural, sparkling, fortified, aromatized</td></tr>
<tr><td>곡류(grain) : beer, ale, stout, porter, sake(清酒), 한국주, 중국술</td></tr>
<tr><td>기타과실 : cider(apple), fefflrry(pear)</td></tr>
<tr><td rowspan="4">증류주
(Distilled)</td><td>곡류(whisky, vodka, gins)</td></tr>
<tr><td>사탕수수 당밀(rum) : light bodied(Cuba, Puertorico, Domingo, Mexico), full bodied(Jamaica), aromatic</td></tr>
<tr><td>용설란(agrave) : 테킬라(tequila)</td></tr>
<tr><td>과실 · 브랜디 : grape(cognac, armagnac), apple, cherry</td></tr>
<tr><td>혼성주
(Compounded)</td><td>liqueur, absinthe, bitters</td></tr>
<tr><td rowspan="5">비알코올성 음료
(Non-Alcoholic Beverages)</td><td rowspan="2">청량음료
(Soft Drink)</td><td>탄산성음료(carbonated) : cola, soda water, ginger ale, tonic water, cider</td></tr>
<tr><td>비탄산성음료(non-carbonated) : mineral water(광천수), vichy water, evian water, seltzer water</td></tr>
<tr><td rowspan="3">영양음료
(Nutritious)</td><td>과일주스(fruit juice) : orange, lime, lemon, pineapple, grape, grapefruit</td></tr>
<tr><td>채소주스(vegetable juice) : tomato</td></tr>
<tr><td>우유 : 살균우유(pasteurized), 미살균우유(non-pasteurized)</td></tr>
</table>

구분	종류	내용
비알코올성 음료 (Non-Alcoholic Beverages)	기호음료 (Fancy Taste)	커피 : regular coffee, caffein free coffee
		차 : 홍차(tea), 녹차(green tea), 인삼차(ginseng tea)

자료 : 한국관광호텔업협회, 관광호텔서비스 편람(식음료분야), 1997, p.455.

제2절

알코올성 음료

1. 양조주

양조주(釀造酒, fermented liqueur)는 효모의 작용으로 발효하는 당질의 원료에서 나오는 것과 일단 당화된 다음 발효시키는 전분질 원료에서 만드는 술이 있다. 전자의 대표적인 술은 포도에서 나오는 와인(wine), 사과에서 나오는 사이다(cider), 배(梨)에서 나오는 패리(perry) 등이 있고 이런 것들은 과일에서 술을 만든 것이다. 전분질(곡류, 감자)에서는 대표적인 것으로 맥주가 만들어지고 한국의 약주나 정종도 여기에 속하는데 알코올 성분이 포도주는 8~14%, 맥주는 3~8% 정도이다. 양조주의 가장 대표적인 포도주(wine), 맥주(beer), 과일주(fruit wine) 등이 있다.

1) 와인

와인(wine)의 어원은 라틴어의 '비넘'(vinum)으로 '포도나무'로부터 만든 술이라는 의미로서, 세계 여러 나라에서 와인을 뜻하는 말로는 이탈리아의 비노(vino), 독일의 바인(wein), 프랑스의 뱅(vin), 미국과 영국의 와인(wine) 등이라고 한다.

역사적으로 맨 처음 단계에 양조주가 출현했고 포도를 발효하여 포도주(wine)를 만들었다. 포도주는 맥주와 더불어 알코올 함유량이 보통 2~3%에서 높은 것은 20% 정도이며, 알코올에 의한 자극은 받지 않는 장점이 있어 세계적으로 널리 애용되어 왔다.

(1) 와인의 분류

와인의 색깔, 맛 향은 어느 하나로 규정할 수 없을 정도로 그 종류가 다양하다. 식사의 종류에 따라 마시는 와인, 색깔에 따라, 와인 종류를 몇 가지 기준에 의해서 분류할 수가 있다. 일반적으로 색깔에 의한 분류(red wine, white wine, rose wine), 당분에 의한 분류(dry, sweet), 식사 용도에 의한 분류(aperitif, table, dessert), 탄산가스 유무에 의한 분류(sparkling wine, still wine)로 구분할 수 있다.

당분에 의한 분류(dry, sweet)

드라이 와인(dry wine)은 포도 발효 시 천연 포도당이 모두 발효하여 단맛이 거의 나지 않는다. 스위트 와인(sweet wine)은 드라이 와인과는 반대로 발효 시 천연 포도당이 남아 단맛이 나며, 주로 식후 디저트와 함께 마신다.

탄산가스 유무에 의한 분류(sparkling wine, still wine)

발포성 와인(sparkling wine)는 발효시키는 과정에서 발효가 끝나기 전에 병에 넣었기 때문에 2차 발효에 의해서 생긴 탄닌을 제거하기 위해 60도 경사지게 놓은 후 병을 회전시켜 탄닌이 병의 꼭지부분에 내려 왔을 때 영하 30도가 되는 소금물에 담가서 마개를 뽑으면 압력에 의해서 밖으로 나온다. 이때에 알코올과 당분을 넣은 것으로 프랑스 Champagne지방에서 만들어진 포도주를 champagne이라고 하며, 비발포성 와인(still wine)은 table wine이다.

(2) 와인과 레이블(label)

와인 레이블에는 그 와인을 생산한 사람이라고 해도 함부로 써넣을 수 없다. 아마도 레이블을 어렵게 생각하는 이유 중 하나가 나라마다 각기 다른 기준을 가지고 표기하기 때문일 것이다.

일반적으로 와인의 레이블에 포함되어 있는 정보로는 와인의 원료가 된 포도의 이름, 포도가 자란 지역이름, 와인의 등급, 포도가 수확된 해, 와인을 만든 회사명이나 생산자 이름, 특정한 와인에 붙여진 특별한 이름 등의 단어 등이다.

2) 맥주(beer)

맥주의 역사는 와인과 거의 비슷하다. 맥주는 모든 사람 모든 계층의 사람들에 의해 만들어져 왔으며, 바빌로니아 사람들은 6000년 전부터 맥주를 만들어 왔으며 그 당시 사용했던 맥주 제조방법 책자가 지금까지 전해 내려오고 있다.

맥주의 종류에는 라거(lager), 에일(ale), 스타우트(stout), 포터(porter), 보크 등 여러 가지가 있는데 이들 맥주의 양조 첫 단계는 거의 비슷하다. 맥주의 원료는 보리(barley)이며, 첫번째 과정은 맥아의 제조이다. 보리가 싹이 날 때까지 물에 담근 후 발아시키며, 곡류에 있는 전분이 당분을 용해시킨다. 맥아는 다른 곡류와 혼합되고 물과 함께 끓여지는데, 이것을 와트라고 부른다. 와트는 양조용 큰솥에 부어지고 호프가 첨가되고 와트와 몇 시간 양조된 후 호프는 제거된다. 와트를 식히고 배양된 효모가 첨가되고 발효가 시작된다.

(1) 맥주의 원료

❶ 물

맥주를 만들어 내는데 물(water)이 85% 이상의 비중을 차지한다. 물은 맑고 무색 · 무취해야 하며 유기물이 없어야 하고 알칼리 성분이 50% 이하이어야 적당하다.

❷ 보리

맥주에 있어서 보리(barley)는 중요하다. 보리는 알맹이가 열린 줄에 따라 2줄 보리,

4줄 보리, 6줄 보리로 구분되는데 맥주를 만드는 보리는 전분질이 많은 2줄 보리를 사용한다. 2줄 보리는 껍질이 얇으며 단백질과 지방이 적고 녹말이 많아 맥아 제조 시 발아율이 높고 용해가 잘되며 향이 좋은 것이 좋다.

❸ 효모

효모(yeast)는 맥주에 용해된 당을 발효하는데 필요한 일종의 미생물이다. 효모는 당을 발효시키는 외에 부가적으로 맥주의 향을 주는 기능도 있다. 양조의 효모는 매우 다양하며 각기 다르게 발효하고 각각의 독특한 향을 맥주에 준다. 맥주를 제조하는 데는 효모가 절대 필요하며 조심스럽게 배양되어야 하고 순도가 보증되어야 한다,

❹ 호프

호프(hops)는 맥주 양조를 위해 특별하게 재배된다. 최고의 호프는 보헤미안 산이다. 호프는 뽕 나무과에 속하는 암수가 다른 식물인데, 맥주에는 암컷인 솔방울 모양의 녹색 꽃만을 사용한다. 호프는 맥주에 쌉쌀한 맛을 내게 하며, 맥주의 외관 및 안정성에도 기여한다.

❺ 부 원료

맥주 양조 시 첨가되는 재료를 부원료(adjuncts)라고 하는데 전분이 사용되며 전분 이외도 옥수수와 쌀이 보편적으로 사용된다.

(2) 맥주의 분류

맥주는 양조주로서 발효의 형태에 따라 크게 두 가지로 나누어지는데 하면 발효(bottom fermentation)맥주와 상면 발효(top fermentation)맥주이다. 효모를 사용 시에 상면 효모와 하면 효모로 구분되며, 상면 발효는 발효 후 위에 띄고 하면 발효는 밑에 가라앉기 때문에 붙어진 이름이다.

또한 맥주를 생산하는 각 지방의 독특한 제조 방법에 따라 맥주의 유형이 달리 할 수 있다. 같은 유형의 맥주라 할지라도 색깔, 감미, 고미, 담백한 정도, 향미 등에 의해 구분하기도 한다.

❶ 하면 발효(bottom fermentation)맥주

하면 발효(bottom fermentation)는 세계 맥주의 75% 정도를 차지하며 발효 중 밑에 가라앉는 하면 효모를 사용하여 저온에서 발효시킨 맥주다. 라거 맥주(lager beer), 필젠(pilsen)타입 맥주, 뮌헨 맥주(Munchen) 등이 있다.

❷ 상면 발효(top fermentation)맥주

상면 발효(top fermentation)맥주는 발효 도중에 표면에 떠오르는 상면 효모를 사용하여 고온에서 발효시킨 맥주이며, 에일(ale), 포터(porter), 스타우트(stout) 등이 있다.

2. 증류주

1) 브랜디

브랜디는 브랜디 와인의 준말이다. 이 말은 네델란드의 브렌디윈(brandewijn)에서 온 말인데, 태운(vin brule) 또는 증류한 와인이라는 뜻이며 프랑스에서는 브랜디 벵(brande vin)이라 하고 영어화하여 브랜디라고 부르게 되었다.

중세기에 많은 테이블 와인이 영국이나 네덜란드에 수출하게 되었고 그 당시 세금은 물건의 부피에 따라 부과하게 되었고, 와인 판매상들은 와인의 부피를 증류해서 부피를 줄이는 것을 모색하게 되어, 와인을 증류해 낸 것이 13C 흑사병을 극복할 수 있는 생명의 물로 알려지고 있다.

세계적으로 유명한 브랜디 생산국가는 프랑스이며, 코냑(Cognac)지방에서만 생산된 브랜디만 코냑이라는 명칭을 붙인다. 또한 알마냑(Almanac)지방에서 생산된 브랜디도 알마냑(Almanac)이란 이름으로 통용되고 있으며 그 외 지방에서 생산되는 브랜디는 단순히 브랜디라고 한다. 또한 포도가 아닌 다른 과일로 만든 브랜디는 앞에 과일의 이름을 붙인다.

브랜디(brandy)

브랜디(Pear brandy, Apple brandy, Apricot brandy)는 성숙기간이 길수록 품질이 좋은데 별의 수 또는 V.S.O.P의 표시에 의해서 등급을 결정하지만 회사에 따라 표시기준에 차이가 있다.

(1) 프랑스의 브랜디

1936년 원산지 통제법 시행으로 세계제일의 브랜드 생산국으로써 프랑스 브랜디 대표생산 지역으로 꼬냑(Cognac)과 알마냑(Armagnac)과 노르망 지역이 있다.

❶ 꼬냑(Cognac)

브랜디는 프랑스 어느 지역에서나 만들 수 있으나 꼬냑 지방에서 생산되는 브랜디만 꼬냑으로 명명된다. 꼬냑도 위스키처럼 블렌딩해서 만들어진다. 블렌딩은 몇 달 전에 이루어지며 다양한 꼬냑들을 증류수나 희석된 꼬냑들을 첨가하여 40~43%의 알코올 도수로 혼합한 후 오크통에서 숙성된 몇 달 후에 병입된다.

대부분의 꼬냑 회사들은 별이나 글자로 그들 회사의 품질을 표시한다. 이러한 표시는 법적으로 규정된 것은 아니지만 꼬냑 회사의 전통과 관습에 따른다. 별로 표시되는 품질 표시는 회사마다 다르지만 프랑스의 법(1975년)은 쓰리 스타는 최소 2년 반 이상 오크통에서 숙성되어야 한다고 규정하고 있다.

숙성연도는 쓰리 스타만 법적으로 보증되어 있고 그 외는 법적 구속력이 전혀 없다 같은 나폴레옹 일지라도 꼬냑 회사마다 숙성연도가 다를 수 있다.

꼬냑은 블렌딩해서 만들기 때문에 역사와 전통이 있는 회사의 제품을 선택하는 것이 중요하며, 레미 마뗑(Remy Matin), 헤네시(Hennessy), 마르텔(Martell), 카뮈(Camus) 쿠르보아제(Courvoisier) 등이 잘 알려져 있다.

brandy 성숙연도

■브랜디(brandy)의 성숙연도

- ★★★(Three Star) : 5년
- V.S.O.P(Very Superior Old Pale) : 10년
- Napoleon : 15년
- X.O(Extra Old) : 20년

❷ 알마냑(Armagnac)

알마냑은 꼬냑 지방에서 80km 떨어진 보르도의 서남부 가스지뉘 지역에서 생산되는 와인을 증류한 브랜디이다.

알마냑의 역사는 꼬냑보다 더 오래 되었으며, 증류하는 과정이 꼬냑과는 달리 단식과 연속 증류기의 절충식으로 증류되며 알코올 도수가 낮아 향이 강하고, 숙성 과정에서 거친 나뭇결이 있는 블랙 오크통은 알마냑의 특성에 많은 영향을 미친다. 이 블랙 오크통은 리무진 오크통보다 빨리 숙성되어 8년이면 훌륭하게 숙성되고 12년이면 완전 숙성된다. 알마냑의 유명 상표는 샤보(Chabot), 자뉴(Janneau), 말리악(Malliac) 등이 있다.

❸ 칼바도스(Calvados)

칼바도스는 프랑스의 노르망디 지방의 사과주(Cidre)를 증류하여 만든 애플 브랜디이다. 잘 숙성된 사과로 만든 이 브랜디는 매우 맛이 좋으며 세계에서 가장 품질 좋은 애플 브랜디이다. 최고 품질의 칼바도스는 발레도지(Vallee Dauge)에서 생산된다.

칼바도스는 사과를 짓이겨 6주 동안 발효시킨 시드르(Cidre)로 만드는데 이 시드르를 단식 증류기에 두 번 증류하고 최소 2년 이상 숙성시킨다. 칼바도스는 법에 의해 생산지역과 제조방법을 통제받아서 생산되는 것만을 칼바도스라 한다. 칼바도스는 스위트한 맛이 없으며 매우 드라이하고 꼬냑의 향과 비슷하다.

(2) 오드비(Eau de Vie)

오드비는 생명의 물이라는 뜻이다. 독일의 보스게(Vosges)산맥 동쪽과 서쪽지역, 블랙 포리스트(Black Forest)지역, 스위스의 북쪽 알프스 산기슭, 프랑스의 알자스 지역 등에서 생산된다.

오드비는 과일을 증류해서 만들며, 숙성은 오크통이 아닌 유리나 질그릇에서 하여 색이 없는 무색이고 재료는 부드러운 과일과 작은 열매가 쓰인다.

오드비의 제조 방법은 나라마다 약간씩 다르다. 프랑스는 충분한 향을 지닐 수 있도록 증류하고, 스위스는 내츄럴 스피리트에 가깝게 증류한다. 독일 오드비는 이름 끝에 바써(Wasser)를 붙여 발효 과일을 직접 증류해서 만든 것을 나타낸다.

오드비는 냉장고에 보관하지 않고 냉동고나 얼린 얼음 속에 넣어 영하 4~5도로 매우 차갑게 해서 마신다. 가장 훌륭한 오드비는 배로 만들어지는데 이를 프랑스에서는 뽀와르 윌리엄(poire william)이라고 하고 독일에서는 비른가이스트(birngeist)라고 부른다.

2) 위스키

세계인들이 즐겨 마시는 위스키 종류는 여러 가지가 있는데 그 중에서도 대표적인 것이 스카치, 버번, 캐나디언, 아이리시 위스키이다. 이러한 위스키는 모두가 지역적 특성을 가지고 있으며, 위스키의 철자도 스카치와 캐나디안 위스키에는 'e' 자가 없는 'Whisky' 라고 쓰고 아이리시와 버번은 e자가 있는 'Whiskey' 라고 쓴다.

위스키는 주로 보리(barley), 옥수수(corn), 호밀(rye), 귀리(oat) 등의 곡물을 주 재료로 하여 발효, 증류, 숙성의 과정을 거쳐 만들어진 술이다.

위스키 어원은 게일어(gaelic)인 우스게바하(uisge beatha, usquebaugh)에서 유래된 말로서 '생명의 물' 이라는 뜻이다.

(1) 스카치 위스키(Scotch Whisky)

스카치는 부드러우면서도 강하고 미묘하며 독특한 향기를 지닌 황금 빛 술이다. 스카치 위스키(scotch whisky)는 스코틀랜드(Scotland)에서 만들어지는데 그 증류기술을 기원 후 1100년경에 기독교를 선교하는 전도사들에 의하여 처음으로 알려졌다. 스카치위스키는 보리의 싹(malt)을 이탄(peat : 토탄)으로 말려서 발효시켜 증류해낸 술로서 독특한 진흙냄새가 전 세계적으로 유명하게 만든 것이다. 특히 증류를 2번 시켜 증류한 위스키는 오크(oak)통에 4년~7년 정도 묵힌다.

스카치는 5년 숙성의 스탠다드를 기본으로 12년, 15년, 17년, 21년, 25년, 30년 숙성의 상위 프리미엄 스카치들이 있고, 이 연수는 스카치에 얼마나 오래 숙성된 몰트(malt) 위스키를 사용했느냐를 나타낸 것이다.

스카치 위스키의 종류는 발렌타인(ballantines), 조니 워커(Johnnie Walker), 시바스(Chivas), 페이머스 그로우스(Famous Grous), 화이트 호스(White Horse), 제이 엔 비(J&B), 드워스(Dewars), 커티 삭(Cutty Sark), 글렌피딕(Glenfiddich), 맥켈란(Macallan) 등이 있다.

(2) 아메리칸 위스키(American Whisky)

❶ 버번(Bourbon)

미국의 초기 정착민은 호밀로 위스키를 만들었다. 그러나 한해 호밀 수확이 흉작이 들어 옥수수를 섞어 위스키를 만들게 되었고 그 결과는 매우 훌륭하게 되어, 켄터키의 버번 지역에서 만들어진 위스키를 버번(Bourbon) 위스키로 알려졌다. 버번위스키는 51% 이상의 옥수수를 사용하도록 법률로 정하고 있고 그을린 참나무 통에 4년 이상 숙성시켜 제품화한 것이다.

버번위스키의 종류는 짐 빔(Jim Beam), 와일드 터키(Wild Turkey), 얼리 타임(Early Time), 올드 그랜 데드(Old Grand-dad) 등이다.

❷ 테네시 위스키(Tennessee Whiskey)

버번과 테네시 위스키는 밀접한 관계가 있지만 같은 것은 아니다. 테네시 위스키는 옥수수를 51% 혹은 그 이상 사용하여 발효한 매쉬를 테네시주에서 증류한 스트레이트 위스키이다. 테네시 위스키는 증류한 후 숯으로 여과한 후 만들어지기 때문에 독특한 맛을 낸다.

테네시 위스키의 종류는 잭 다니엘(Jack Danials), 죠지 디켈(George Dickel) 등이 있다.

(3) 아이리시 위스키(Irish Whiskey)

아일랜드 사람은 그들이 세계에서 제일 먼저 위스키를 만들었다고 주장하고 있고 'Whiskey' 의 철차도 'e' 을 하나 더 넣어 자신들의 위스키에 대한 자부심과 원조임을 강조하고 있다. 증류기술은 어디서 온 것인지 분명치 않지만 기독교 수도사들이 아일랜드를 거쳐 스코틀랜드로 전래된 것으로 알려진다. 아이리시 위스키(Irish whisky)는 스카치 위스키와 재료나 증류방법이 유사하며 아일랜드(에이레와 북아일랜드)에서 제조되어 보리가 주원료로 사용하나 향기가 진하고 맛이 중후하다. 오크통에 4년~7년 또는 그 이상 묵히며 병에 담아 출고할 때는 40°로 출고시킨다.

제임슨(Jameson)과 올드 부쉬밀(Old Bushmils)은 아이리시 위스키 중에서 가장 유명하다.

(4) 캐나디언 위스키(Canadian Whisky)

캐나디안 위스키는 오직 곡물만 위스키 재료로 사용한다. 호밀을 주재료로 한 스트레이트 위스키와 옥수수를 주재료로 혼합해서 만들어내고, 오크통에 4년 이상 숙성한다. 캐나디안 위스키는 맛이 부드러움에 있으며 라이트 타입으로 품질은 변하지 않는다. 유명한 캐나디안 위스키로는 캐나디안 클럽(Canadian Club), 캐나디안 미스트, 씨그램스 브이 오(Seagram' s V.O), 씨그램스 쎄븐 크라운, 크라운 로얄 등이 유명하다.

3) 진(Gin)

진(Gin)은 무색 · 투명하며 상쾌한 향을 가졌는데 보리, 밀, 옥수수 등과 같은 곡물을 증류하여 특유한 향을 지닌 두송미(杜松美, Juniper berry)등의 향료물질을 첨가하여 만들어진 무색 투명한 증류주이다.

진은 자체의 맛보다는 쥬니퍼 베리와 향료 식물의 향긋하고 상쾌한 향이 특징이다. 진은 스트레이트로 마시기는 너무 거칠고 칵테일이나 소프트드링크를 섞어서 마시는 경우가 많다. 진토닉은 오늘날 가장 인기 있는 믹스드링크 중 하나가 되고 있다.

영국에서 생산되는 진은 옥수수 75% 보리맥아 15%, 기타 곡류 10%의 곡류 배합 방식으로 시작하여 위스키의 제조 과정과 매쉬가 되고 열을 가해 발효되며 발효 후 와트는 95도 이상의 순수한 스피리트를 얻기 위해 증류기에서 정류되고 증류된다. 이것을 증류수의 첨가로 60도로 낮아지며 도수가 낮아진 스피리트를 증류기에 넣고 향료 식물을 일정 비율로 혼합하여 증류한다.

현재 진은 많은 나라에서 생산되는데 가장 우수한 것은 런던 드라이 진이며, 고든스(Gordons), 비피터(Beefeater), 탱케레이(Tanqueray), 길베이스(Gilbeys) 등이 대표적인 진이다.

4) 보드카(Vodka)

보드카(Vodka)란 말은 생명의 물이라는 뜻의 러시아 말이다. 보드카는 14세기 부터 러시아에서 만들기 시작했고 러시아의 국민주이며 국민성을 가장 잘 나타내는 술이다.

보드카는 일반적으로 무색 · 무미 · 무취하며 과즙이나 탄산수를 타면 주재료인 술의 맛을 모르고 마시게 된다. 보드카는 보리, 밀, 감자, 옥수수 등을 95도의 주정 도수로 증류한 곡주를 여과시켜 병에 담아 출고 시에는 주정도수를 40~55°로 낮춘다. 보드카의 여과 방법은 자작나무 숯이 담긴 큰 탱크에 지속적으로 여과시켜 냄새나는 성분을 제거하여 무취에 가까운 술이 되며, 숯에 여과하는 횟수가 많을수록 양질의 보드카가 된다.

보드카는 러시아어로 물(VODA)에서 유래되어 「생명의 물」을 의미하고 있으며, 러시아에서 만들어지는 보드카는 100여 종류나 되며 러시아나 폴란드 등에서는 스트레이트(straight)로 마시며 미국에서는 칵테일용으로 많이 쓰인다.

세계적으로 유명한 보드카로 미국의 스미노프(Smirnoff), 스웨덴의 압솔루트(Absolut), 러시아의 스톨리치나야(Stolichnaya), 필란드의 필란디아(Filandia), 폴란드의 즈브로우바(Zubrowba) 등이 유명하다.

5) 럼(Rum)

서인도 제도가 원산지인 럼은 맑고 순수하며 낭만적이고 정열적인 술이다. 럼(Rum)의 어원은 원산지인 푸에리토리코(Puerto Rico)의 원주민의 언어인 럼블리언(rumbulion : 흥분)이란 단어에서 생겨났다고 한다.

럼의 원료는 사탕수수에서 만들어지는 당밀(糖密)이나 줄기의 즙(汁)을 사용하여 발효 · 증류해낸 술로서 사탕수수가 나는 지역에서는 어디에서나 생산할 수가 있다.

럼은 오랜 숙성기간이 필요하지 않다. 오크통에 6개월간 숙성시켜도 훌륭한 라이트럼을 만들어낼 수 있다. 그러나 오크통에서 15년까지도 숙성시키며 오래 숙성시킬수록 브랜디처럼 품질이 우수해진다. 럼은 숙성 기간에 따라 향기가 다른 여러 가지 타입으로 분류된다.

럼은 크게 두 가지로 구분할 수 있는데, 라이트(light)럼과 헤비(heavy)럼이다. 드라이하고 라이트한 럼은 스페인 통치를 받았던 섬들인 쿠바, 버진 아일랜드, 푸에르토리코에서 주로 생산된다.

푸에르토리코(Puerto Rico) 럼은 숙성연도에 따라서 드라이하고 진한 향기를 풍기며 부드러운 맛을 내며, 세계에서 가장 많은 양의 럼을 생산하고 있고, 바카디(Bacardi)와 카르타 블랑카(Carta Blanca), 카르타 오로(Carta Oro) 등을 생산한다.

자메이카(Jamaica)럼은 짙은 마호가니 색을 띄며 진하고 풍미가 있는 럼이며, 5년에서 7년을 숙성시켜 40~43도에서 병입되는데, 75도에서 병입된 것도 있다. 가장 잘 알려진 럼으로는 마이어스(Myers)이며 자마이카 럼은 전통적으로 가장 헤비한 럼을 생산해 내고 있다.

럼은 대부분 칵테일의 기본주(基本酒)로 많이 사용되고 혹은 홍차에 넣어서 마시기도 하며 요리용으로도 사용이 된다. 럼의 주요 산지로는 쿠바, 푸에리토리코, 자마이카 등이 유명하고 하이티, 멕시코, 베네수엘라, 도미니카 등에서도 생산이 된다.

6) 테킬라(Tequila)

테킬라(Tequila)의 원산지는 멕시코 중앙고원 지대에 위치한 제2도시인 라다하라 교외 테킬라라는 마을에서 멕시코 인디언에 의해 생산되기 시작했다. 테킬라는 용설란의 일종의 마 게이(ma guey)와 아가베(agave)가 원료로 사용된다. 멕시코의 여러 곳에서 위의 재료 등을 이용하여 유사한 증류주을 만드는데 이를 메즈칼(Mezcal)이라고 하며, 이러한 메즈칼 중 테킬라 마을에서 만든 메즈칼을 테킬라라고 한다.

테킬라는 이 재료의 줄기를 반으로 갈라 증기 속에 넣어서 열을 가하면 다당류가 쉽게 당화되고 이 당화액을 발효시켜서 발효주인 풀케(Pulque)를 만든다. 이 풀케를 단식 증류기에 두 번 증류하여 화이트 오크통에 한달 간 숙성 후 정제하고 시판하는 것이 화이트 테킬라(Tequla Joven : 테킬라 조벤)이다.

또한 장기간 저장하여 판매하는 것을 골드 테킬라(tequila anejado : 테킬라 아네하도)라 하는데 1년 정도 오크통에 숙성시킨 것을 아네조(Anejo)라고 하고 2~4년 숙성한 것을 뮈 아네조(Muy Anejo)라고 표시 구분한다. 테킬라는 일반적으로 알코올 도수가 40~52도이며 1968년 멕시코 올림픽 이후 세계적으로 널리 알려지게 되었다.

주요 상품으로는 호세 쿠에보(Jose Cuervo), 엘 토르(El Toro), 헤라두라(Herra-dura), 올레(Ole) 등이 있다.

3. 혼성주

혼성주(compounded liqueur)는 브랜디, 위스키, 럼, 진 등과 같은 증류주를 베이스로 과일, 꽃, 향료식물 또는 천연 향료 등을 첨가하여 만든 술로 일반적으로 단맛을 풍겨주는 술로서 리큐어(liqueur)는 유럽산을 부르며, 코디얼(cordial)이라고 부르는 것은 미국산에 주로 붙인다.

리큐어(liqueur)는 식후에 마시는 술로 알려져 있으나 의학적인 약용으로 원래는 병을 치료하기 위한 약으로 만들었다. 즉 술에다 과일이나 과일의 씨, 열매, 나무의 뿌리, 껍질 등을 섞어서 약으로 마셨던 것이다.

리큐어의 제조방법은 두 가지로 나누어지는데 하나는 우려내는 방법(infusion method)이고 다른 하나는 여과하는 방법(percolation)이다. 우려내는 방법은 과일, 식물, 허브 등의 재료를 침전시키거나 향이 소멸될 때까지 알코올에 스며들게 해서 향취가 있는 스피리트를 강화시키기 위해 증류를 하게 된다.

여과법은 재료를 기계 위에 놓고 스피리트를 밑에 두어 열을 가하여 알코올이 함유된 증기가 위쪽의 향료를 통과하면서 액화시키거나 펌프하는 방법으로, 이 독특한 방향이 있는 스피리트는 설탕이나 시럽, 꿀에 의해 당도가 있는 술이 된다. 리큐어와 코디얼은 최소 2.5%의 설탕이 함유하기 때문에 다른 술과는 다르고 대부분의 리큐어와 코디얼은 35%의 당도를 함유하고 있다.

1) 프루트 리큐어

프루트 리큐어(fruit liqueur)는 과일이나 말린 과일 등을 브랜디(brandy)에 넣어 약 6~8개월 동안 두면 색깔과 향취와 향미가 술로 옮겨간다. 이를 여과시켜서 슈가 시럽(sugar syrup)을 첨가하여 단맛을 내고 나무통이나 돌로 만든 항아리 또는 오지항아리 등에 약 1년 동안 숙성시키며, 사용되는 과일은 살구, 검은 딸기, 버찌, 복숭아 등이다.

2) 플랜트 리큐어

플랜트 리큐어(plant liqueur)는 열매, 잎, 껍질, 씨, 뿌리 등을 브랜디(brandy)에다 담궈서 약 48시간 놓아두면 우러나서 부드러워지면서 포트 스틸(pot-still)증류기에다 증류시키면 색깔이 무색이 되는데 여기에 캐러멜로 착색시키는 동안에 단맛을 첨가시켜 1년 동안 묵히는 것이다.

기타 혼성주에는 비터(bitter)가 있는데 브랜디에 식물의 뿌리, 열매, 잎, 향료 등을 넣어서 향기롭게 한 술로서 쓰고, 단맛이 나는데 주로 식전음료(aperitif)로 애용되고 칵테일의 부재료로 사용되며, 앙고스트라 비터(angostura bitter)가 유명하다. 그밖에 캄파리(compari bitter, 이탈리아산), 아멜피콤(amer picon bitter, 프랑스산) 등이 있다. 또한 마라시노 버찌로 만든 마라스키노(maraschino)는 식후음료로 과실과 조화가 잘되며 디저트에 많이 이용된다.

혼성주의 종류

구분	특징
아마레토(amaretto)	아마레토의 원료는 살구 씨의 핵을 물과 함께 증류하여 몇 종류의 향초 추출액을 중성 알코올과 혼합하여 탱크에서 숙성시킨 후 시럽을 첨가
애프리코트 브랜디 (apricot brandy)	살구의 향기가 있는 리큐어로 향기 자체가 감미로우며 여성의 식후주
베네딕틴 (benedictine D.O.M)	가장 오랜 역사를 가지고 있는 허브 타입의 리큐어로 1510년 프랑스 북부 페어카시의 베네딕틴파 수도원에서 탄생되었다고 전해진다. D.O.M은 최선 · 최대의 신에게(Dea Optimo Maximo) : To God Most Good, Most Great)라는 뜻이다. 베네딕틴은 꼬냑을 베이스로 27가지의 서로 다른 허브, 식물, 과일의 껍질을 배합하여 만들고 4년 정도 숙성한 후 병입한 것
비 앤 비 (b&b)	베네딕틴과 브랜디를 혼합한 것으로 단맛이 덜한 것을 좋아하는 사람들을 위해 베네딕틴을 드라이하게 한 것
샤르트뢰즈 (chartreuse)	종교적인 용도로 만들어지는 술로 리큐어의 여왕으로 불리어진다. 알프스에서 나는 약초를 포도주에 담가 수도승들의 활력 증진을 위한 약주
꼬엥트로 (cointreau)	오렌지에서 에센스를 뽑아내어 고급 브랜디와 혼합하여 만든 고급 리큐어 중 하나이다. 1894년 프랑스 르와르에서 탄생했고 알코올 도수는 40도이다.
큐라소 (curacao)	남미의 큐라사오 섬에서 생산된 쓴맛의 오렌지 껍질을 브랜디, 기타 스피리트에 담가 감미를 한 리큐어로 짙은 갈색 오렌지, 무색 투명한 화이트 큐라카오가 있고 후자는 트리플 섹이라고 부르기도 함. 그 외에 그린, 레드, 블루 큐라카오가 있다.
크렘 드 카시스 (creme de cassis)	검은 까치밥 나무 열매로 만든 검붉은 색의 산미가 있는 리큐어로, 샴페인에 카시스를 혼합한 키어 로얄은 애프리티프로 유명하다.
크렘 드 멘트 (creme de menthe)	싸한 향은 여러 종류의 박하 향에서 얻어지지만, 주로 페퍼민트에서 나온다. 화이트와 그린 두 종류가 있다.
체리 브랜디 (cherry brandy)	버찌와 브랜디로 만들어지는 리큐어로 버찌만으로도 만들어진 것도 있고, 짙은 적색으로 덴마크와 네덜란드산이 유명하다.
드람부이 (drambuie)	스카치, 꿀, 허브, 스파이스로 만들어지는 고급 리큐어 중 하나로 사람을 만족시키는 음료란 뜻
갈리아노 (galliano)	향료 식물과 꽃을 재료로 하여 만든 황금색 리큐어로 이탈리아 용장 쥬세페 갈리아노 소령의 이름 딴 리큐어
그랑 마니에르 (grand manier)	오렌지 베이스 리큐어로, 3~4년 숙성된 꼬냑에 하이티산 오렌지 껍질을 배합하여 오크통에서 숙성시킴.
칼루아(kahlua)	커피 빈스, 코코아 빈스, 바닐라로 만든 멕시코산 커피 리큐어
퀴멜(kummel)	곡물과 회양풀 열매, 스파이스와 함께 증류한 강한 리큐어
마라스키노 (marachino)	아드리아 해 서쪽 해안 달마티아 지역에서 생산된 야생 버찌의 씨를 으깨어 만든 리큐어

구분	특징
삼부카 (sambuca)	엘더(말 오줌 나무의 일종)열매의 추출액을 알코올에 배합한 아니제트 타입의 리큐어로, 볶은 검은 콩을 세 알 띄워 마심
서던 컴포트 (southern comfort)	잘 성숙된 버번에 복숭아, 기타 몇 가지 과일 향을 첨가하여 부드럽고 좋은 향의 호박색 리큐어로 미국을 대표하는 리큐어
슬로 진(sloe gin)	슬로베리 맛을 낸 리큐어로 감미가 적고 시큼하다.
트리플 섹 (triple sec)	남 프랑스에서 12세기부터 약초를 원료로 만들어졌고 화이트 큐라사오의 별칭으로 오렌지 베이스 리큐어
베일리스 아이리시 크림 (bailey's irish cream)	아일랜드 더블린산 아이리시 위스키와 크림, 카카오를 혼합해서 만듬
페르노 (pernod)	아브사의 메이커였던 페르노사가 압상뜨 금지령 이후 압상뜨 유해 성분을 아니즈의 에센스로 바꾸어 만든 리큐어, 아페리티프로 활용
캄파리 (campari)	각종 식물의 뿌리, 씨, 허브, 껍질 등 70여 종류의 재료로 만들어지며 제조기간이 45일가량 걸리고, 페루 카루나 섬에서 생산되는 빨간색 색소를 첨가, 애프리티프로 적합
베르무트 (vermouth)	35종의 향초와 약초의 꽃과 잎, 씨와 뿌리를 배합하여 화이트 와인에 넣어 수개월 동안 숙성시켜 만듬. 화이트(Bianco), 레드(Rosso), 엑스트라 드라이(Extra Dey), 로제(Rose) 등

자료 : 고석면 · 이기국 · 정강국, 식음료 관리, 대왕사, 2019, pp.305-307. 참고하여 재구성함.

제3절

비알코올성 음료

1. 청량음료

청량음료(淸凉飮料)는 청량감을 주는 비알코올성 음료이다. 청량음료는 탄산가스가 함유된 음료와 과즙처럼 유기산을 함유한 것 그리고 유(乳) 또는 유제품, 유산균 음료 등이 있는데 이러한 음료들은 칵테일을 만드는데 재료로 널리 사용되고 있다. 청량음료는 탄산음료(炭酸飮料)와 무탄산음료(無炭酸飮料)로 구분한다.

1) 탄산음료(炭酸飮料)

탄산가스가 함유된 음료이며 마시면 음료 속에 들어 있는 가스로 인해 청량감을 주고, 또한 미생물의 발육을 저지하여 주는 향(香)의 변화를 방지하기 때문에 각종 과일향을 가미한 탄산음료가 많이 생산되고 있다. ① 탄산가스가 함유된 천연 광천수(天然鑛泉水), ② 순수(純水)에 탄산가스를 주입한 것, ③ 음료수에 천연 또는 인공감미료를 함유, ④ 천연과즙에 탄산가스를 함유한 것 등이다.

(1) 콜라

콜라(Cola)는 미국에서 발명한 음료로 미국문화를 대표할 정도로 세계적으로 인정받고 있는 음료이다. 콜라의 주원료는 서아프리카지방에서 나는 콜라열매이며 지금은 서인도제도, 브라질, 세이론, 말레이 등 열대 지방에서 재배되고 있다. 콜라열매 속에 들어있는 많은 콜라콩(표)을 가공 처리하여 콜라 엑키스를 만들어 사용하며 이 엑키스는 커피의 2배의 카페인과 콜라인을 함유하고 있다. 콜라를 마시므로서 기분이 상쾌해지는 것도 바로 여기에 원인이 있는 것이다. 이러한 콜라는 콜라엑기스를 물에 타서 각종 향료를 넣고 탄산가스를 주입한 것이다. 향료로는 대체로 레몬, 오렌지, 날맥, 씨나몬, 바닐라등을 사용하는데 어떤 것을 배합하는냐 하는 것은 제조회사에 따라 차이가 있다.

(2) 소다수

소다수(Soda Water)는 탄산가스와 무기염류를 함유한 천연광천수와 인공적인 제조품이 있다. 작은 거품이 계속해서 나는 것이 좋은 상품으로서 병이나 큰 통에 담아 시판되며, 가정에서 정제로 물에다 넣어서 용해시키는 것도 있다. 이러한 소다수는 양주를 마실 때 혼합해서 마시는 보조음료로서 오렌지 소다, 레몬에이드, 그레이프 프루트 소다(grape fruit soda)등 그 원료와 제조과정에 따라 여러 가지로 분류할 수가 있다.

(3) 진저 앨

진저는 생강이며 앨은 알코올이란 뜻으로 생강주(Ginger ale)를 의미한다. 그러나 한국의 진저앨은 알코올분이 전혀 없는 순수한 청량음료이다. 생강의 향을 함유한 탄산음료로서 일종의 자극을 주는 풍미는 식욕증진의 효과가 있으며 소화를 돕고 정신을 맑게 한다. 진저 앨은 그대로 마실 수도 있으나 대개 알코올음료와 혼합하여 마신다. 제품으로 된 진저 앨은 산미와 감미의 두 종류가 있다.

(4) 토닉수

토닉수(Tonic Water)는 영국에서 발명한 무색투명한 음료로서 레몬, 라임, 오렌지, 키니네피 등으로 엑기스를 만들어 당분을 배합한 것이며 열대식민지에서 노동하는 사람들의 식욕부진과 원기를 회복하기 위해 제조되었던 것이다. 제2차 대전 후 진(gin)과 혼합하여 진토닉(gin tonic)을 만들어 세계적인 음료로 환영받고 있다.

(5) 사이다

구미지역에서 사이다(Cider)란 사과를 발효해서 만든 발효주로서 알코올분이 1~6% 정도 들어 있는 것이다. 그러나 한국의 사이다는 주로 구연산 및 감미료와 탄산가스를 원료로 하고, 제법은 향기로서 구연산, 주석산 과실 에센스를 혼입한 시럽을 만들어 병에 소량을 넣어 위에서 증류수를 채워 끝으로 액화탄산가스를 주입하여 밀봉한다. 또한 맥주제조 도중에 생성되는 탄산가스를 정제하여 이를 향료성분이 들어 있는 증류수에 대량생산함으로서 부산물(副産物)의 이용이라는 효과를 낼 수 있다.

2) 무탄산음료(無炭酸飮料)

(1) 미네랄 워터

미네랄 워터(Mineral Water)는 일반정수보다 미네랄성분이 다량 포함된 음료수이다. 현재 우리들이 이용할 수 있는 것은 천연미네랄수와 인공적으로 제조된 것이 있다.

미네랄이란 광물질로서 칼슘, 인, 칼리움, 라디움, 염소, 마그네슘, 철등 무기질 물질이다. 이러한 것이 물의 맛을 좋게 하며 일반정수에도 미네랄이 1ℓ 당 0.1~0.5 정도 함유되어 있으나 미네랄 워터로서 판매되고 있는 것은 몇배 이상의 미네랄이 들어 있는 것이다. 순수한 물은 무색 투명 · 무취이며 마셔봐도 그렇게 맛이 좋다는 것을 느끼지 못한다. 그러나 약간의 미네랄이 들어 있는 물을 마시면 일종의 청량감을 느끼게 된다. 이러한 미네랄에 대한 관심은 유럽에서부터 비롯되었으며 유럽의 여러 나라들은 수질이 나쁘기 때문에 그대로 마실 수 있는 용수(湧水)가 없기 때문에 인조 미네랄 워터를 만들게 되었다.

(2) 비시워터

비시워터(Vichy Water)는 프랑스 중부의 엘리에(Allier) 주에 있는 비시워터에서 용출이 되는 광천수이며, 로마시대부터 이용되어 왔다. 15세기경 승려가 이곳에 수질이 좋다고 세계에 유포하면서 유명해졌으며 중탄산(重炭酸)소다, 중탄산석회(重炭酸石灰), 황산(黃酸)소다, 이온, 가스체 등이 함유되어 있다.

(3) 에비앙 워터

에비앙 워터(Evian Water)은 불란서와 스위스의 국경 가까이 레반호반이 있는 도시로서 이곳에서 용출되는 천연광천수는 탄산가스가 없는 양질의 미네랄 워터이며 세계적으로 유명하다.

(4) 셀쩌어 워터

셀쩌어 워터(Seltzer Water)는 1820년 독일의 위스바데에서 천연 용출한 미네랄 워터를 기업화한 것으로 천연광천수이므로 지질(地質)의 영향을 받아 물속에 들어 있는 성분이 다르다. 이것을 장기간 복용하면 위장을 튼튼히 하고 음주 후에 취기를 깨끗이 가시게 하는 약용효과를 가지고 있다. 최근에는 미네랄을 인공적으로 첨가한 미네랄 워터가 양주회사에서 제조되기도 한다.

2. 영양음료

영양음료(營養飮料)에는 과일 위주로 된 과즙류와 채소를 위주로 한 채소주스 그리고 우유종류가 있으며 칵테일용으로 많이 사용하기도 하는데, 포도주스(grape juice), 레몬주스(lemon juice), 라임주스(lime juice), 오렌지주스(orange juice), 파인애플주스(pineapple juice), 그래입후르트주스(grape fruit juice), 토마토주스(tomato juice) 등이 있다.

3. 기호음료(嗜好飮料)

세계의 3대 음료로서 동양의 차(茶), 서양의 커피, 남미의 마테를 들 수 있다. 이러한 음료는 식생활에 따라서 자주 마시는 것으로서 정찬에 있어서는 마지막 코스로 제공이 되고 있다.

1) 커피

커피(Coffee)는 6세기경 에티오피아의 카파지방에서 유래되어 9세기 아라비아(kaffa), 터키(Kahwh), 프랑스(Cafe), 영국(coffee), 미국, 일본, 한국 등으로 널리 보급되었다. 커피 원두는 아라비카종(Arabica : 에티오피아 원산), 로브스타(Robusta : 콩고원산), 리베리카종(Riberica : 아프리카 서해안 원산)의 3종이 있다. 리베리카는 산출량과 맛이 뒤져서 상업성의 가치가 없어서 아라비카에서 분류된 마일드, 브라질과 로브스타를 커피의 3대 원종이라고 하고 있다.

(1) 아라비카(Arabica)

에티오피아가 원산으로 풍미(風味), 향(香), 산미(酸味) 등이 뛰어나며 세계 총생산량의 50%를 점유하고 있다. 브라질, 콜롬비아, 예멘, 과테말라, 케냐, 탄자니아, 니카라과, 자메이카, 엘살바도르, 멕시코 등이 있다.

커피 생산국

- **콜롬비아** 콜럼비아는 마일드의 대표적인 원두로 풍미와 신맛이 뛰어나며 향기와 맛이 진하고 추출량도 높아 세계 2위의 생산국이다.
- **예멘** 모카는 예멘에서 생산되는 원두(原豆)로 신맛, 단맛이 좋으며 뛰어난 향기가 있다.
- **과테말라** 신맛, 단맛이 있고 향과 맛이 진한 특징이 있다.
- **에티오피아** 아라비카 종을 탄생시켰으며 모카와 비슷한 맛이 있고 특히 신맛이 강하다.
- **탄자니아** 쓴맛과 신맛이 조화를 이루며 향기가 높고 대표적인 품종으로 킬리만자로가 있다.
- **멕시코** 중남미의 대표적인 원두로 신맛이 강하며 배합용으로 사용된다.

(2) 로브스타(Robusta)

중앙아프리카의 콩고(Congo)가 원산지로 강한 쓴맛과 구수한 맛의 향기가 특징이며, 로브스타는 저항력이 강하고 가격도 저렴하기 때문에 아이스커피, 메뉴 커피 등 배합용으로 많이 쓰인다. 로브스타의 생산국은 베트남, 인도네시아, 인도 등이 있다.

(3) 리베리카종(Riberica)

아프리카가 원산지이며, 생산량이 많지 않고 품질이 우수하지 못해서 커피의 품종에서 제외하는 경향이 높다.

2) 차

차(茶)의 발생지는 중국이며 그 역사는 매우 오래되었다. 차의 종류에는 녹차, 홍차, 도룡차(島龍茶), 포종차(包種茶), 단차(團茶) 등이 있는데, 차는 300년 전부터 아라비아인, 영국인 등에 의해 동서로 전해졌으며, 사람들은 차잎을 삶아서 그 물은 버리고 잎을 먹었는데 영국에서는 페피스(Pepys)의 유명한 1660년의 일기 「A cup of Tea」에 'A China drink'를 처음 마셨다고 기록되어 있다.

제11장

호텔인사관리

제1절

인사관리의 의의와 영역

1. 인사관리의 의의

어느 기업이든지 기업의 최대목적은 이윤의 극대화에 있다고 할 수 있다. 생산성을 향상하고 극대화하기 위해서는 종사원의 능력을 최대한 활용함으로써 생산성을 향상시킬 수 있기 때문에 기업의 활동 중에서 가장 중요한 요소가 사람의 관리라고 하여도 과언은 아닐 것이다. 인사관리(personnel management)란 인간을 대상으로 한 관리이며, 인간을 관리한다는 것은 인간의 개성존중과 능력개발 그리고 종사원의 인간적 만족이라는 점에서 여타의 관리제도와 다른 특징이 있다.

기업경영을 뒷받침하는 요소로는 사람, 능력, 자금, 그리고 정보의 4가지 요소가 있다. 최근에 와서 경영관리의 효율적 개선이라는 점에서 물자와 자금 그리고 정보에 대한 관리 시스템의 합리화가 실시되어 생산성 향상에 직결되고 있음을 볼 수 있다.

호텔의 성공적인 운영은 인사관리를 통해서 종사원들을 경제적으로 풍요롭게 하고, 사회적 인간으로서 보호하고 만족을 얻도록 함으로써 자발적으로 생산활동에 참여하려는 의욕을 불러일으키게 된다. 이러한 관점에서 유능한 인재를 구해서 그들의 입장을 이해하고 협력을 얻어 생산성을 향상시키고 창의에 의한 기업 활동을 통해 기업의 성장을 도모하기 위해 효율성이 있는 임무의 필요성이 제기되었으며, 이것이 인사관리의 임무이다.

인적의존도가 높은 호텔업은 서비스 수준의 질적 향상과 내용상으로 차이가 크고 구별되고 있는 무형의 상품에 대해서 적정 기준이나 표본을 정하기란 쉬운 일은 아니다. 호텔은 서비스 그 자체가 훌륭한 한 가지의 상품이며, 궁극적인 목적인 이윤추구의 직접적인 수단이 되고 있어 고객의 욕구충족과 더불어 종사원의 경제적인 목적을 성취시켜 주는 요인이기 때문이다.

현대사회에서는 서비스가 생활의 일부분으로 점점 비중이 높아가고 있으며, 일반적으로 경영자는 고객지향적인 의식과 체제를 확립해야 하고 서비스에 있어서 유형의 상품과 동일하게 제공되어야만 그 가치를 인식할 수가 있다. 물적 서비스는 투자에 의해서 해결할 수 있지만, 인적서비스는 한계가 없고 개인차도 커서 인적서비스의 향상은 서비스업의 최대과제이기 때문이었다. 이러한 과제를 해결하기 위해서는 고객에게 만족한 서비스 제공을 위해 종사원은 물론 경영자 입장에서도 목적달성을 위한 채용 및 배치, 교육연수 등에 큰 비중을 두고 연구 · 개선해 나가야 할 것이다.

2. 인사관리의 영역

기업의 인사관리는 사람을 관리하는 제도에만 초점을 맞추어 온 결과 고정된 틀을 가지고 있다. 그러나 제도는 목표에 이르는 수단이며, 기업의 전략 목표와 상반된 인사제도는 가치를 창조하지 못하는 관료적 행정제도에 불과하다. 해외의 경쟁업체는 오래전부터 기업의 전략 수행을 지원하는 전략적 인적자원 기획체계(SHRPS : Strategic Human Resources Planning System)를 도입해 오고 있다. 조직의 활동이란 전략목표를 달성하기 위한 체계이며, 전략수행에 필요한 역량을 갖추도록 유도하고 지원하는 것이며, 미래의 인적자원 수요에 대비하는 것이 전략적 인적자원관리 목표이다. 따라서 경쟁전략을 세우고 이를 지원하는 인적자원 관리체계를 구축하는 것이다.

이를 위해서는 인적자원에 관한 조사연구는 필수적이며, 효과적인 인사관리를 수행하기 위해서는 인적자원, 즉 개인 · 집단 · 조직 그 자체에 대한 연구와 각종 제도와 이념 내지 이론에 대한 심도 있는 조사가 필요하다.

인사관리의 체계이론을 토대로 하여 호텔 인사관리의 영역을 인적자원의 채용 및 배치관리, 평가관리, 보상관리, 교육훈련관리, 인간관계와 노사관리, 안전 및 보건관리의 영역으로 구분하여 설정하고자 한다.

1) 채용 및 배치관리

인적자원의 채용 및 배치는 인사관리의 영역에서 중요한 관리로서 인적자원의 모집(recruitment)관리는 조직체의 장 · 단기 계획에 따라 인적자원에 대한 계획으로부터 출발한다. 이러한 계획에 부합되고 적절한 인적자원을 합리적으로 선발하고 채용해야 한다.

2) 평가관리

인적자원의 계획에 의해서 확보된 인력을 효과적으로 운영, 관리하기 위해서는 유기적인 협조체계를 유지하는 것이 필요하다. 이를 위해서는 인사고과 제도를 통한 합리적인 평가제도 정착과 직무에 배치된 이후에 발생이 되는 인사이동 관리를 통하여 생산성 및 품질을 향상시킬 수 있다.

3) 보상관리

우수한 종업원들을 계속 확보하고 유지하기 위해서는 합리적인 보상이 필요하게 되는데, 임금과 복리 후생이며, 인적서비스의 의존도가 높은 서비스 산업은 중요성이 높다고 할 수 있다.

4) 교육훈련관리

능력 있는 종업원을 선발한다는 것은 중요하지만, 이미 선발된 인적자원의 능력을 신장하고 개발하는 것은 더욱 중요하다. 이는 교육훈련이나 경력개발을 통하여 종업원의 능력을 개발하고 향상시키기 위한 관리활동이다.

5) 인간관계와 노사관리

인사관리의 중요기능의 하나로서 종업원 관계와 노사관계 관리이다. 인간관계 프로그램을 비롯한 각종 제도를 통한 종업원 간의 그리고 종업원과 경영자 간의 원만하고 생산적인 관계를 정립하는 것은 대단히 중요하다. 아울러 노조가 있는 기업조직에서는 노동조합과 회사의 생산적인 관계를 잘 관리한다는 것도 중요한 인적자원관리의 기능이다.

6) 안전 및 보건관리

효율적인 인적자원을 관리하고 종사원의 높은 직무만족을 유도하기 위해서는 종사원의 생명과 신체를 보호하기 위해서는 사정에 예방하는 안전 · 보건관리는 중요한 관리 기능이다.

인사관리의 영역

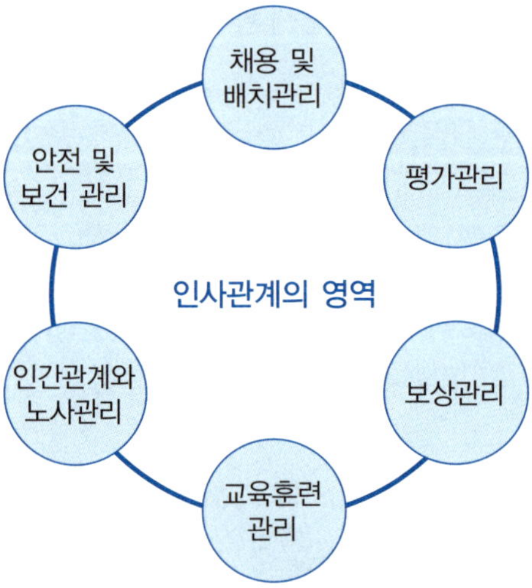

제2절

채용 및 배치관리

1. 채용관리

1) 채용계획

채용이란 조직목표의 효율적인 수행을 달성하기 위하여 자질을 갖춘 적합한 사람을 조직에 흡수하는 과정을 말하며, 모집이란 채용과정에 있어서 첫 번째 과정 또는 활동이라고 할 수 있다. 채용관리는 인사관리의 시점이며 사람을 채용하는 것은 기업 활동에 있어서 필요한 직무에 자격요건을 갖춘 적격한 자를 계획적으로 일정한 수를 채용하는 조직적인 조치라고 하겠다.

호텔기업의 채용계획은 기업경영상 필요한 자질을 갖춘 노동력을 필요한 시기에 조달할 것을 목적으로 하고 있기 때문에 어떤 자질을 갖춘 노동력이 필요한가를 명확히 분석을 해야 한다. 특히 직무의 특성과 요구되는 능력을 파악해서 질적 · 양적으로 부족한 인원을 보완하는 방법을 수립하는 것과 새로이 개업을 하는 호텔의 신규모집에 대한 계획이다. 호텔업은 이직자들이 있기 때문에 장기적인 인력수급을 분석함으로써 노동력의 질과 양적인 면에서 계획을 하고 채용에 있어서는 정기채용과 비정기 채용계획을 수립해야 한다. 신규호텔의 경우를 제외하고 대부분의 호텔기업은 비정기 채용을 주된 방법으로 채택하여 시간 및 경제적 비용의 낭비를 최대한 억제하고 있다.

2) 채용기준

채용기준은 모든 응시자에게 공정하고 균등한 고용기회를 제공하는 방법에서 실시하는 것을 원칙으로 하고 있다. 채용이 합리적으로 되기 위해서는 소요노동의 직종과 인원과의 합리적인 결정이 필요하다. 호텔에서의 신입사원의 채용기준은 학력과 연령과 같은 기본적인 자격조건이 부여되거나 학력, 연령, 성별에 관계없이 기준을 설정하여 운영하고 있는 호텔 등 다양한 자격기준을 설정하여 운영하고 있다. 채용기준을 합리적으로 설정하기 위해서는 직무내용의 명확화를 해야 하며, 직업관, 외국어 구사 능력, 실무능력, 학교성적, 일반교양상식, 기타 등과 같은 다양한 기준을 설정할 수가 있다. 외국어 구사 능력의 경우 외래 관광객을 주요고객으로 하는 관점에서 기본적인 의사소통의 수단이라는 것과 실무능력은 현장에서 직무와 연관이 된다는 점에서는 당연한 것이라는 인식이다.

3) 채용절차

호텔업의 채용방법은 신규 개관하는 호텔의 경우를 제외하고는 비정기 채용에 의한 추천방법을 주된 방식으로 채택하고 있으며, 공개채용을 실시하지 않는 이유는 채용할 인원이 많지 않고, 시간 및 경제적 비용의 낭비를 억제하기 위한 것이다. 일반적인 채용방법은 연고채용, 게시채용, 인터넷 채용 방법이 있으며, 합리적인 채용방법을 채택하는 것이 인력이나 비용의 손실을 최소화할 수가 있다.

일반적으로 호텔이 채택하고 있는 채용절차는 추천에 의한 면접 · 필기, 서류심사 · 면접, 면접, 면접 · 실기의 방법 등과 서류 전형, 필기시험(어학, 전공), 적성 검사, 면접(1차, 2차, 3차 등), 신체검사, 최종 결정과 같은 다양한 절차가 있다.

채용한 인원을 배치하기에 앞서서 적성 검사가 중요한 방법으로 등장하게 되었으며, 단시간에 지원자의 모든 능력을 파악한다는 것은 불가능한 일이기 때문에 적성검사 방법을 활용하고 있다.

미국의 산업훈련원에서 실시하고 있는 적성능력 검사의 영역은 다음과 같다. **첫째,** 조직 적응력, **둘째,** 수리 능력, **셋째,** 논리력, **넷째,** 사무 능력, **다섯째,** 대인(對人)관계 능력, **여섯째,** 지원자의 현재 업무 수행 능력 정도를 측정할 수 있도록 하고 있다.

일부 호텔에서 실시하고 있는 적성검사는 지원자가 어떤 부문에 흥미와 관심을 가지고 있는지 미래를 위한 인력개발의 가능성이 있는지 등을 파악하기 위한 검사이며, 현재 어떤 일을 할 수 있는지를 검사하는 것은 아니다. 호텔의 서비스에서는 직원들이 현재 가지고 있는 직무의 흥미도와 미래의 능력에 대해 고객들은 관심이 없으며, 고객들은 서비스를 받는 순간 직원들의 모든 능력이 자신에게 집중되기를 기대한다. 따라서 직원의 선발 시에는 지원자들의 현재 적성능력을 측정하여 참고하는 것이 중요하다고 할 수 있다.

2. 배치관리

신규사원의 채용된 이후 종사원의 배치 시에는 지능, 흥미, 직무성격, 직무의 특성 등을 고려하지 않은 경우가 많으며, 직무 부여에 있어서 적성보다는 능력 위주의 직무부여와 인력 필요 부서에 배치하여 직무를 수행하게 하고 있는 것이 대부분이다. 이러한 직무부여는 채용자들에 대한 직무연구와 적성에 대한 비중을 낮게 평가했다는 요인이 된다.

채용자들의 선호경향은 급여 및 승진제도, 회사의 분위기, 호텔등급, 지역적인 환경, 복리후생 등에 관심이 높은 경향을 보이고 있다. 따라서 합리적인 배치관리가 정착이 되지 않으면 직업관의 결여, 애사심(愛社心) 및 협동심의 부족 등으로 무분별한 이직의 발생으로 호텔운영에 영향을 끼칠 것으로 예견된다.

입 사 지 원 서

* 표시는 필수입력항목 입니다.

사 진 첨 부 必 반명함 (칼라) (3cm × 4cm)	*성명	한글		지원분야	
		한자		신입/경력	
		영문		지원직군	
	*생년월일		(만 세)	희망연봉	
	*E-mail			희망근무지	
	*주소				
	*휴대폰			*전화번호	

학력사항	기 간	학교	전공/학과	소재지	주/야	졸업구분
	년 월 ~ 년 월	고등학교				
	년 월 ~ 년 월	(전문)대학				
	년 월 ~ 년 월	대학교				
	년 월 ~ 년 월	대학원(석)				
	년 월 ~ 년 월	대학원(박)				

학업성적		1년	2년	3년	4년	평점/만점
	1					0.00/0.00
	2					
	대학원 석사			대학원 박사		
	0.00/0.00			0.00/0.00		

수상경력	수상내역	수여기관	수상일

외국어	외국어명	공인시험	점수	회화(상/중/하)

컴퓨터	활용가능 S/W	수준(상/중/하)

자격사항	종류 및 등급	취득일	주관
		00.00.00	

병역사항				
군필여부	필, 미필, 면제	사유		
복무기간				
군별		병과		
계급		전역구분		

경력사항	기 간	직장명	직위	담당업무	연봉	퇴직사유
	년 월 ~ 년 월					
	년 월 ~ 년 월					
	년 월 ~ 년 월					

연수 및 기타 활동	기간	주요 내용
	00.00.00~00.00.00	

기타사항			
취미		특기	
*보훈대상	대상, 비대상		
*장애유무	유 , 무		
결혼유무	유 , 무		
결혼일			

* 본 입사지원서를 제출하시는 것은 지원서상의 개인정보를 채용 목적으로 활용하는 것에 동의 하는 것으로 간주 합니다.
목적이 달성되거나 필요 종료시 수집된 개인정보는 즉시 파기됨을 알려드립니다.

자 기 소 개 서

성장과정	
성격상 장단점	
특기 분야	
지원동기 및 입사후 포부	
기타 경험 및 특이사항	

제3절

평가관리

1. 인사고과

인사고과란 직원의 태도 · 성격 · 적성 등을 판정하여 직원의 직무수행의 성과를 측정하고 능력을 개발하는 제도이며, 직원의 상대적 가치를 과학적으로 평가하고 개발하는 절차라고 할 수 있다. 인사고과는 조직에서의 평가수단으로서 가장 중요할 뿐 아니라 현대사회에서 인적자원관리의 거의 모든 영역에 영향을 미치는 기초자료로서 역할을 하고 있다. 인사고과의 의의는 다음과 같다.

첫째, 인사고과는 조직의 인간을 대상으로 한다. **둘째,** 인사고과는 사람과 직무와의 비교를 원칙으로 한다. **셋째,** 인사고과는 상대적인 평가이다. **넷째,** 인사고과는 객관성을 높이기 위하여 특정목적에 적합하도록 조정되는 경향이 있다.

인사고과의 목적은 조직구성원의 능력과 성과가 보다 향상되도록 하는데 있다. 인사고과의 목적은 크게 두 가지로 구분한다. **첫째,** 조직구성원들에게 자신의 잠재력을 인식하고 활용하도록 함으로서 구성원의 성과를 향상시키는 것이며, **둘째,** 직무와 관련된 의사결정을 하는 데 필요한 정보를 구성원과 관리자들에게 제공하는 데 있다.

인적자원부서는 각 부서의 고과결과를 전체 조직적 관점에서 정상분포로 조정하기 위하여, 그리고 상사나 동료에 대한 평가는 피드백이나 승진 등 중요한 인사이동에 한하여 각각 제한된 목적하에서 적용되고 있는 것이 일반적이다.

2. 인사이동

인사이동이란 직원이 어떤 조직에 고용되어 특정한 직무에 배치된 이후, 능력이나 직무내용의 변화 또는 조직운영상 여러 가지의 운영 효율성 차원에서 수직, 수평의 변화를 가져오는 관리의 절차를 말한다. 직원들은 현재보다 나은 직무, 보수와 좋은 작업

환경을 추구하려는 경향이 높기 때문에 인사이동의 합리적인 운영은 직원들의 사기와 근로의욕을 고취시킬 수 있음은 물론 생산성과 품질도 향상시킬 수 있다. 인사이동에는 배치전환, 승진, 징계, 이직관리 등으로 구분할 수가 있다.

1) 전환관리

각 직무에 직원을 배속하는 것을 배치(placement)라고 하며, 이미 배치된 직원을 현 직무에서 다른 직무로 재배치하는 것을 전환(transfer)이라고 한다. 전환이란 새로 담당하게 될 직무가 임금수준, 책임, 지위 등 종전의 직무와 차이가 없는 수준에서 수평적으로 이동하는 것으로 인사이동이라고 할 수 있다. 전환은 새로운 일자리로 이동함으로서 직무만족을 주고 생산성과 품질향상에도 기여할 수 있지만, 반면 불평과 불만이 발생할 수도 있다.

전환의 목적은 생산성 향상을 위한 조직목적의 차원과 동기 및 사기앙양을 위한 개안의 목적에 의해서 이루어진다.

전환의 유형으로는 이동범위, 이동목적에 따라서 분류할 수 있다. 이동범위별 분류는 업무내용이 유사한 부서 간에 수평적으로 이루어지는 부서 간 전환(inter section transfer)을 비롯하여 부문과 부문 사이의 부문 간 전환(inter department transfer), 회사 전체를 필요한 인력으로 전환시키는 전사적 전환(overall firm transfer)으로 분류할 수 있다.

또한 이동목적별 분류는 기술발달에 따른 노동수요 공급의 원리에서 적용되는 생산상황에 따른 전환(production transfer), 고용안정을 위한 재배치 전환, 호텔업은 1일 24시간 영업을 함으로서 하루에 2교대(shift) 이상으로 운영하게 되는데 이에 따른 근무교대조 간의 전환(shift transfer), 초기의 배치 및 조원들 간의 갈등 등으로 인한 교정적 전환(remedial transfer)이 있다.

2) 승진관리

승진(promotion)은 더 나은 직무로의 수직적 상향 이동을 의미하는 것으로 책임 ·

지위 · 기능 등에서 차이를 나타나게 되는데, 승진으로 인해서 책임감이 증가하며, 위신이나 지위가 격상되고 임금도 증가하게 된다. 또한 경우에 따라서는 근무환경이나 근무조건을 위시하여 직위의 상징도 변화하게 된다. 반면 승급(upgrading)은 소규모의 승진으로서 동일한 직무 내에서 보다 책임이 중하고 임금이 높은 직무로 이동하는 것을 의미하고 있다.

승진은 인적자원의 개발과 경력계획의 관점에서도 중요하다. 특히 승진은 조직구성원 내에서 조직원들의 발전과 동기부여에도 매우 중요한 요인으로 작용하게 된다.

승진기준은 승진에만 적용되는 것이 아니라 배치 · 전환 · 교육훈련 · 인사고과 등 인사관리 전반에 영향을 미친다. 승진은 시대적 환경변화와 기업의 특성 등 제반 상황에 따라서 달리 적용되지만 일반화된 요인을 살펴보면 업무평가의 결과, 승진시험의 결과, 연공평가, 학력, 경력, 교육훈련의 결과, 인사기록 등을 활용하게 된다.

3) 징계관리

조직을 효과적이고 능률적으로 운영, 관리하기 위해서 필요한 규칙을 정하고 있으며, 구성원은 규칙이나 규율의 범주 내에서 행동하도록 하고 있다. 호텔조직도 목적 달성을 위하여 취업규칙 등과 같은 사규를 통해서 질서를 유지하고 있는데, 이러한 규칙을 지키지 못하면 조직의 질서는 무너지고 혼란을 가중시키게 된다. 따라서 위반행위를 규제하기 위한 수단으로서 징계조치(disciplinary action)를 하게 된다. 징계의 내용으로는 구두경고 및 견책, 서면경고, 강급 · 강등, 정직, 징계해고 등이 있다.

징계를 하는 일반적인 목적은 부당함을 처벌하는 효과만 있는 것이 아니라 조직의 기강확립은 물론, 구성원들을 효과적으로 운영할 수 있는 조직체를 만들 수 있기 때문이다.

징계대상 행위에 대한 징계의 실제 적용은 위반을 한 행위 자체와 상황 여하에 따라서 달라지며, 공정한 징계를 위해서는 객관적인 입장에서 징계사건을 처리할 수 징계위원회를 구성하여 징계를 심의하고 결정해야 하며, 징계위원회의 위원 구성도 공정하게 처리할 수 있는 사람으로 구성하여야 한다.

4) 이직관리

이직이란 기업과 직원 간의 근로계약을 종결하는 인사이동이다. 소속된 조직으로부터 이탈하는 것으로서 이직을 결정하는 주체가 자신인지의 여부에 따라서 자발적 이직과 비자발적 이직으로 구분된다. 자발적 이직을 사직이라고 하며, 비자발적 이직은 직원의 의사와는 상관없이 고용주나 조직의 입장에서 강제되는 것으로 면직이라고 하는데, 일시해고 · 징계해고 · 정년퇴직이 있다.

호텔에서의 이직은 순기능적인 면과 역기능적인 면이 있으며, 또한 양면적인 기능을 동시에 나타낼 수도 있다. 그러나 이직은 조직의 입장에서 어느 경우에나 바람직하지 못한 것은 아니다. 경우에 따라서는 이직은 능력이 떨어지는 사람을 조직에서 열외를 시킬 수 있으며, 조직에 새로운 분위기를 창조하여 진취적인 조직으로서의 전환을 모색할 수 있는 효과가 있으며 이직 당사자의 자기발전의 기회가 될 수 있기 때문에 필요하다.

이직의 원인은 일반적으로 한가지 요인에 의해서 존재하는 것이 아니고, 여러 가지 요인이 복합적으로 작용하게 되는데, 개인적 요인, 직무관련요인, 조직관련 요인 등이 있는데, 주요 원인은 급여 및 복리후생 수준의 불만족, 승진 불만, 근무 환경 및 불만족, 감독자와의 마찰, 비합리적인 인사 제도 등을 들고 있다. 종사원의 이직은 서비스 품질이 저하되며, 경영주는 서비스 제공보다는 종사원의 이직에 신경을 쓰게 되어 경영 효과가 떨어져 호텔 발전의 커다란 저해를 가져올 수도 있다.

따라서 호텔업에서는 자발적 이직을 감소시키는 방안이 필요하며, 자발적 이직은 통제가 가능하고 비자발적인 이직은 운영상에 여러 가지 문제를 야기할 수 있기 때문에 이직의 원인에 대한 대책을 수립하는 것도 중요하다.

이직을 감소하기 위해서는 이직자 면담을 강화하는 방안이 있는데 고충처리기구 또는 인사 상담 제도를 활용하여 이직에 대한 사전예방을 실시하고, 교육 · 훈련을 통하여 문제해결 능력을 키워줄 수 있을 것이다.

제4절

보상관리

1. 임금관리

1) 임금의 의의

임금(wage)이란 종업원의 정상적인 노동력 제공에 대한 직접적인 대가로 기업이 지급하는 경제적 보상의 한 형태라고 정의하고 있다.[5] 근로기준법에 의하면 임금이란 사용자가 근로의 대상으로 근로자에게 임금, 봉급, 기타 여하한 명칭으로 지급하는 일체의 금품이라고 정의하고 있다. 여기에서 근로자라 함은 임금을 목적으로 근로를 제공하는 자를 의미하며, 근로의 대상이란 근로에 대하여 보상한다는 것을 뜻한다.

임금관리란 노동을 제공한 근로자의 입장에서는 노동력의 대가, 즉 보수의 개념으로 이해하고 있으나, 사용자의 입장에서는 생산요소의 구입에 따른 비용으로 이해된다. 따라서 이들 양자의 입장은 대부분 이해가 크게 상충하고 있다. 사용자는 가능하면 적은 비용으로 필요한 인력을 확보할 수 있기를 기대하는 반면, 근로자는 보다 좋은 조건의 임금수준에서 일하게 되기를 희망한다.

임금관리는 상반되는 이해관계를 조정하여 상호 이익의 방향으로 임금제도를 형성함으로써 노사관계의 안정을 도모하고, 이를 바탕으로 노사협력에 의한 조직의 생산성 증진과 종사원들의 생활향상을 달성하는 데 그 목적이 있다. 임금은 기업의 가치창출의 목적과 종사원 생활향상의 목적에 부합하여야 한다.

임금관리는 크게 임금수준의 관리, 임금체계의 관리, 임금형태의 관리 등 세가지 관리영역으로 나누어진다. 임금수준의 관리는 조직성원 모두에게 지불하는 평균임금과 임금액을 어떻게 정할 것인가 하는 문제를 다루고 임금체계의 관리는 개별임금총액이 어떻게 형성되어야 하는가를 다루며, 임금형태의 관리는 임금의 지급방법을 다룬다.

임금관리의 영역

영역구분	기준	보기
임금수준의 관리	종업원의 임금수준 결정	생계비조사, 임금조사, 지불능력
임금체계의 관리	개별 임금총액의 형성	직무급, 연공급, 직능급, 자격급
임금형태의 관리	지급방법	고정급, 성과급

2) 임금수준의 관리

임금수준(wage level)이란 국가, 산업, 기업의 종사원 1인당 지불되는 임금액의 수준을 의미한다. 기업 내에서의 임금수준의 문제는 경영측면과 노동측면으로 구별 할 수가 있는데, 경영측면에서는 임금수준이 종사원 1인당 평균노무비로서 경영계획수립에 기초가 되며, 종사원 측면에서는 임금수준이 생활수준의 척도가 된다. 일반적으로 임금수준이 높으면 인건비도 높은 수준을 유별하기 때문에 경영자는 임금 수준을 낮추려고 노력하게 된다. 임금수준은 조직에 지원하고, 조직에서 활동하기를 희망하는 결정요인이 되기 때문에 적정한 임금수준을 유지하는 것은 매우 중요한 과제가 된다.

임금수준을 결정하기 위한 요인으로는 그 조직을 둘러싸고 있는 기업 외적 요인과 기업 내적인 요인에 의해서 결정이 된다. 기업 외적인 요인으로는 표준생계비, 사회적 영향, 경제적 환경, 정부의 규제 등이 있다. 한편 기업 내적 요인은 호텔조직의 규모와 역사, 노동생산성(productivity of labor), 경영방침(임금 정책) 등에 의해서 결정된다. 임금수준의 결정은 임금수준의 결정요인들을 종합적으로 고려하여 결정되어야 하며, 생계비 보장의 원칙, 기업의 지불능력 원칙, 사회적 균형의 원칙이라고 할 수 있다. 즉 직원의 생계비를 임금수준의 하한선으로 삼고, 기업의 지불능력을 임금수준의 상한선으로 간주하고 있는 범위에서 사회적 균형을 고려하여 임금 수준이 결정되는 것이 바람직하다고 할 수 있다.

정부의 규제

정부의 최저임금법이나 임금조정법 등 임금과 관련된 각종 법규들은 임금수준의 결정에 큰 영향을 미치게 된다.

3) 임금체계

임금체계(wage structure)란 일정한 임금이 구성원 개개인에게 공정하게 지급할 것인가에 대한 문제의 인식이라고 할 수 있다. 첫째, 형식적 측면에서 임금총액이 어떠한 항목으로 지급되고 있는가, 즉 임금의 구성내용을 의미하는 것으로 기준임금과 기준외 임금, 상여로 구성된다. 둘째, 내용적 측면에서 접근한 방식으로 기준임금이 어떠한 기준에 의해서 지급되고 있는가에 초점을 맞추는 것으로서 연공급 · 직무급 · 직능급 · 자격급 등으로 구분할 수가 있다.

4) 임금형태

임금형태(method of wage payment)란 임금을 구성원들에게 지급하는 방식으로서 종사원들의 사기와 동기부여 등에 직접적인 영향을 미치며, 성과 향상과도 관련이 높다. 따라서 이를 효과적으로 관리함으로서 조직을 발전시킬 수 있다. 임금형태의 기본적인 유형은 시간급제와 성과급제로 구분할 수가 있다.

시간급제란 수행한 작업의 양과 질에 관계없이 근로시간을 기준으로 하여 임금을 산정하여 지불하는 방식이다. 성과급은 근로자의 작업에 대한 노력과 능률의 정도를 고려하여 지불하는 방식으로 능률이 높으면 높은 임금을 지급함으로서 노동생산성을 향상하고자 하는 임금형태라고 할 수 있다. 한편 경제구조변화에 따라 도입된 연봉제가 있는데, 매년 회사와 본인의 임금에 대해서 개별협상을 하고 매월 받는 임금방식을 말한다.

2. 복리후생

1) 복리후생의 의의

복리후생(employee benefit and service program)이란 종업원의 노동과 직접적으로 연결되지 않는 간접적인 보상으로 종업원의 생활의 안정과 질을 향상시키기 위해 종업원과 가족에게 제공하는 직접적인 보상인 임금 이외의 모든 보상과 서비스를 말한다. 복리후생제도는 호텔이 자체의 부담과 책임하에서 마련하는 급부로서 직원의 확보 유지를 원활하게 하기 위한 제도일 뿐만이 아니라 경영공동체 형성의 기반으로서도 필요하다. 직원의 복지를 증진시킨다는 것은 현대적인 기업이념과 직결되는 사회적 책임이기도 하다.

복리후생제도의 기본원리와 목표는 첫째, 공동체 원리에 입각한 경영공동체의 기반을 구축하는 것이며 둘째, 보조원리로서 지원원리에 입각한 노동력 재생산을 위한 직원의 확보 유지 및 노사관계 개선을 들 수 있다.

복리후생의 시설은 해당호텔이 가지는 구체적인 특수성이나 조건 또는 사회적 경제적 상황에 따라 관리실태가 달라진다. 효율적인 복리후생제도를 관리하기 위한 방안으로서는 효과적인 홍보, 경영성과 유도를 위한 창출 효과, 비용과 수익의 분석, 공정성의 확보, 국가사회의 경제정책과 연계도모, 질과 기능적 측면의 중요성 강조라고 할 수 있다.

2) 복리후생제도의 분류

(1) 법정 복리후생

법정 복리후생제도란 기업이 종사원의 개인적 의사나 기업의 자율적 방침과는 관계없이 법률에 의해서 의무적으로 실시되어야 하는 복리후생시설이나 제도를 말하는 것으로서 국민건강보험제도, 국민연금보험제도, 재해보험제도, 고용보험제도 등이 있다.

(2) 비법정 복리후생

비법정 복리후생제도는 호텔이 자체적으로 실시하는 임의적인 복리후생이기 때문에 호텔의 규모나 특성 및 경영자의 의지 여하에 따라 그 제도가 많은 차이가 있다. 일반적으로 비법정 복리후생제도는 크게 사회보험(공적보험)의 추가 급여, 자율적인 신설급여의 2가지로 구분할 수가 있다.

복리후생제도의 종류

복리후생 종류	내용
주택관련제도	주택시설, 주택소유 조성, 주택자금 지원 등
생활경제제도	급식시설(구내식당), 구매시설(매점 등), 위생 · 미용(샤워실, 락카 룸, 유니폼 등), 장학금, 이용할인제도(객실 및 식음료 등) 등
보건위생제도	진료시설(의무실 등), 보양시설(휴양소 등), 건강증진(정기 건강진단 등)
문화체육 관련제도	문화시설(도서실 등), 체육시설(헬스장 등)
공제금융제도	공제제도(경조관계, 재해 위로금 등), 금융제도(각종 대부금, 사내예금 등) 등
인간관계제도	인간관계(상담, 생일축하 등), 여가활동 지원(동아리 등) 등
휴가제도	휴일 및 휴가

제5절 교육훈련관리

1. 교육훈련관리

1) 교육훈련의 의의

인적자원 개발의 기본 목적은 경제적 효율성 관점에서 종업원들의 직무 관련 지식,

기능 등의 능력을 축적하고 경쟁력을 향상시키고, 생산성을 증대시키는 중요하다. 사회적인 효율성 측면에서는 종업원 개개인의 욕구를 충족시키고 정신적 육체적 안정을 유지하며, 노동시장에서의 경쟁력을 제고하고 보상을 증대시키는데 그 목적이 있다.

교육을 많이 받은 직원일수록 생산과정에 대한 개선의식을 갖게 되고 그 결과 생산성도 높아질 수 있다. 미국기업들을 대상으로 직원들을 교육시킨 기업들은 전반적인 생산성이 높아진 것으로 조사(평균 10%)되었으며, 제조업(8.5%)과 비제조업도(13%) 생산성 향상효과가 있었다. 반면, 직원들의 교육을 등한시하고 단순히 전사적품질관리(TQM : Total Quality Management)만 도입한 기업은 생산성 향상효과가 적었다고 한다. 특히 호텔 경영의 전문 인력이 점차 증가추세에 있고 경영자들의 경영 인식도 서비스업 경향으로 전환되고 있어 인사 정책에서 인적자원을 중요시하는 경향과 능력 개발을 교육훈련이 중요한 시점이 되고 있다. 여기서는 교육훈련과 인적자원 개발 방안을 제시하고자 한다.

2) 교육훈련의 분류

호텔산업은 다른 산업에 비해서 인적서비스의 의존도가 높은 사업으로서 인적자원에 대한 교육훈련은 중요하다. 교육훈련은 교육대상자, 장소에 따라서 분류할 수가 있다.

교육훈련 대상자에 따른 분류로는 신입사원 교육, 일반직원 교육, 감독자 교육, 중간관리자 및 최고경영자 교육으로 구분할 수가 있다. 장소에 따라서는 직장내 교육훈련(OJT : On the Job Training)과 직장외 교육훈련(Off JT : Off the Job Training)으로 구분하고 있다.

3) 교육훈련의 내용

교육훈련은 교육의 내용과 담당자의 교육기법과 능력에 따라서 달라질 수가 있다. 가장 보편적인 학습방법인 강의를 중심으로 시청각교육, 사례연구교육, 역할 연기법, 토의법, 프로젝트 팀(project team) 등이 있으며, 호텔의 규모나 특성 등에 따라서 효과적인 방법을 채택 추진하는 것이 바람직하다고 할 수 있다. 호텔에서의 교육과 관련한 프로그램을 구분해 보면 다음과 같다.

교육훈련관리 프로그램

교육과정	교육명
신입사원 교육	직무 교육, 정신 교육, 서비스 향상 교육
외국어 교육	영어 및 기타 외국어 교육 등
직무 향상 교육	전산시스템(D/B)교육, 원가관리 교육, 식음료 직무 교육, 와인(wine) 교육, 조리사 교육, 상품지식 교육 등
서비스 향상 교육	전화예절 교육, 친절 및 서비스 교육, 품질관리 교육, 이미지 메이킹 교육 등
안전관리 교육	보건 · 위생교육, 환경 및 에너지 관련 교육, 제조물 책임교육, 승강기관리 교육, 전기안전 관리교육, 산업안전 보건교육, 직장 민방위 교육 등
예방 교육	성희롱 예방교육, 안전관리 예방 교육 등
중간관리자 능력개발교육	리더십 교육 등
해외연수 교육 및 벤치마킹	국내 · 외 호텔 연수교육, 경쟁호텔 벤치마킹 교육 등

2. 교육훈련개발

1) 종사원 참여의식 고취

기업의 조직구조는 최고 경영진에서 의사결정을 하고 일련의 조직계층을 거쳐 일반 직원에게 전달이 되는 관리방식이었다. 기업들은 중간관리 위의 계층을 단축시켜 지시 명령이나 정보흐름의 채널을 시간적, 공간적으로 단축시키고 있다. 모든 책임은 팀장(team leader)과 구성원들에게 집중되어 있으며, 팀장은 업무를 계획하고 집행하며, 통제할 뿐만 아니라 팀 구성원의 각자가 능력을 최대한 발휘하도록 격려 · 조장하여 성과를 거두기 위한 관리방식이다.

종사원의 참여를 통하여 목표와 전략을 수립함으로서 참여도를 증대시키는 것이며, 분야별 종사원들이 업무를 계획하고 처리하는 과정에 참여토록 한다. 회사의 일방적인 목표 설정에 대한 직원들의 문제점이 제시되면 의견을 수렴하고 또한 직원들 스스로 아이디어를 창출하게 하고 이를 수용한다.

직원들이 경영과 관련된 의사결정에 참여할수록 노동생산성이 증가할 수 있고, 또한 직원들이 의사결정에 참여할 기회가 많아지면서 일에 대한 책임감과 만족감도 높아지고, 생산성과 품질향상으로 연결될 수 있다.

기업의 운영방식이나 절차를 개선하고 재편성하며, 기존의 조직구조나 구조를 개편하여 새로운 경영사고(思考)나 컴퓨터 기술의 이점을 최대한 활용한 방향으로 접근방식을 시도하고 있다.

새로운 지식을 개발하면 전체 사원이 항상 활용할 수 있도록 하기 위해서는 특별한 장치가 필요하며, 새로운 지식을 개발하면 칭찬도 중요하지만 물질적인 혜택이 있어야 하며, 이것이 보상(reward)이다. 또한 대가는 물질적인 것이 아니더라도 명예 등과 같은 정신적인 보상으로도 가능하며, 지식 창출자는 이를 통해 만족감을 느낄 수 있다.

2) 기업문화의 정착

기업의 경쟁력은 그동안 규모에 의해서 평가를 하였다. 그러나 인적자원이나 지적인 기술도 기업의 자본의 측정 및 평가요소로 변화되었다. 따라서 인적자원의 측정 핵심지표를 인적자원의 보유능력, 인재를 유치할 수 있는 능력, 컴퓨터 활용 능력, 교육훈련비의 비중, 종업원의 만족도, 종업원의 헌신도, 개인의 성장과 개발에 그 초점을 두게 되었다. 특히 호텔업은 물적 서비스보다 인적서비스를 중요시하는 기업특성으로 개인의 성장 발전뿐만이 아니라 기업의 경쟁력을 확보하는 수단이 되고 있다. 이를 위해서는 지식경영을 도입하여 이를 활용하고 조직 내에 지식경영을 할 수 있는 분위기가 형성되어야 하는데, 지식경영은 시스템이 아니라 기업 문화이다.

현대사회와 같이 환경의 급속한 변화는 기업의 생존과 직결이 되는 중요한 요인은 지식경영이다. 따라서 환경변화에 적응하기 위해서는 새로운 지식을 개발하고 비축해야 하며, 지식의 내용을 새롭게 하는 것이 중요하다. 이를 위해서는 지식이라는 경쟁력의 원천을 모아두는 곳인 지식창고(repository)를 구축하고 특정 부서만의 전유물이 아니라 전체 사원이 자유롭게 이용할 수 있어야 한다. 새로운 지식은 종사원 모두에게 개방되어야 하고 최고경영자 및 관리자보다 영업일선에서 영업활동을 하는 종사원들이 훌륭한 지식을 개발할 수 있다. 이들의 실전적 경험과 여론의 수렴 등을 토대로 지속적인 학습과 문제점의 개선 그리고 지식의 개발을 통해서 달성할 수가 있기 때문이다.

지식창고(repository) 구축

지식의 공동화를 구축함으로 인해서 지식을 공유할 수 있고 이를 통한 새로운 지식을 창출할 수 있기 때문이며, 이를 지식 베이스(knowledge base)라고 한다. 미국의 지식경영 전문가들은 지식경영 최고책임자(CKO : Chief Knowledge Officer)라는 명칭을 사용하고 있다.

제6절
인간관계와 노사관리

1. 인간관계

인간관계(human relation)란 인간 상호 간의 관계이며, 사람과 사람과의 관계를 말한다. 인간은 사회를 구성하고 있는 구성의 주체이며, 사회적 실체는 인간관계의 연속과 종합이라고 할 수 있다. 인간관계관리는 특정한 조직이 목표를 달성하기 위한 종사원의 협동과 능률적인 성과향상 및 직무만족 등의 근본목적을 해결하여 목표 지향적인 협동체제를 확립하는데 그 목적이 있다고 하겠다. 인간관계관리를 강화하는 방안으로서 친목단체 활성화를 통하여 인간적인 유대관계를 강화하여 건전한 사내분위기를 형성하여야 할 것이다. 나아가 건전한 노사관계를 형성하여 대립보다는 타협과 협력을 통한 노사문화를 정착시켜 합리적 기업문화를 만들어야 한다.

인간관계관리 제도에는 제안제도, 인사상담제도, 고충처리제도, 사기조사, 브레인스토밍(brain storming) 등이 있다.

1) 제안제도

제안제도(suggestion system)는 조직체의 운영이나 작업의 수행에 필요한 다양한 개선안을 회사 내의 직원으로 하여금 제안하도록 함으로서 종사원의 회사에 대한 애착을 증대시키는 역할을 한다. 제안된 사항은 심사하고 우수한 제안에 대해서는 적당한 포상을 하여 경영주와 종사원 모두에게 이익이 되는 제도이며, 경영성과에도 크게 기여하는 제도라고 할 수 있다.

2) 인사상담 제도

인사상담 제도(personnel counseling)는 회사 내에 전문상담자를 배치하여 직원들의 불평과 불만, 희망사항, 가정 및 개인고민을 자유롭게 상담을 할 수 있도록 하는 제도이다. 종사원들을 관리하는데 있어서 후견인 제도, 친목단체 활성화를 통하여 인간적인 유대관계를 강화하여 건전한 사내분위기를 형성할 수가 있고 호텔 조직의 수직 및 수평적 의사전달이 가능하게 한다.

3) 고충 처리제도

고충이란 직원들의 근로조건이나 단체협약의 실시 등에 있어서 불평, 불만이 제기될 수가 있다. 고충처리제도(grievance procedure)는 직원들의 다양한 요소들을 체계적이고 신속하게 해결할 수 있도록 하는 과정을 제도적으로 처리하는 것을 말한다. 어느 조직이든지 불평과 불만이 존재하며, 고충처리에서 제기되는 사항들은 향후 해결점을 찾을 수 있도록 노력하고 향후에는 이러한 문제점들이 발생되지 않도록 해야 한다. 고충처리는 건전한 노사관계를 형성하여 대립보다는 타협과 협력을 통한 노사문화를 정착시켜 합리적 기업문화를 만들 수 있어 생산성을 향상시키고 소속감을 고취시키는 역할을 한다.

4) 사기(士氣) 조사

사기란 조직 내에 있어서의 개인 또는 집단의 심리상태를 말하는데, 사기 조사(moral survey)란 호텔종사원이 갖고 있는 정신적 또는 내면적 상태를 조사하는 것을 말한다. 일반적으로 종사원은 사기는 생산성과 연관성이 높으며, 사기가 높고 낮음이 이직률, 사고율에도 크게 영향을 끼칠 수 있다. 따라서 이러한 조사를 통해서 사기 또는 근로의욕을 저해하는 요인을 발견할 수 있고, 이에 대한 대책수립도 가능하다.

5) 브레인 스토밍

브레인 스토밍(brain storming)은 참가자의 자유연상에 의해서 다양하고 많은 아이디어를 끌어내기 위한 방법이다. 이는 여러 사람으로 하여금 자유스러운 분위기속에서 아이디어를 내게 하고 이를 종합하거나 또는 연결하여 실행이 가능한 아이디어를 얻는 방법이다. 이러한 브레인 스토밍은 집단적인 착상으로 인해서 참가자들에게는 참가의욕, 경영측면에서는 경영성과에도 크게 기여할 수가 있다.

2. 노사관계

노사관계(labor management relationship)란 노동자와 사용자와의 관계, 즉 노동조합과 기업과의 관계를 말한다. 노사관계는 노사가 집단적인 힘을 배경으로 한 대등한 입장에서 임금과 복리후생 및 여러 가지의 근로조건에 대해서 교섭하는 관계, 즉 거래하는 관계라고 할 수 있다. 노사관계는 고용관계와 연관된 모든 제도 및 사회적, 경제적 환경 등 모든 측면을 포괄하는 용어로 이해할 수 있다. 노사관계의 정착화를 위해서는 동반자적인 인식이 절대적으로 필요하며, 호텔은 인건비를 줄이기 위해 비정규직을 늘리는 방안보다는 매출을 극대화시킬 수 있는 방안을 모색하고, 조합은 임금을 올리는 방안보다는 생산성을 높여 정당한 대가를 돌려받을 수 있는 형태로 전환되어야 할 것이다.

1) 노동조합

노동자 조직의 가장 대표적인 것이 노동조합이다. 노동조합은 근로자의 이익을 보호하고 대변하기 위한 조직으로서 임금근로자가 단결하여 임금 및 근로조건의 유지 · 개선을 위해 구성한 자주적 단체이다. 따라서 사용자는 노사관계의 주요 파트너로서 노동조합을 인정해야 하며, 협력과 대결의 당사자로서 노동조합에 대한 이해가 필요하다.

노동조합의 활동은 시대적 변화에 따라서 다양화되고 있는 것이 현 추세이다. 노동조합의 일반적 기능은 경제적, 공제적, 정치적 기능이 있다.

2) 단체교섭 제도

단체교섭(collective bargaining)이란 노동조합과 사용자 또는 사용자 단체가 양자의 단체적 자치를 전제로 하여 근로자의 임금이나 근로시간 및 기타 근로조건에 관한 협의 체결을 위해 대표자를 통해서 집단적 타협을 모색하고, 또한 체결된 협약을 관리하는 절차와 행위를 말한다. 근로자 측에서는 교섭의 주체가 노동조합이라는 하나의 단체이며, 교섭은 노동당사자의 개별 비밀교섭이 아닌 다수의 대표자들에 의한 공개 교섭이라는 차원에서 단체교섭이라고 한다.

(1) 노동쟁의

노동쟁의(labor dispute)라 함은 임금 · 근로시간 · 복지후생 · 채용 · 해고 등의 근로조건과 관련하여 노동자와 사용자 간의 의견이 일치하지 못하여 분쟁상태를 말한다. 단체교섭이 노동문제의 평화적 해결을 위한 노력이라면, 노동쟁의는 노동문제의 투쟁적 해결을 위한 노력이다. 노동자 측의 쟁의의 유형은 스트라이크(strike), 사보타주(sabotage), 보이콧(boycott), 피케팅(picketing)이 있고 사용자 측의 쟁의 유형은 직장폐쇄, 대체고용이 있다.

노동조합 및 노동관계법에서는 실제로 노동쟁의 행사권에 대하여 일정한 절차를 규정하고 있는데 쟁의 신고, 냉각기간, 쟁의행위의 결의, 사용자의 채용제한이 있다.

(2) 노동쟁의의 조정

쟁의는 자주적 해결을 원칙으로 하지만, 노사의 이해대립이 자율적으로 해결된다는 것에는 많은 어려움이 있다. 따라서 쟁의당사자의 자주적 해결을 조력하고 촉진하는 것을 목적으로 국가가 일정한 쟁의조정 제도를 정하는 것은 해결을 위한 억압이나 간섭이 되지 않는다면 효과적이고, 필요한 것이다. 이러한 공적 쟁의 조정제도는 당사자 간 자주적 해결을 임무로 하고 있으므로 노사자치(勞使自治)의 기본원리를 존중하여 당사자의 자주적인 의사에 따라 조정이 개시되도록 설계되어야 한다. 공적 쟁의조정제도는 알선(conciliation), 조정(mediation), 중재(arbitration), 긴급조정(emergency adjustment)이 있다.

(3) 부당노동행위

부당노동행위란 사용자가 노동조합의 정당한 권리를 침해하거나 이와 반대로 노동조합이 사용자의 정당한 권리를 침해할 때 나타나는 일체의 행위를 말한다. 부당노동행위의 종류는 노동조합 및 노동관계조정법에 의하면 단체교섭의 거부, 불이익 대우, 보복적 불이익 취급 등이 규정되어 있다.

제7절

안전 및 보건관리

1. 안전관리

안전(safety)이란 다양한 위험이나 상해로부터 자유스러운 존재 상태를 말하며, 사고로 인한 직원들의 상해(injuries)에 관심을 갖는 것을 의미한다. 안전관리란 사고의 위험이 없는 상태를 유지하는 것을 의미하며, 사고위험이 없는 상태를 유지하기 위해서는 사전에 위험요인을 방지하고 사고에 대한 즉각적인 대처라고 할 수 있으므로 안전관리란 사고발생의 위험을 제거하는 업무, 즉 사고관리(accident management)라고 할 수 있다.

안전관리의 목적은 근로자의 생명과 신체를 보호하는 인도주의 차원에 있으며, 근로자의 생명과 신체를 보호하기 위해서는 인적 상해를 야기할 수 있는 사고를 예방해야 하는데, 사고를 예방하면 인적 상해의 방지는 물론 호텔의 설비와 비품 등과 같은 물적 손실을 방지하는 효과도 가져오게 된다. 따라서 안전관리는 인명존중 이외에도 경제적인 손실방지 및 생산성 향상이라는 경영관리적 차원의 광범위한 효과를 발생시키게 된다. 안전사고의 방지를 위해서는 철저한 안전관리제도의 프로그램 개발과 운영을 통해서 호텔의 자산은 물론, 고객은 안전, 자신의 안전을 예방할 수 있다.

그동안 호텔사업에서는 고객과 직접 관련이 되는 영업부문에 대한 안전관리에 중점을 둔 인식을 하여 왔으나. 사업을 지원하고 보조하는 시설 및 관리부문에 대한 안전관리도 중요하다는 인식의 전환이 필요하다.

호텔의 안전관리 부문

부문	안전사고 내용
객실부문	객실 열쇠 관리 부주의, 수리를 요하는 기구 방치, 전선 및 전화선의 불량상태
식음료부문	물건운반 시의 충돌, 트레이에 올바른 적재방법의 미사용, 화상의 위험, 미끄러운 바닥, 코르크 마개를 따는 과정의 부주의, 식기 및 술병 취급의 부주의
주방부문	조리기물의 취급 부주의, 화상, 절단기 사용 부주의, 미끄러운 바닥, 통풍의 미비, 식품의 부패, 무거운 물건 취급 시
시설부문	기계시설(냉 · 열기기, 급수저장, 정수처리시설, 냉동설비, 에어컨 설비, 수영장 처리시설, LPG 저장시설, 가스 저장실), 전기시설(고압 · 저압 수배전반), 통신시설(승강기), 방송시설(음향시설, 스크린, TV 방송채널), 방재시설(화재 감시기, 구조장비, 피난시설, 가압장치(스프링 쿨러, 옥내소화전) 등

2. 보건관리

보건(health)이란 신체적으로나 정신적으로 건강한 상태를 유지하는 것을 말한다. 보건관리란 호텔이 근로자의 심신의 건강을 보호하고 증진하기 위하여 질병 또는 그 원인에 대하여 예방조치를 강구하거나 질병을 막아내도록 그 대책을 강구하는 활동이다. 이 활동은 직원의 심신을 보호하고, 건전한 노동력을 유지 · 육성하며, 질병에 의한 경제적 손실을 방지한다는 점에서 안전관리와 유사하다. 호텔의 업무는 주로 직원이 고객과 직접 대면하여 서비스를 제공하는 사업이기 때문에 호텔은 특히 직원의 건강관리에 많은 관심과 노력을 기울여야 한다.

제12장

호텔정보관리

제1절

호텔시스템의 역사와 발전

1. 호텔전산시스템의 역사

미래의 호텔산업에서 가장 중요한 요소 중의 하나는 새로운 과학기술 도입의 문제일 것이다. 전통적으로 서비스업으로서의 세계 호텔산업은 과학기술의 발전추세에도 불구하고 상당히 보수적인 입장을 고수해 왔다.

국제적으로 호텔산업의 특성에 대한 전산화 시스템이 개발되기 시작한 것은 오래된 것은 아니었으나 오늘에 와서는 컴퓨터의 하드웨어(hardware)와 소프트웨어(software)가 혁신적으로 발달되면서 응용비용에 대한 상당한 가격의 하락현상을 가져왔다. 따라서 이러한 현상은 국제 호텔산업들이 전산화시스템을 도입하면서 큰 기여를 하게 되었다.

호텔에서 사용하는 컴퓨터의 도입은 1955년대 말 IBM이 호텔용 컴퓨터의 발매를 개시하였고, 1965년대에 들어와서 대규모 호텔의 도입을 개시하였다. 따라서 호텔의 경영자들이 호텔 전산화에 관심을 기울인 것은 1960년대 이후의 일이라고 할 수 있다. 당시에는 호텔산업은 다른 제조업에 비해 업무 성격이 비정형화되어 있고 사업규모가 소규모로 이루어져 있었기 때문에 호텔경영자들은 전산화에 대한 필요성을 느끼지 못했다. 그러나 제조업을 중심으로 한 기타 산업 부문에서 적용하고 있는 업무 프로그램을 사용하면서 효과성 및 채산성 측면에서 긍정적인 평가를 하기 시작하면서 전산화에 대한 새로운 인식을 하게 되었다.

특히 호텔업은 다른 산업에 비해서 거래의 다양성이 존재하고 거래가 많이 발생하며, 이로 인하여 오류 발생 빈도가 높아 업무의 표준화를 통한 효율적 경영의 필요성이 대두되었다. 더욱이 오늘날은 호텔의 대형화 및 관광 인구의 급증에 발맞추어 호텔 전산화로 서비스의 질을 높이고 합리적 운영에 기여하고 있는 것이다.

현재에도 호텔기업의 특수성에 맞게 개발되어 널리 이용될 전망이며, 21세기에도 계속 이러한 시스템은 확산될 전망이다.

2. 호텔시스템의 발전과정

1) 1950년대

호텔에 전산시스템이 도입된 것은 컴퓨터의 발전 역사와는 관련성이 높으며, 1950년대 처음으로 상업용 컴퓨터가 등장하였을 때에는 초기 구입에 따르는 많은 비용과 이를 유지하기 위한 비용으로 인하여 국가기관이나 일부 대기업에서만 이용이 가능하였다. 호텔분야의 전산화는 1950년대에는 나타나지 않았다. 이 기간 동안의 호텔 및 관광산업은 경제성장과 더불어 더욱 발전되어 갔으나, 프런트 오피스부문 및 백오피스부문의 업무처리는 수작업에 따라서 적절한 방법으로 처리를 하는데 불과하였는데, 모든 호텔의 거래를 장부나 색인 카드 화일에 기록이 가능하였기 때문이다. 이것은 컴퓨터의 필요성에 대한 인식의 부족이라 할 수 있으며, 호텔의 컴퓨터시스템은 다른 산업에 비해서 늦게 출발을 하였다. 그러나 다른 산업에서 연구하고 개발하여 호텔에는 이익을 가져다주었다.

2) 1960년대

기업경영부문에 정보시스템의 개념이 도입된 것은 1960년대 초였다. 이는 기업이 환경의 변화에 적응하면서 기업으로서의 발전을 위해서 필수 불가결한 상황이었을 것이다. 이로 인하여 컴퓨터의 발달은 기술적인 기반으로 발전하게 된 계기를 마련하게 되었다. 일반기업의 대부분은 컴퓨터 주도형이거나 컴퓨터에 의존하였음에도 불구하고 호텔기업의 참여부족은 경제적, 과학적 이유 때문에 참여부재가 발생이 되었다. 그러나 호텔업도 이러한 변화 추세에 부응하기 위해서 1960년대에 접어들면서 컴퓨터시스템을 이용하게 되었다. 이 당시에는 발생된 자료를 수작업에 의해서 양식에 맞도록 입력하는 수준으로 이를 정보로써 이용 가능하게 된 배경이 되었다. 호텔업은 기본적으로 고객에게 항상 신속하고 정확한 서비스를 제공해야 된다는 인식하에 업무자료의 기록과 처리를 중요하게 여기고 있었다고 할 수 있다. 호텔업은 일반적으로 반복적인 작업을 필요로 하는 백 오피스부문을 중심으로 이용되었으며, 높은 가격의 컴퓨터를 구입하여 사용하는 것보다는 서비스 대행사의 전산 시스템을 임대하여 많이 이용을 하였다.

3) 1970년대

1970년대에는 컴퓨터산업의 발전과 보급으로 인하여 컴퓨터의 처리속도 및 능력이 향상되어 종래의 복잡한 기술을 필요로 하지 않는 패키지 프로그램(package program)을 사용할 수 있게 되었고, 특히 소형 컴퓨터의 생산으로 객실이 250~750개의 규모를 갖춘 호텔업의 전산화에 크게 기여하였다. 마이크로 컴퓨터와 퍼스널 컴퓨터의 발달은 규모가 적은 호텔의 업무를 자동화시키는데 큰 기여를 하게 되었다고 하겠다. 이를 계기로 호텔경영자들은 컴퓨터를 적극 활용하여 자동화에 대한 장점을 획득하고 인식하게 되었다. 1950년대의 백오피스부문에서 이제는 프런트 오피스 부문으로 확대되어 발전되는 경향이 나타나게 되었다. 즉 호텔업은 전산시스템의 도입에 적극적인 관심을 갖게 되었다고 하겠다.

이러한 이유는 새로운 기술로 인하여 기능이 향상되고 저렴한 비용을 갖춘 컴퓨터를 이용할 수 있게 되었고 소프트 패키지는 이용하기가 편리하게 되었다. 이를 계기로 한국에서도 호텔의 전산화가 시작이 되었으며, 객실부문의 회계기인 NCR이 사용되었고, 1979년도에 유명호텔이 개관을 하면서 컴퓨터화가 진행되었다.

4) 1980년대

1980년대에는 호텔경영에 있어서 업무의 효율성을 도모하고 고객에 대한 서비스에 만전을 기하기 위하여 자동화를 위한 시스템체제를 구축하기 위하여 많은 장비를 도입하여 설치를 하게 되었다. 특히 별도의 시스템으로 운영이 되던 프런트 오피스부문과 백오피스부문과의 인터페이스(interface)작업을 시도하여 부분적으로는 통합적인 호텔 정보시스템의 효과를 얻어내게 되었다. 이제는 호텔의 운영자들은 정보자원의 흐름을 원활히 하고 보다 나은 관리를 목적으로 경영의 능률성을 증진시키기 위한 영업체계를 확립시키기 위한 과정이라고 할 수 있다.

한국에서도 1980년대 대규모 국제행사가 개최가 되면서 기업의 운영시스템에 맞는 시스템을 도입 활용하게 되었는데, 호텔 시스템 패키지(system package)는 프런트 오피스(front office)와 백오피스(back office)의 통합 시스템으로 발전하였다. 전화교환(PBX : Private Branch Exchange, PABX : Private Automatic Branch Exchange)과 판매시점관리(POS : Point of Sales)는 물론이며 유료영화(in room movie), 에너지관리(energy saving system), 미니 바(mini bar)까지 접속이 가능한 인터페이스(interface)부문이 강화되었다. 그러나 호텔업을 경영방식에는 다양한 형태로 운영이 되고 있는데, 체인호텔과 로컬(local)호텔과의 차이라고 하겠다. 체인호텔들의 경우에는 본부차원에서 개발한 패키지 프로그램을 사용함으로써 각종 처리를 단순화하고 정보관리 업무를 표준화시키는데 어느 정도 가능하였으나, 이와 반면에 로컬호텔은 여러 가지의 제반 문제로 인하여 소기의 성과를 거두기가 어려웠으며, 통합하기가 어려웠다.

5) 1990년대

호텔업은 컴퓨터시스템의 도입으로 전산처리에 의한 신속한 거래정산과 정확한 업무처리 확인 등 경영에 필요한 업무들을 유기적인 협조체계를 구축하여 고객 서비스 향상에 크게 공헌을 하였다. 프런트 오피스부문과 백오피스 부문과의 자료 인터페이스(interface)는 물론, 하위 업무까지 서로 자료가 연계되고 회계처리를 위한 작업까지 자동화시킴으로서 통합된 호텔정보 시스템으로 나타나게 되었다.

이는 데이터베이스(DB)에 의한 경영정보시스템으로의 발전으로 호텔경영과 관리에 있어서 경영데이터를 최고 경영층에까지 전달을 함으로서 경영에 필요한 의사결정지원 시스템(DSS : Decision Support System)도 가능해졌다는 것을 의미한다. 또한 호텔경영에 있어서 외부의 연락망과 호텔 예약망과의 접속, internet망을 활용한 호텔예약은 호텔 운영에 있어서 예약(reservation)업무의 개입을 단순하게 하였다. 따라서 항공사 및 여행사를 통한 예약망의 구축으로 인하여 예약업무를 자동으로 처리할 수 있는 시대로 변화될 것이다.

6) 2000년도~

21세기의 고도 정보화 사회는 호텔정보시스템 구축에 대한 경영자의 인식과 사회환경 및 기술 환경의 변화는 새로운 경영정보에 대한 개념 확립과 필요성이 요구되고 있다. 미래를 예측한다는 것은 어려운 일이지만 호텔업도 미래의 환경변화에 적절히 대처하기 위해서는 무엇인가 변해야 한다는 인식이 필요하다는 생각이 들며, 호텔업도 호텔경영의 국제화 · 현대화 추세, 과학적인 경영기법의 도입, 대고객에 대한 서비스 증진, 경영조직 관리의 효율성 증대라는 인식하에 이제는 정보를 기업경영 차원에서 적극 활용하는 경영정보 시스템으로의 발전이 기대된다.

그러나 호텔기업은 기계화의 한계성으로 호텔산업의 완전 자동화가 불가능할 수 있으며, 인적 의존도에 의한 범주에서 노동력의 획기적이 절감을 가져올 수 있을지에 대한 과제는 아직도 요원한 문제로 남아 있다고 할 수 있다.

호텔전산화의 발전과정

연도	내용
1950년대	• 일반산업부문에서 제1세대 컴퓨터 하드웨어 및 소프트웨어를 시험적으로 사용 • 컴퓨터 설치에 많은 비용투자로 인하여 몇몇 대기업만이 컴퓨터를 사용 • 호텔들은 규모 경제라는 이유로 필요성에 관심도 부족했고, 비용 감당이 곤란하였음 • 프런트 오피스(front office)업무는 수작업으로 처리되었으며, 모든 호텔의 거래를 장부나 색인 카드 파일(file)에 기록

연도	내용
1960년대	• 제2세대 및 제3세대 컴퓨터가 사용되면서, 호텔업은 외부의 컴퓨터를 빌려서 사용하기 시작 • 백오피스(back office)기능에 한해서 사용 • 외상매출, 재고관리, 구매 및 임금관리 등 호텔의 백오피스(back office)기능이 다른 산업과 비슷하여 호텔은 단지 데이터를 수집하고 입력 자료를 준비하여 컴퓨터 서비스 회사에 보내어 처리 • 다른 산업에서 사용했던 하드웨어 및 소프트웨어를 호텔에 적용하면서 많은 시행착오를 초래
1960년대	• 복잡한 프런트 오피스(front office)기능과 관련된 본질적인 문제를 파악하지 못하여 호텔 전산시스템 개발에 실패 • 호텔규모의 대형화로 인하여 많은 서류의 취급이 불가피 • 호텔전산화는 프런트 오피스(front office)부문보다 백오피스(back office)부문에서 진행
1970년대	• 제3세대 말과 제4세대 컴퓨터 사용 초기에 호텔업은 통합 관리시스템의 구축에 비교적 무관심 • Mini computer와 Micro computer가 출현된 70년대 중반 컴퓨터의 수행능력과 가격의 저렴화로 호텔경영에 관심 증대 • 대형호텔들은 프런트 오피스(front office)시스템에 대한 관심 증대 • 컴퓨터 제조업체들은 호텔이 고객회계, 야간결산과 객실운영 적용을 위한 업무 프로그램이 필요하다는 것에 대한 인식 증대 • 호텔 전산 시스템의 본격적인 가동 시대로 전환 • 야간 결산 작업이 시간이 11~12시간의 소요시간이 2시간 이내로 감소
1980년대	• 호텔 시스템 패키지(system package)는 프런트 오피스(front office)와 백오피스(back office)의 통합 시스템으로 발전 • 전화교환(PBX)과 판매시점(POS)시스템은 물론, 유료영화(in room movie), 에너지관리(energy saving system), 미니 바(mini bar)까지 접속이 가능한 인터페이스(interface)부문이 강화 • 단체의 자동 체크인(check-in)기능으로 신속한 객실배정의 완료 가능 • 야간결산도 신속(15분)하게 처리하고, 야간 고객의 체크인(check-in)도 가능
1990년대	• 시스템 패키지(system package)는 프런트 오피스(front office)와 백오피스(back office), 인터페이스(interface) 등의 통합 시스템으로 발전 • 예약시스템의 발전으로 외부 및 호텔 예약망과의 접속, 인터넷 통한 예약의 확대 • 항공사 예약망, 여행사 예약망과도 연결이 되면서 예약업무의 자동 처리 기능 확대
2000년~	• 호텔 운용의 효율성 차원에서의 다양한 시스템의 확대 사용과 패키지 시스템들을 개발하여 자체 운영에 맞도록 적극 활용 • 호텔정보시스템의 위험관리를 위해 방어벽(firewall) 및 해킹방지 시스템 구축 • 호텔 내부와 외부네트워크 통신 사항 기록 및 감시 시스템 구축

제2절

호텔정보시스템의 기능과 운영

1. 호텔정보시스템의 기능

일반적으로 호텔사업은 사업의 특성에 따라서 업무영역이 다른 특성을 갖고 있어 부문별로 구성되어 있는 시스템 내의 자료를 집계하여 경영자에게 핵심적인 정보와 유용한 의사결정을 하기 위한 다양한 자료의 제공이 필요하게 된다. 경영정보시스템의 주요 핵심은 영업분석, 손익분석, 현황분석 등을 기본으로 관리자들에게 유용하고 효과적인 자료를 실시간으로 제공할 수 있는 데이터의 축적은 가장 중요한 경영정보의 요소가 되고 있다. 이는 경영자로 하여금 효과적인 의사결정과 호텔업의 운영방안을 결정하고 미래의 영업활동 등을 예측할 수 있는 데에 중요한 역할을 담당하게 된다.

경영정보시스템의 기능

분야별	시스템 분석	분석내용
영업분석	영업관리 시스템	– 판매분석 : 판매 가능 객실, 객실 점유율, 일별 · 월별 매출 추이분석, 목표대비 실적 분석, 전년 동기 대비 분석 – 영업장별 매출분석 : 영업장별 식음매출, 일별 · 월별 식음 매출 추이분석, 목표대비 실적 분석, 전년 동기 대비 분석
	연회관리 시스템	기간별, 행사장별, 행사분류별 점유율 등
손익분석	회계관리 시스템	월간 추정 손익, 손익 계산서(총괄), 부문별 · 영업장별 손익, 부서별 예산대비 실적
현황분석	회계관리 시스템	재무제표, 재무분석, 자금수지계획
	구매자재 시스템	월별 구매현황, 재고 현황표(창고/현장재고 총괄)
	고객관리 시스템	회원종류별 가입현황, 지역별 · 연령별 · 성별 · 직업별 · 학력별 분포, 회원 실적 추이 분석, 회원종류별 매출 점유율
	인사관리 시스템	조직도, 부서별 인원, 개인정보(사진), 인원현황(인사구분, 직위별, 연령별 등), 정원계획 대비 현인원 현황
	고정자산 시스템	자산보유 현황(자산 형태별 보유액 집계)

2. 호텔정보시스템의 운영형태

호텔정보시스템의 운영형태로는 인 하우스 시스템(in-house system), 패키지 시스템(package system), 아웃소스 시스템(out-source system)으로 구분하고 있다.

1) 인 하우스 시스템

많은 대형 체인호텔들은 호텔 자체에서 소유하고 운영하는 시스템, 즉 인 하우스 시스템(in-house system)은 많은 대형호텔 체인들은 이 시스템을 발전시키기 위해서 노력하여 경주하였다. 이들 시스템의 일부는 다른 호텔 그리고 관련산업 내의 기업에 판매되어 왔다. 또한 체인 개개인의 시스템에 맞게 변형, 발전되어 왔으며, 효율적인 운영과 유통능력을 발전시켜왔다. 그러나 요즈음에는 많은 호텔들이 자체의 시스템을 만들고 있지 않으며, 이러한 이유는 시스템 자체소유는 너무 많은 위험부담과 개발비에 대한 요구로 호텔 자체가 갖고 있는 핵심 사업을 저해할 수 있기 때문이다.

2) 패키지 시스템

패키지 시스템(package system)은 소프트웨어 회사로부터 구입되는 시스템이다. 중 · 소규모의 호텔들 또한 그들 자체의 시스템을 발전시키거나 일반적으로는 호텔부분에서 전문화된 많은 소프트웨어 기업으로부터 미리 패키지(package)화 된 이용 가능한 시스템을 구입한다. 현재에는 호텔에서 이용 가능한 특별한 기능을 제공하는 넓은 범위의 패키지(package)화된 시스템이 있다.

3) 아웃소스 시스템

아웃소스 시스템(out-source system)은 외부의 전문업체의 도움으로 호텔 전체 또는 부분을 관리하는 시스템이다. 몇몇 호텔들은 매우 효과 있는 아웃소싱 조건을 적용하고 있다. 호텔관리의 특별한 부분을 자동화하기 위하여 그 호텔에 적합한 조건들이 많은 발전을 하고 있다.

3. 호텔정보시스템의 운영체계

호텔정보시스템 운영체계의 기본적인 특징은 자원의 효율적인 관리이며, 관리대상의 가장 주요한 자원은 컴퓨터이다. 호텔정보시스템의 운영체제는 컴퓨터를 움직이게 하는 프로그램이라고 할 수 있다. 운영체제의 필요성은 한정된 자원에서 유능한 운영체제를 가동하여 다양한 기능을 수행할 수 있다는 것이다.

호텔업은 이윤을 창출해야 하는 사업이지만 호텔업의 경영환경도 시대적인 변화와 경쟁업체의 급증으로 인하여 그 기능도 일차적 목적은 이윤추구가 아니라, 고객을 창조하는데 있다는 견해는 현대적 기업의 경영방향을 제시하고 있다.

따라서 호텔업도 고객관리와 신속한 업무처리 등을 위한 과업과 기능을 제대로 수행하지 않고서는 이익창출과 성장은 물론 생존이 불투명한 시대가 되었다.

호텔업의 운영은 경영조직에서 언급한 바와 같이 부문별 복합적인 요소가 작용하고 상호 의존적이고 보완적인 관계에서 이루어지는 것이 특징이라고 하겠다.

호텔정보시스템은 호텔의 경영자, 호텔의 규모, 특성 등에 따라서 시스템 내용에 많은 차이가 있다.

호텔에서 사용되는 업무는 특성상 별도로 운영되고 있으나 프런트 오피스 시스템, 백오피스 시스템, 인터페이스 등과의 상호 연관성이 요구된다. 특히 정보처리장치(IPU : Instruction Process Unit)라는 중간 매체를 통해서 각종 인터페이스 장비와의 인터페이스를 하며 프런트와 인터페이스 모듈 간의 문제 발생 시 문제를 극소화할 수 있도록 해야 한다.

호텔정보시스템의 운영체계

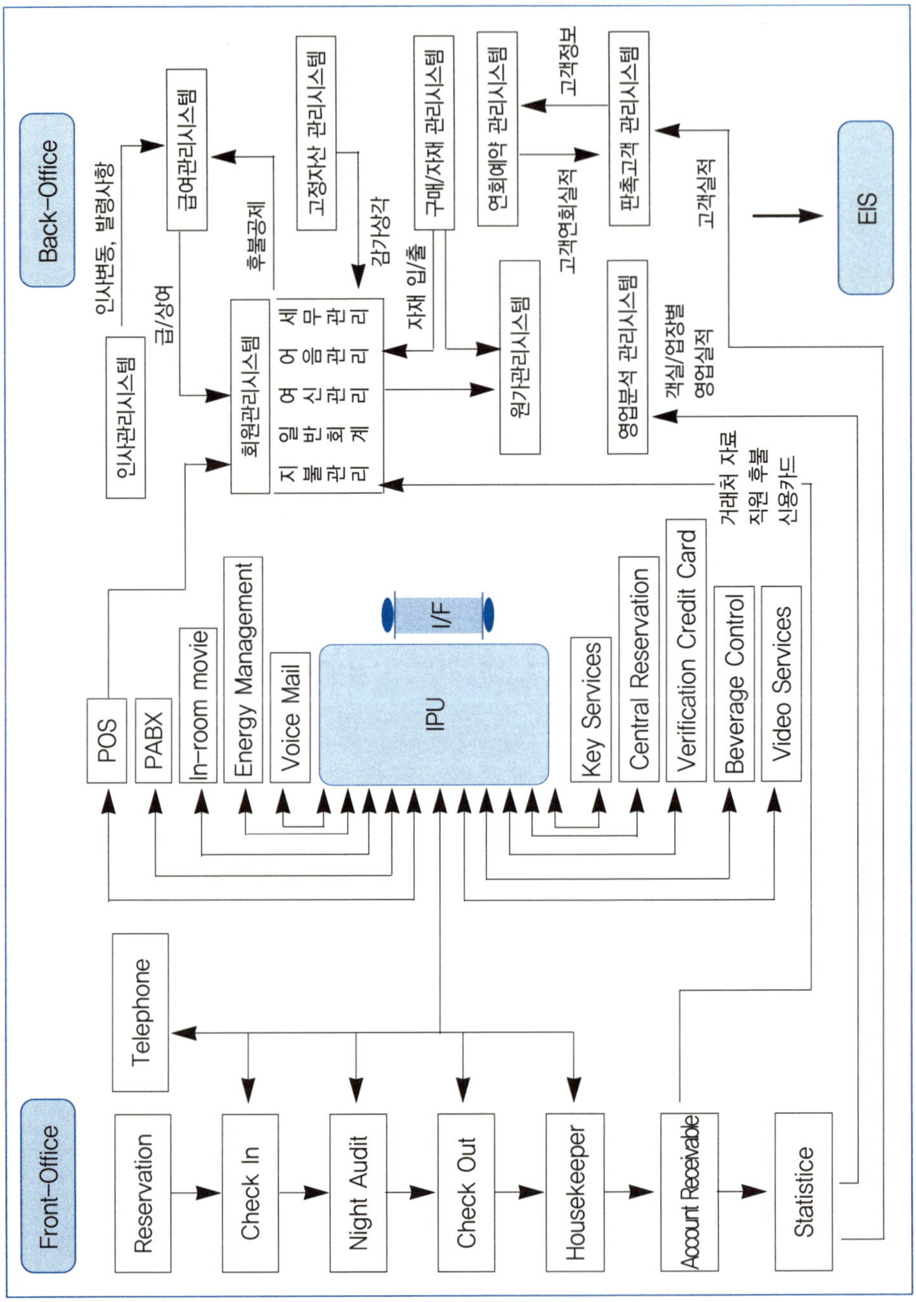

ELS : Executive Information System
IPU : Instruction Process Unit
I/F : Interface

제3절

호텔정보시스템의 구성

1. 프런트 오피스 시스템

환대산업의 자동화를 지원하는 시스템을 묘사하기 위해 자주 사용하는 용어가 자산관리시스템(PMS : Property Management System)이다. 특히 프런트 오피스 시스템(front office system)은 호텔의 업무특성을 가장 잘 표현하고 있는 있으며, 프런트 오피스 시스템은 하드웨어와 소프트웨어의 결합에 의하여 구축이 되며, 전달매체를 통하여 송 · 수신한다. 특히 개발된 소프트웨어는 기능이 매우 복잡하기 때문에 단기간에 의해 개발되는 경향보다는 호텔경영자와 전산부문의 전문가들의 장기간에 걸친 연구에 의해서 결과가 나오게 된다. 이러한 소프트웨어를 패키지라고 부르며, 대부분의 호텔패키지는 호텔문화가 발달한 국가에서 개발된 것이 많다.

패키지(package)

패키지(package)란 여러 개의 단위 프로그램이 유기적으로 엮어져 전체적인 기능을 수행하도록 한 프로그램의 집합이라고 정의하고 있다.

프런트 오피스(F/O : Front Office)시스템은 호텔의 고객 접점에서 발생하는 영업활동을 지원하는 시스템으로 통합고객, 객실영업, 영업장관리, 연회(행사)관리, 식음예약관리, 영업회계관리, 판매수요예측관리 등을 포함하고자 한다.

프런트 오피스의 각 시스템은 통합고객 시스템을 중심으로 언제 어디서나 고객에게 일관된 서비스를 제공하고 각 영업장의 매출은 유기적으로 연동되며 고객이 원하는 곳 어디에서도 원하는 서비스를 받을 수 있도록 업무시스템을 구성한다. 그리고 각 영업활동에 발생되는 매출 등의 자료는 영업회계로 집계되어 백오피스(B/O)시스템의 경리회계, 구매자재, 원가 시스템 등과 연관이 되어야 한다.

프런트 오피스 시스템

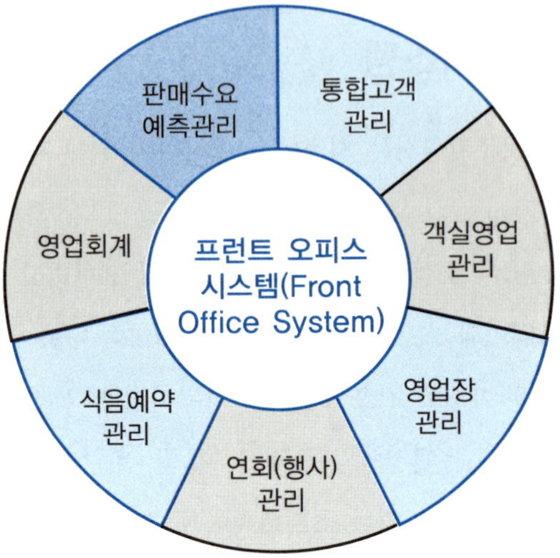

1) 통합 고객관리

통합 고객시스템은 호텔의 영업과 관련된 모든 고객(회원, 비회원)의 정보를 통합 관리하는 시스템으로 모든 고객의 신상정보 및 회원의 계약정보, 연회비, 카드발급, 양도/양수, 실적 정보, D/M(Direct Mail) 등을 관리한다.

통합 고객시스템 기능은 고객 신상관리, 실적관리, 불평 및 불만사항관리, DM관리로 구분되어 있으며, 호텔을 접하는 모든 고객 데이터는 물리적으로 통합되고 사업별 고객의 특성을 모두 반영하여 데이터로 관리한다.

고객은 호텔의 전 영업장에서 동일한 서비스(실적에 따른 우대 등)를 제공받으며 사용자는 통합된 고객 데이터를 이용하여 고품질의 서비스를 제공한다.

2) 객실영업 관리

예약시스템을 통하여 제공된 예약정보를 활용하거나 통합 고객정보를 활용하여 손쉬운 등록업무를 가능케 하고, 고객에 대한 정보를 정확히 등록할 수 있게 한다. 따라서 고객에 대한 계속적인 방문을 유도할 수 있는 차원 높은 서비스를 제공할 수 있도록 하며, 객실관리시스템과 객실영업시스템의 유기적 연계 및 객실관리업무의 효율화를 이룰 수 있는 시스템을 제공하고자 한다.

특히 통합 고객관리시스템과 정보를 공유하여 회원 여부, 방문기록, 이용실적, 서비스제공내역, 기호사항, 불만사항 등을 미리 파악하여 고객에 대해 보다 나은 서비스를 제공한다. 영업장과 투숙객 정보를 공유하여 통합정산이 가능하도록 한다.

3) 영업장 관리

POS관리시스템(Point Of Sales System)은 객장 영업에 대하여 중심이 되는 업무로 고객에 대한 판매, 정산, 마감 등을 관리하며 모든 고객접점에서 호텔의 전체 영업장에서 일관된 판매화면 및 업무처리가 가능케 함으로서, 종업원들의 순환배치나 운영을 효율적으로 할 수 있다. 또한 모든 POS를 통해서 고객에게 다양한 서비스제공과 통합된 고객관리를 지원하여 고객의 만족도를 높일 수 있다.

그리고 영업장 관리 시스템과의 긴밀한 연동을 통하여 매출내역의 실시간 전송,각종 고객관련 조회 및 신용카드 등의 결제 조회 등을 인터페이스 할 수 있게 한다. 따라서 POS 관리 시스템의 도입을 통해 정보시스템의 제반요소를 미래 지향적인 관점에서 설계하고 대 고객서비스 향상과 수익의 극대화를 이룰 수 있다.

4) 연회(행사)관리

연회(행사)관리는 마케팅, 판촉을 통해 고객을 유치하여 객실판매와 연관된 각종행사에 대한 사전 계약, 준비사항을 관리하고 원활한 행사 진행을 위한 서비스와 시설을 제공한다.

연회(행사)관련 정보를 고객관리, 객실영업, 후불관리 등의 시스템과 연계될 수 있도록 함으로써 업무 효율성과 고객 서비스가 증대되고 행사 예측기능의 강화로 마케팅 능력이 제고되는 시스템으로 구축방안을 수립한다.

연회(행사)관리는 상담관리, 예약관리, 확정관리, 실행관리로 업무가 구성되며 프런트 오피스(F/O), POS관리시스템(Point Of Sales System), 관련부서 등에서 온라인으로 행사정보를 참조 활용할 수 있도록 구성한다. 그리고 통합고객관리와 연계된 실적관리를 체계화하고 정보를 공유하여 고객에 대한 통합 서비스를 제공 한다. 또한 특정행사의 사전손익을 산출할 수 있으며 다양한 형태의 연회 영업분석 자료를 제공한다.

5) 식음예약 관리

식음료 영업장의 테이블 관리(TMS : Table Management System) 및 예약, 접객 업무를 신속하고 효율적으로 처리할 수 있도록 한다. 자산관리시스템(PMS) 및 영업장 관리시스템(POS)과의 연동을 통해서 고객의 정보, 실적, 고객선호도 및 특성을 파악하여 고객만족을 향상시킬 수 있도록 하며 각 영업장에 대한 매출 등 종합적인 정보를 제공한다. 또한 전사적인 고객 및 회원뿐 아니라 영업장별 단골고객, VIP도 개별 관리할 수 있으므로 차별화된 서비스가 가능하도록 지원한다.

6) 영업회계 관리

영업회계 시스템은 프런트 오피스(F/O : Front Office)시스템의 모든 영업관련 자료를 집계하여 여신관리, 계획 분석 관리 등을 거쳐 최종 확정 매출을 경리회계시스템에 전달하는 역할과 프런트 오피스(F/O)시스템과 백 오피스(B/O : Back Office)시스템의 관문역할을 하는 시스템이다. 따라서 영업회계시스템의 설계와 구축은 모든 시스템을 고려한 종합적이고 장기적인 관점으로 진행되어야 한다.

영업회계시스템은 고객접점상의 영업시스템의 상세매출내역이 영업장 관리 시스템으로 통합되면, 그 내역을 집계/분석하여 경리회계시스템으로 전달하는 인터페이스를 기본축으로 개발되어야 한다.

7) 판매수요예측 관리(Yield Management System)

판매수요예측관리 시스템(Yield Management System)은 객실영업에 대해 유형별 판매현황을 분석하고, 과거 판매실적, 현재의 예약과 투숙현황 및 객실판매에 영향을 미치는 환경적인 요소를 고려하여 미래의 객실수요를 예측하고 또한 경쟁사별, 예약채널별 가격정책을 비교, 분석함으로써 마케팅 전략 수립 시 가치 있는 정보를 제공하여 객실 판매 수익을 극대화할 수 있도록 지원한다.

2. 백오피스 시스템

호텔업을 운영하기 위해서는 프런트 오브 더 하우스(front of the house)도 중요하지만 필요로 하는 인력을 관리하며, 호텔을 전체적으로 관리하고 지원하기 위한 부문으로서 백 오브 더 하우스(back of the house)가 있다. 백오피스는 매출을 발생시키는 영업부문을 후방에서 지원하는 기능을 갖고 있는 업무를 총칭하는데, 일반적으로 고객과 직접적인 접촉빈도가 낮은 부문이라고 할 수 있다. 최근에 들어와서 호텔의 새로운 고객을 창조하는 것보다 고정고객을 관리하는 차원으로 전환이 되고 있어 이러한 부문에 대한 중요성이 증대하고 있다.

여기에 속하는 업무는 객실판촉 및 연회예약, 종업원의 인사 및 복리후생을 관리하는 인사 · 급여관리 시스템, 영업장에서 필요한 물품을 저렴한 가격에 구입하여 적시에 공급하여 주는 구매 · 자재관리시스템, 재료비분석을 위한 원가관리, 회계의 결산작업을 수행하는 회계시스템, 외상매출금에 대한 관리를 하는 여신관리 시스템이 있다. 이 밖에도 호텔의 자산관리와 감가상각을 관리하는 고정자산 관리시스템, 호텔의 목표 및 손익을 관리하는 관리회계시스템 등이 있다.

백 오피스(B/O : Back Office)시스템은 호텔에서 발생하는 경영관리 업무를 효과적으로 지원하며 조직운영의 방향 설정 및 수행과 결과에 대한 정보를 수집하고 재 적용하기 위한 시스템으로 인사 · 급여, 경리 · 회계, 자산관리, 구매 · 자재, 예산 · 원가, 임원정보 등의 기능으로 구성한다.

백오피스(B/O : Back Office) 시스템의 각 시스템은 주 사용자인 조직 구성원들의 편의성을 위해 사용자 중심의 인테페이스(interface)를 구성하며, 각 영업활동에 의해서 발생되는 매출 및 고객 정보는 프런트 오피스(F/O : Front Office)시스템의 영업 회계관리와 유기적으로 연동하여 구성된다.

백오피스 시스템

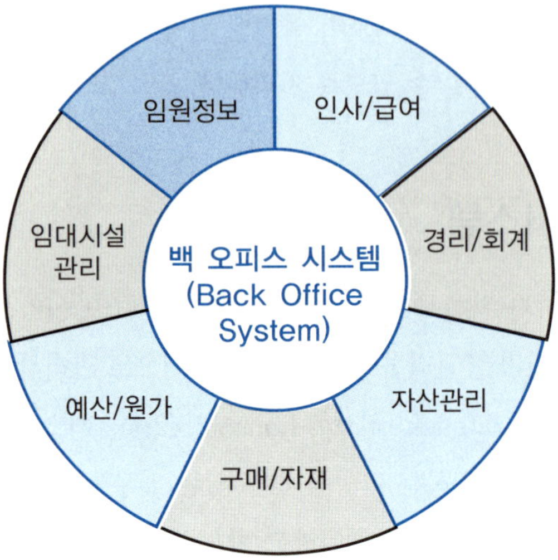

1) 인사 · 급여 관리

호텔의 조직이 효과적으로 운영되기 위해서는 각 업무를 담당하는 인력들을 효율적으로 관리할 수 있도록 하는 업무시스템이 필요하다. 성수기와 비수기에 매출 및 고객 변동이 심한 경우 관리 및 운영인력도 탄력적으로 운영할 필요가 있다. 이를 위하여 데이터 등록에 대한 업무 부하가 많이 발생하는 채용부문이나 근태관리 부분에 자동운영시스템(self operation system)의 개념을 도입하여 불필요한 인력 투입을 해소하는 것 등의 노력이 필요하다.

인사 · 급여관리 시스템은 조직에 필요한 인력을 적시에 채용해서 퇴직할 때까지 그 세부내역과 변동내역을 관리하며, 급여의 지급규정 및 다양한 예외사항을 수용하여 급여, 상여 및 정산, 퇴직금 계산의 업무를 수행한다. 또한 직무별 인력채용계획, 교육계획을 수립하여 효율적인 조직 운영을 위한 기초자료를 제공하며, 인건비 계획을 수립하여 경영계획에 반영하고, 실적을 집계하여 원가관리 및 경영평가에 활용한다.

2) 경리 · 회계관리

경리 · 회계 시스템은 일반적으로 재무 정보를 통합하는 기업 정보시스템의 핵심 기반이 되는 시스템이며 결의서의 작성, 회계심의, 결산 마감 처리 등의 업무를 지원한다. 호텔에서 발생하는 모든 거래 내역을 신속, 정확하게 처리하여 제반 의사결정에 필요한 자료를 산출하고 경영성과와 재무상태를 측정, 전달하는 시스템으로 전표, 회계결산, 자금, 재무, 세무 기능으로 구성되어 있다.

전표 및 회계결산 기능은 데이터의 일관성 및 연계성 확보, 사용자 전표처리의 용이성과 효율성을 제공한다, 세무기능은 경영 활동과정에서 발생하는 소득 및 비용에 대해 세법에 따라 납부하여야 할 세금을 계산하고 신고 및 납부, 증빙관리를 목적으로 한다. 자금 기능은 정확한 소요자금 예측을 통해 필요한 자금을 최적의 조건으로 조달하고 효율적으로 배분하며 자금운영실적을 분석하여 경영진 및 의사결정자에게 다양한 정보를 제공하는데 있다.

3) 자산관리

자산의 분류 기준에 따른 유형 및 무형 자산의 등록, 자산 매각/폐기/재평가 등 변동정보, 감가상각 정보를 제공한다. 감가상각 계산 시 정율법 혹은 정액법을 사용한다. 자산취득에서 처분, 부서 간 이동, 자산변동내역을 관리하며 등록관리, 변동관리, 감가상각관리, 자산현황 관리로 구성된다.

자산 통합 관리를 통해 발생하는 감가상각비를 포함한 각종 비용 정보는 경리 · 회계, 관리회계 시스템에 제공되며, 자산 운영 및 수선 관련 정보는 시설 · 장비 시스템으로 연계된다. 이때 연계되는 각 시스템 간 자료의 일치성을 유지하여 업무 편이성 및 정확성을 확보할 수 있는 시스템을 구축한다.

이를 통하여 업무처리의 효율성 및 신속성을 확보하게 되며, 특히 추정 감가상각비에 대한 정확한 정보를 신속하게 산출하여 제공할 수 있게 되어 관리회계 시스템의 영업장별 추정 손익 작성 시 정확성을 높인다.

4) 구매 · 자재관리

재고자산 또는 비유동자산, 소모품, 비품에 대한 구매 필요 시 구매의뢰를 접수하여 매입처에 발주(수기 혹은 인터넷)하고 그 진행상황을 관리하며 검수 후 입고처리한다. 현업부서에서 저장된 자재를 요청하면 출고처리하고 이에 대한 수불 장부를 작성한 뒤 원가관리에 활용한다.

구매 및 자재의 흐름에 기본이 되는 품목에 대한 상세 항목들과 안전재고수준을 관리하고, 환산단위 및 매입처에 대한 정보들이 유기적으로 연동되도록 통합 관리 화면을 제공한다.

구매/자재 시스템은 재료비 분석 시스템과 충분히 연동되어 실시간 식자재의 재고를 파악하기 위하여 Recipe를 이용한 재료비를 산출하고 이에 필요한 데이터를 제공한다.

5) 예산 · 원가관리

예산 · 원가시스템은 매출목표 및 인원계획 등의 자료와 비용예산 편성을 통해 영업장별 목표 손익을 관리하는 경영목표관리와 실적정보를 관리하는 경영실적관리, 목표 대비 실적을 평가하는 경영평가관리로 구분된다. 필요한 소요재원을 합리적으로 산출하여, 이를 부서별 및 사업단위별로 효율적으로 배분/집행하고 경영목표 자료로 배부기준에 의거 목표손익을 제공한다.

그리고 경리회계, 프런트 오피스(F/O)의 실적을 연계하여 실적손익작업을 수행하여 영업장별 실적 손익현황을 제공하며, 경영목표 대비 실적자료로 경영평가 현황을 제공하는 시스템으로 구축한다. 경영목표관리는 영업계획, 인원계획 등과 연계 예산편성의 편의성을 제공하고 연간 기본예산을 근거로 월별 실행예산 편성 및 예산통제기능의 유연화와 예산 운영 및 실적분석 기능강화와 다양한 의사결정지원 자료 제공이 가능한 시스템을 구축한다.

경영실적관리는 경리/회계 등 다른 시스템과 관련된 필요 자료를 연계하여 영업장별 적합한 간접비 배부기준 및 배부작업을 수행하여 실제원가 분석 및 영업장별/사업부문별 손익현황을 제공, 목표 대비 실적을 평가하여 경영자를 위한 임원정보 자료로 제공한다.

6) 임대(시설)관리

임대관리는 보유시설의 개별 정보와 이에 대한 임대 계약 및 이력을 기록 관리한다. 또한 계약자 정보 및 시설유지와 관련된 관리비를 산출하여 적정한 임대유지 비용을 부과하고 징수하는 절차를 관리한다. 임대수익을 극대화할 수 있는 각종 현황 및 예측자료를 제공할 수 있도록 하며 신속한 시설유지보수 서비스와 결합하여 최적의 임대 환경을 제공한다.

7) 임원정보

최고 경영자들을 위한 컴퓨터 기반의 정보전달 및 통제시스템이라 할 수 있는 EIS(Executive Information System)는 임원 또는 최고 경영자들이 성공적인 경영을 위하여 필요로 하는 조직 내 · 외부의 정보를 빠른 시간에 취합하여 정확한 의사결정을 할 수 있는 효과적인 정보시스템으로, 정보의 일관성, 사용자 인터페이스, 정보기술적인 능력 등의 측면에서 다른 정보시스템과 구별된다.

호텔업은 다양한 분야에서 고객을 창출하고 이용하는 시점에 많은 차이가 있다. 따라서 경영자들이 의사결정을 할 수 있도록 하는 중요한 환경이 되고 있다.

3. 인터페이스

호텔관리시스템에 있어서 자산관리시스템(PMS : Property Management System)은 호텔의 프런트와 백오피스의 여러 가지 업무를 수행하고 종업원들의 업무를 감독하고 통제를 함으로서 호텔경영에 있어서 효율적인 경영수단이 되어 왔다. 호텔업은 다른 업종과 달리 고객에게 필요한 모든 시설을 제공하고 이용할 수 있어야 한다. 따라서 현대호텔에서는 이러한 상황을 전송시키기 위해서는 프런트 오피스 시스템과 유기적인 기능을 통해 밀접한 연관성을 갖게 된다. 영업장의 업무를 관리하는 판매관리시점(POS : point of sale system), 전화요금을 관리하는 시스템(call accounting system), 객실의 에너지를 효율적으로 관리하는 에너지관리시스템(EMS : Energy

Management System) 등 여러 가지의 독립적인 시스템과 자산관리시스템(PMS)과의 상호정보교환이 이루어지는 것을 인터페이스(interface)라고 한다.

주로 사용되는 인터페이스는 POS, 교환기, 보이스 메일, 비디오 서비스, 에너지 관리, 룸 키 서비스 등이 있다. 가장 중요한 것은 호텔업은 운영 특성상 연중무휴의 영업과 운영이 다양한 곳에서 발생이 되기 때문에 중요한 것은 시스템 간의 접속에 있어 데이터의 최대한의 손실을 막아야 하며, 고장률이 없어야 한다.

호텔업은 다양한 분야에서 고객을 창출하고 이용하는 시점이 많은 차이가 있다. 또한 경영자에게는 경영진에게 의사결정을 할 수 있는 정보를 제공하는 매우 중요하다고 하겠다.

호텔정보시스템과 관련된 교재들에서는 일부시스템에 대해서 백오피스 구분하여 분류하는 경향이 있으나 본 교재에서는 연회 예약 시스템(Sales & Catering System), 공동연계시스템(Cooperate System), 중앙 집중 예약 시스템(Central Reservation System), 판매예상/결정시스템(Yield Management System) 등도 인터페이스에 포함하고자 한다.

인터페이스(interface)는 호텔 정보 통합 및 자동화의 실현을 위하여 부속 장비들 인 교환기, 객실관리시스템, 키(key) 시스템, POS시스템, 신용카드 조회시스템 등과의 연동은 호텔 전반 업무의 효율화를 위하여 구축이 전제되어야 한다. 부속 장비와의 인터페이스 소프트웨어는 호텔운영 특성상 안정성, 신속성이 보장되어야 한다. 이외에 다양한 인터페이스를 구현하여 호텔정보의 통합화를 실현해야 하며, 또한 다수의 본부 시스템의 전사적 자원관리(ERP : Enterprise Resource Planning) 연동 업무를 통하여 운영 자동화를 실현할 수 있어야 한다.

시스템 연동

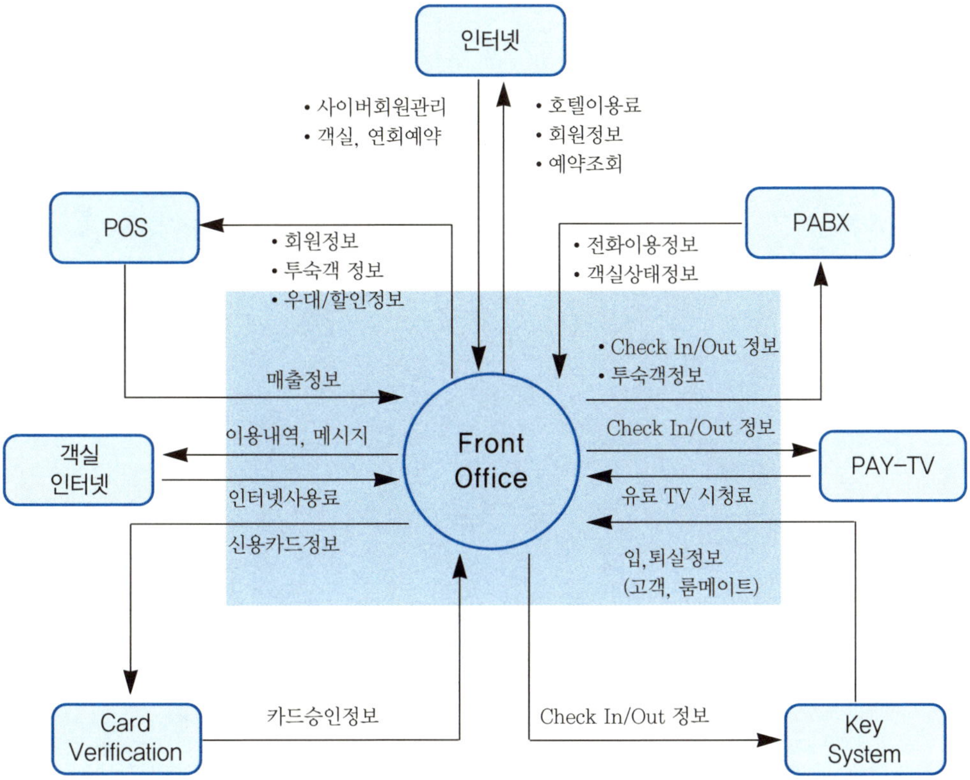

인터넷
• 사이버회원관리
• 객실, 연회예약
• 호텔이용료
• 회원정보
• 예약조회
POS
• 회원정보
• 투숙객 정보
• 우대/할인정보
PABX
• 전화이용정보
• 객실상태정보
• Check In/Out 정보
• 투숙객정보
매출정보
객실
인터넷
이용내역, 메시지
인터넷사용료
Front
Office
Check In/Out 정보
PAY-TV
유료 TV 시청료
신용카드정보
입,퇴실정보
(고객, 룸메이트)
Card
Verification
카드승인정보
Check In/Out 정보
Key
System

제13장

호텔마케팅

제1절

호텔마케팅의 의의와 계획

1. 호텔마케팅의 의의

마케팅(marketing)이라는 용어는 우리나라에 들어온 외국어로서 단어에서 내포하고 있듯이 "ing"가 붙어 있는 것부터 확실히 활동(an activity)이라는 의미이지 절대 마켓(market)과 동일한 것이 아니라고 제기를 하고 있다.

마케팅은 기업 경영관리에서 중요하게 다루고 있다. 그러나 마케팅을 오직 광고나 판매촉진, 시장조사와 같은 기능적인 활동을 수행하는 것으로 생각하는 것은 마케팅의 핵심을 완전히 이해하지 못한 것이다.

현대의 호텔산업은 고도의 경제성장과 대중소비사회의 도래라는 시대적인 환경의 변화와 고객의 욕구에 맞는 상품의 제공을 위해서는 고객의 욕구파악과 그에 대한 대응전략의 수립이 필요하게 되었다. 호텔을 방문하는 이유에서부터 그들에게 무엇을 어떻게 제공해야 하는지에 대한 전반적인 연구를 토대로 한 마케팅 프로그램이 필요하다. 따라서 호텔은 고객의 욕구에 일치하는 호텔이 되어야 하고 이를 위해서는 시장정보를 수집하고, 고객의 욕구에 부응하는 시설개선과 경영정책을 채택해야 한다.

기업의 일차적 목적은 이윤추구가 아니라, 고객을 창조하는데 있다는 견해는 마케팅 부문이 과업과 기능을 제대로 수행하지 않고서는 이익과 성장은 물론 생존할 수가 없게 되었다는 것을 의미한다. 호텔업은 관광객의 요구에 최대의 만족을 주면서 관광제공자의 제공목적을 가장 효율적으로 달성시키는 방법에 의해서 재화와 용역을 관광객에게 유통시키는 경제활동이라고 할 수 있다.

이러한 관점을 토대로 호텔마케팅을 정의한다면, 관광객의 욕구에 부응하여 필요로 하는 객실 및 식음료 시설 등 다양한 시설을 확보하고 서비스체제를 구축하여 이를 커뮤니케이션이라는 수단을 통해서 고객을 유치하고 상품을 판매하는 일련의 활동이다.

2. 호텔마케팅 계획

1) 호텔상품 분석

호텔상품 분석(product analysis)은 마케팅 계획의 시작이며, 현황분석에서 시작된다. 계획이란 목표달성을 위해서 미래를 조직하는 것이며, 기준 시점에서부터 시작이 된다. 호텔마케팅 계획도 호텔이 할 수 있는 총체적 역량에 기초하는 것이므로 호텔의 전반적인 내용을 분석하는 데에서부터 시작이 된다.

호텔 상품분석은 호텔분석(property analysis), 지역사회 분석(community analysis), 건물구조 분석(architectural analysis), 데코레이션 분석(decoration analysis)으로 분류할 수가 있다.

호텔상품 분석

구분	내용
호텔분석 (property analysis)	① 규모, ② 시설 및 시설상품, ③ 위치(입지), ④ 성수기와 비수기, ⑤ 고객층, ⑥ 호텔의 분위기, ⑦ 건물의 외형, ⑧ 서비스의 질, ⑨ 영업정책, ⑩ 요금정책
지역사회 분석 (community analysis)	지역사회 분석 : ① 교통편, ② 주요 산업별 현황, ③ 관광객 유치 활동상황, ④ 특별한 관광매력의 여부, ⑤ 특별한 행사 개최 유무, ⑥ 도로건설계획

구분	내용
지역사회 분석 (community analysis)	지역사회의 활동 : ① 금융활동, ② 산업 활동, ③ 상업 활동(철도 · 항공 및 항공화물 · 철도 · 항공여객 등), ④ 노동력(산업체 종사자 수), ⑤ 소매업 활동, ⑥ 물가 동향, ⑦ 산업구조, ⑧ 건축 및 부동산, ⑨ 기타사업의 활동
건물구조 분석 (architectural analysis)	① 주방과 서비스 지역의 비율, ② 통제와 안전의 관점에서 접객지역과 종사원 사용지역 ③ 고객 접객 지역과 고객 이동로(신설 또는 변경), ④ 부문별의 창고 지역, ⑤ 식음료 시설 비율 ⑥ 객실 수 대비 회의 및 연회시설(기존 및 계획), ⑦ 주차장, ⑧ 침실규격, ⑨ 건축가의 조언
데코레이션 분석 (decor analysis)	① 원가요소, ② 전반적인 영업정책과 구조 면에서 외부 모양과 비용의 적합성, ③ 호텔과 레스토랑에 대한 디자이너의 전문적인 경험 반영, ④ 디자이너와 호텔 소유주의 빈번한 모임의 개최 여부, ⑤ 객실 크기에 대한 적절한 규모, ⑥ 장식에 대한 마케팅 담당자의 요구와의 일치성

자료 : C. Dewitt, Coffman, Marketing for a Full House, Cornell University, 1984, p.57. 최태광, 호텔마케팅, 백산출판사, 1996, pp.87-88.을 참고하여 재작성함.

2) 호텔 시장분석

호텔 시장분석(market analysis)은 호텔마케팅 계획에서 중요한 부분으로 호텔고객을 ❶ 투숙고객의 지리적 분포, ❷ 현재의 이용고객의 세부내역, ❸ 잠재성 높은 시장의 확인, ❹ 집중 투입시장에 대한 건의 등을 하는 것이다.

호텔시장을 분석하는 기본모형을 우선적으로 이해하는 것은 호텔의 이용고객을 확인할 수 있거나 또는 앞으로 이용고객이 될 수 있는 시장을 쉽게 확인할 수 있다는 점에서 중요한 일이다. 호텔 시장분석은 객실, 식음료, 부대시설부문으로 부문을 설정하고 부문별 시장구성, 주요 시장자원에 대한 분석이 필요하다.

호텔시장분석표

호텔시장분석표는 코프만(Coffman)의 Market Analysis Guide에 따른 것이므로 한국의 사정과는 다소 다른 점이 있겠으나, 호텔 마케팅 계획수립에 매우 공감이 되는 부분을 형성하고 있다고 할 수 있다.

3) 경쟁분석

기업은 여러 가지 환경요인에 의하여 영향을 받고 있으며, 기업 전반에 영향을 미치게 되는 인구, 경제, 기술, 법률, 사회, 생태적 환경은 거시적 환경의 중요한 요인이 되지만, 경쟁이란 환경도 무시할 수 없는 기업환경이다. 호텔도 이러한 경쟁을 전제로 하지 않을 수 없기 때문에 중요한 것은 다른 호텔보다도 경쟁상 우위를 확보하는 것이 선결과제라고 할 수 있다.

경쟁분석(competition analysis)에는 경쟁자의 호텔에 가서 그 호텔의 종업원들과 대화도 해보고 경쟁호텔의 광고도 연구해 보는 일이 모두 포함되며, 이러한 분석은 현지조사를 통해서 하는 방법이 가장 좋으며, 검토하고 확인해서 측정할 수 있다.

4) 호텔조직

호텔조직은 호텔 업무를 수행하는데 있어서 중요한 것이며, 호텔마케팅계획을 수립하는 필수과정으로 호텔조직에 대한 검토가 반드시 있어야 한다. 조직상에 부서장과 경영진, 그리고 경영진의 책임과 부서장의 직무에 대해서 기술해야 하며, 조직의 변화와 책임의 변화를 명확히 해야 한다. 따라서 호텔마케팅 조직에는 기능, 상품, 지역, 고객이라는 마케팅 활동의 4가지 요소들을 포함하고 있어야 하며, 조직구성원들이 업무를 수행해 나가는데 있어 추진에 필요한 권한을 조직 전체의 입장에서 어떻게 배분하느냐는 하는 것이 중요한 과제이다.

호텔마케팅조직의 효율화를 위해서는 올바른 임무를 맡겨야 하고, 계획 · 집행 · 통제가 지속적으로 가능해야 하고 또한 실시되어야 한다. 종사원은 규칙적으로 연수교육을 시켜야 하며, 종사원들의 동기화를 위해 현대적인 경영방식과 경영기법을 도입해야 하며, 종사원들을 기업과 상품의 중요한 부분으로 인식하고 활용하도록 해야 한다.

5) 판매계획

호텔의 판매계획(sales program)은 시장분석과 상품분석을 통해서 자기호텔의 장단점을 파악하고 또한 경쟁자에 대한 제반 분석이 이루어지고 판매계획의 수립이 필요하다. 호텔이 이용할 수 있는 판매수단은 광고, 홍보, 판매촉진, 인적판매 등이 있다.

광고는(advertising)은 인적 판매와는 달리 매체를 이용하는 판매활동으로 매체의 유료성과 광고를 실시하는 광고주가 있어야 한다는 점, 그리고 상품, 서비스, 또는 정보가 광고내용이 된다는 특성을 가지고 있다. 서신광고(direct mail)는 광고활동의 하나이지만, 매체를 이용하는 대신 우편을 이용하여 소비자와 직접적인 판매활동을 전개한다는 점에서 차이를 보이고 있다.

홍보(publicity)는 광고처럼 매체를 활용하는 판매활동이지만 호텔을 이용하는 이용자들의 우호적인 평가, 호텔에서 개최하는 이벤트, 뚜렷한 업무실적 등이 호텔홍보의 소재가 되며, 내용들을 홍보할 수 있는 권한은 편집자에게 있다는 점에서 홍보활동은 언론과의 관계가 중요시되고 있다.

판매촉진(sales promotion)은 특정한 제품에 대한 수요를 자주 하기 위해서 계획된 전문적 활동을 일컬어 판매촉진이라고 하며 프로모션(promotion)의 하위 개념이라고 할 수 있으며 판매를 조장시키기 위한 것으로 쿠폰(coupon), 선물, 바우처(voucher), 염가티켓, 경품, 콘테스트 등이 있다.

인적 판매(personal selling)는 판매원에 의한 판매를 말하며, 고객과의 직업적인 접촉을 통해서 판매를 한다는 점에서 매우 강력한 판매수단이 되기도 하지만 판매원의 자질과 관리과정이 중요시되어야 한다.

6) 정비계획

호텔은 다른 사업에 비해서 다양한 실내장식을 필요로 한다. 정비계획(maintenance plan)이란 호텔의 상징이 되고 있는 장식은 호텔객실의 벽지색깔에 이르기까지 수많은 요소가 있으며, 이러한 장식들이 호텔 상품화에 많은 기여를 하였다고 할 수가 있다. 기존의 호텔과 신규 호텔은 영선유지 측면에서 예산비율을 비교해야 한다. 리조트 지역은 해변, 풀, 정원, 그리고 모래와 습기로 인하여 청소를 자주 해야 하고 정비해야 할 요인이며, 호텔의 영선유지에 관해 특별한 곳을 명시해야 한다. 또한 상업지역과 리조트 지역을 검사하여 수선이 필요한 것을 분명히 지적해야 하는데, 공공지역의

페인팅, 가구, 카펫트의 수선 및 대치, 전반적인 외형, 창문 및 창문틀 등이며, 검토할 곳은 지붕, 엔지니어링 시설, 엘리베이터, 주방, 하우스키핑 부서 등이다.

7) 영업 예측

영업 예측(operating projections)이란 일반적으로 영업 중인 호텔은 향후 2년간 수치를 예측해야 하고 신규 호텔은 향후 3년간으로 연장해야 한다. 이러한 예측을 검토함으로서 호텔의 영업예산이 가능하고 이러한 수치를 너무 낙관적이거나 지나치게 보수적일 수 없다는 것을 의미하며, 가능한 실행할 수 있는 정확성을 갖추어야 한다.

8) 마케팅 예산

마케팅 예산(marketing budget)은 계획기간(planning period) 동안에 예상되는 수익과 비용에 대한 재무제표(financial statement)이다. 이것은 마케팅 계획의 성공 여부를 판단할 수 있는 기준이 된다. 마케팅 계획서에 설정된 판매 목표액에 기초하여 상대적으로 수익과 비용도 달라질 수밖에 없다. 이미 예산이 편성된 마케팅 믹스(budgeted marketing mix)를 통하여 볼 때 설정된 판매 목표액 달성이 불가능한 경우라면 마케팅 전략을 재조정하는 작업이 불가피할 것이다. 부문별 예산(departmental budget)은 원래 영업계산에 기초를 두고 있지만, 관리부문(임원, 감사), 객실부문(프런트 오피스, 하우스키핑, 프런트 서비스 요원), 식음료부문(주방, 레스토랑, 룸서비스, 연회)은 물론, 전화, 광고 및 촉진, 기술(광열비), 영선, 레크리에이션(스포츠시설), 교통, 경비, 기타 등에 대한 부서별 내용이 명시되어야 한다.

9) 마케팅 정책

마케팅 정책(statement of policy)은 호텔상품분석, 시장분석, 경쟁분석을 통해서 최종적으로 확정하게 되며, 모든 분석을 통해서 호텔이 갖추어야 할 시설, 이미지, 요원, 앞으로의 계획 등을 종합하고 각 영업분야의 목표를 실행하는 것이다.

10) 통제 및 평가

통제 및 평가(monitoring & evaluating)는 마케팅이 세부적으로 측정되면 비즈니스나 수익성을 확보하기 위한 미래 활동과 프로그램의 계획수립이 더욱 용이해진다. 그러나 PR이나 판매촉진의 비용효과를 측정하기 위해서는 장기적인 시간이 필요하고, 측정하기 곤란하기 때문에 행동계획과 특별촉진계획을 수립하는 시기에 통제시스템을 구축하는 것이 중요하다.

제2절

호텔마케팅 믹스

1. 호텔마케팅 믹스의 의의

현대적 의미의 마케팅은 상품을 개발하여 적당한 가격을 정하고 고객들이 쉽게 접근할 수 있도록 유통망을 활용하여 제공하는 것이 일반적인 과정이다.

일반적으로 적용되고 있는 마케팅 믹스의 개념은 서비스산업에는 효율적이지 못한 점이 있다. 이것은 마케팅의 개념을 서비스의 측면의 접근보다는 상품을 판매하는 전략에 치중했기 때문이다.

마케팅 믹스(marketing mix)란 마케팅 전략을 계획하고 실시하며 마케팅목표를 수행하는데 있어 기업의 통제가 가능한 모든 변수를 말한다. 마케팅믹스의 개념은 보덴(N. H. Borden)에 의해서 제창(1964년)되었으며, 그 후 맥카시(E. McCarthy)에 의해서 일반화되었으나 이러한 개념은 서비스 상품이 일반 물적 상품과 구분되는 점에서 특징 설명이 충분하지 못하다는 것이다. 마케팅 믹스란 마케팅 목표를 달성하기 위하여 마케팅 경영자가 일정한 환경적 조건을 전제로 일정한 시점에서 전략적 의사 결정을 거쳐 선정한 제(諸) 마케팅수단의 요소 또는 그 최적 결합상태를 의미한다.

기업의 입장에서 새로운 마케팅 개념을 실현시키는 활동으로 소비자 지향성을 기본이념으로 하고 있다. 기업의 전체적 관점에서 장기적 기업성장을 추구하기 위한 마케팅의 계획, 조직, 통제, 조정 등이 주요한 경영활동이 되며, 이를 매네지리얼 마케팅이라 하고 제품(product), 유통(place), 가격(price), 판촉(promotion) 등과 같은 변수를 합리적으로 조합, 최적화를 결정하려는 것을 마케팅 믹스라고 한다.

2. 호텔마케팅 믹스의 구성

기업이 추구하는 목표시장의 잠재수익성을 확인하고 결정하는 과정은 물적 상품이나 서비스상품 공히 일반원칙에 준한다. 그러나 서비스상품과 일반상품과의 차이는 어떤 업체가 마케팅믹스를 개발하기 시작하면서부터 하나의 문제로서 대두될 수 있다.

마케팅 믹스의 개념을 일반화시킨 맥카시는 마케팅의 업무를 상품 또는 서비스의 판매를 통하여 특정소비자 집단의 욕망을 충족시켜주는 것으로 파악하고 제품(product), 유통(place), 가격(price), 그리고 촉진(promotion)의 4P요소의 분석 및 믹스를 중요시하였다.

마케팅 믹스란 마케팅 전략을 계획하고 실시하며 마케팅 목표를 수행하는데 있어 기업의 통제가 가능한 모든 변수이다. 소비재 마케팅에 있어서의 4P' s란 상품(product), 가격(price), 유통(process of delivery), 프로모션(promotion)이며, 4개의 마케팅인 물리적 환경(physical environment), 구매과정(purchasing process), 패케이징(packaging), 참가(participation)을 추가하여 8P' s라고 하고 있다.

본장에서는 서비스 마케팅을 중심으로 하여 상품(product), 가격(price), 유통(place), 촉진(promotion), 사람(people), 물리적 환경(physical environment), 과정(process)을 마케팅 믹스로 구성하고자 한다.

마케팅믹스의 틀

제안자	제안믹스 틀
멕카시(E. McCarthy)	4P : 제품(product), 유통(place), 가격(price), 촉진(promotion)
코프만 (C. Dewit Coffman)	12P : 제품계획(product planning), 가격(pricing), 브랜딩(branding), 단독 및 체인(individual or chain affiliation), 유통(channels of distribution), 인적판매(personal selling), 광고(advertising), 프로모션(promotion), 패케이징(packaging), 디스플레이(display), 서비스(servicing), 핸들링(handling), 사실 확인 및 시장조사(fact finding and analysis or market research)
하워드(Howard)	6P : 제품(product), 가격(price), 유통(process of delivery), 광고(advertising), 입지(place), 인적판매(personal selling)
붐과 비트너(B. H. Booms & M. J. Bitner)	7P : 제품(product), 유통(place), 가격(price), 촉진(promotion), 참여자(participant), 물적 단서(physical evidence), 과정(process)
모리슨 (A. M. Morrison)	8P : 제품(product), 유통(place), 가격(price), 촉진(promotion), 패키지(packaging), 프로그래밍(programming), 제휴(partnership), 종사원(person)
서비스 마케팅	7P : 상품(product), 가격(price), 유통(process of delivery), 프로모션(promotion), 사람(People), 물리적 환경(physical environment), 과정(process)

3. 마케팅 믹스의 구성 요소

1) 상품

상품(product)이란 시장에서 주목받게 하거나 수요자에게 획득이나 사용을 위해 제공하며 고객의 욕구나 필요를 만족시키기 위해 제공되는 모든 것을 의미한다.

상품은 수요자 또는 잠재구매자에게 제공되는 것으로서 경영자 측의 결정에 의해서 고객에게 제공되는 상품을 포함하는 개념이다. 그러나 상품은 기업이 제공하고자 하는 제품의 계획된 부분을 의미하지만 기업이 의도하지 않은 부분도 제공할 수도 있다.

서비스 산업에서의 상품(product)은 새로운 제품과 서비스, 그리고 복합적인 시스템이 매우 다양하게 작용하여 생산되고 있어, 상품의 차별화가 어렵고 상품 수명주기도 변화되기 때문에 새로운 상품의 개발 및 부각이 어려운 실정이다.

2) 가격

가격(price)이란 제품 및 서비스의 대가로 요구되는 금액, 즉 소비자가 소유 또는 사용하게 된 제품이나 서비스의 편익을 교환하는 대가로 지불하는 가치이다. 상품의 생산자가 미리 정해놓은 판매량과 수입에 도달하기 위한 목표와 고객과 미래고객이 상품을 선택하는데 있어 가치를 높이려는 상품교환에 있어 교환거래의 합법성과 협정된 용어를 의미한다. 제품차별화가 이루어지지 않은 동질의 상품은 가격이 구매결정의 중요한 요인이 된다.

3) 유통

유통(process of delivery)이란 고객에게 서비스 또는 제품을 전달하는 과정에 수반되는 모든 활동을 말하며 유통 장소와 유통채널이 포함되며 판매자는 제품이나 서비스를 판매할 방법과 장소를 결정해야 한다. 유통(place)의 범위도 세계화 추세 속에 유통시장의 단일화가 자체 유통시장의 개발로 소비자는 어디에서나 상품을 구입하기가 용이해졌다. 현 시대의 유통(place)의 범위도 세계화 추세 속에 유통시장의 단일화가 자체 유통시장의 개발로 소비자는 어디에서나 상품을 구입하기가 용이해졌다. 현 시대의 호텔기업의 유통시장의 경우는 통신 기술발달에 따라 여행사 및 항공사와의 연계된 컴퓨터 통신망 이용과 인터넷 등으로 예약 및 호텔 서비스 상품에 대한 정보를 고객이 직접 이용하고 있다.

4) 촉진

촉진(promotion)활동은 제품과 서비스에 대한 관심을 자극하고 소비자에게 정보를 제공하고 구매에 대한 인센티브를 제공해서 제품 및 서비스를 구매하도록 소비자를 설득하는 것이다. 촉진을 통해 상품과 서비스에 대한 인식고양(高揚)은 물론, 상품 · 서비스를 실제로 구입하도록 하는 것, 즉 고객구매 태도의 변화에 초점을 맞출 수 있는 고객관계 지향적인 관계마케팅을 통하여 예상고객을 끌어들이며, 기존고객과의 장기적인 유대관계를 통하여 구매 결정단계를 인도하는 것이다.

5) 사람

사람(people)이란 서비스의 제공 전(前), 제공과정, 제공 후의 과정과 인식에 영향을 주는 참여자를 의미한다. 호텔산업은 인적서비스 의존도가 높은 서비스 산업으로 고객이 인식하는 효용과 가치에 있어서 서비스가 차지하고 있는 비중이 크다. 특히 호텔산업은 서비스 특성상 생산과 동시에 소비가 발생되기 때문에 고객(people)과 직접 접촉하여 서비스를 제공하는 현장 종사원(contact person)의 서비스는 고객만족을 유도하는데 결정적인 역할을 한다.

6) 물리적 환경

물리적 환경(physical environment)이란 상품의 판매가 발생되는 환경과 상품이 생산되고 소비되는 환경을 말한다. 따라서 환경은 구매 행위에 영향을 줄 수 있다. 고객들이 자주 이용하는 곳은 그 곳에서의 편안함이다. 따라서 상품의 특성, 음악시설, 업체의 lay out, 시설, 조명 등에 의해서 영향을 받게 된다.

이러한 쾌적성은 감각에 의하여 검증된다. 감각적 표현은 주위 환경의 설명을 제공하며, 주요 감각 기관은 시각, 청각, 후각, 촉각이다. 즉 ❶ 시각적 범위는 색깔, 밝기, 크기, 모양이다. ❷ 청각적 범위는 크기와 높이이다. ❸ 후각적 범위는 냄새와 신선함이다. ❹ 촉각적 범위는 부드러움, 평탄함, 온도이다.

7) 과정

과정(process)이란 고객의 요구를 파악하고 서비스의 표준화를 통해 고객의 기대에 부응한다는 의미이다. 호텔 상품은 저장이 불가능하고 보이지가 않으며, 구매에 대한 사람들의 심리적인 동기와 의사결정의 방법을 고려한 심리적인 방법이다. 서비스 과정은 고객이 경험하고 인식한 일련의 서비스 접점(service encounter)들로부터 서비스 과정이 구성된다. 고객이 인식한 서비스 품질은 기대한 서비스와 인식된 서비스 차이에서 발생하게 된다.

제3절

마케팅 믹스 전략

1. 상품 · 서비스 믹스

상품 · 서비스 믹스(product service mix)는 판매목적이든 무엇이든지 목표시장의 수요를 충족시키기 위한 상품과 서비스를 결합한 것으로서 상품과 서비스를 동시에 결합하여 제공하는 산업의 특징을 지칭한다고 할 수 있다.

일반적으로 업체들은 상품판매에만 노력을 집중시키는데, 그 이유는 마케팅 프로그램 믹스(marketing program mix)들은 상품 판매전략 차원에서 활용하고 있다. 유형의 상품은 무형의 서비스 상품을 제공하는 업체보다 수요시장에 매물(賣物)로 내놓기가 쉽기 때문이다.

상품은 용이하게 시장성을 시험해 볼 수 있으나, 서비스는 시장성을 시험하기가 곤란하다는 것인데, 추상적 의미의 개념인 서비스는 목표시장에서 접근하기가 힘들고 팔려고 내놓기도 어려울 뿐만 아니라 관리하기란 더욱 힘들기 때문이다.

상품과 서비스 믹스의 인식

많은 호텔에서는 고객 확보차원에서 친절한 서비스를 선전하고 있다. 그러나 어떠한 서비스가 친절한 것인지가 소비자의 구매결정에 결정적으로 작용하는지를 인식하기 어렵다는 것이다. 소비자들은 상품 · 서비스믹스의 구성요소를 각기 구분해서 생각하지 않고 하나의 통합된 전체로서 생각한다. 따라서 판매전략을 전개할 때 믹스를 구성하는 서비스 요소가 전략의 중요한 부분이 되어야 한다. 업체는 동시에 어떤 서비스를 판매할 것인가를 결정해야 하고, 소비자는 서비스를 어느 정도 잘 이행하고 있는가에 따라서 평가한다는 사실에 유의해야 한다.

따라서 서비스를 약속하는 업체들은 무형의 서비스 품질을 높이려고 시도할 때 서비스를 유형의 상품과 동일한 것으로 잘못 인식하는 경우가 많으며, 서비스를 판매하려고 하는 업체들은 유형상품과 분리시켜 서비스만을 판촉하려 할 것이 아니라 상품과 서비스를 결합시켜 판매하려는 노력을 해야 한다는 것이다.

소비자가 상품의 구매결정 시에는 소비자가 느낄 수 있는 위험부담을 감소시키고 상품을 믿고 안심하고 구입할 수 있도록 결함에 대처한 보증을 해 주어야 한다. 그러나 무형상품인 서비스의 경우는 소비자 고객으로 하여금 이러한 확신을 갖도록 하는 것이 어려우며, 제공받은 서비스에 대한 만족, 불만족에 보증 책임을 감당하기가 쉬운 일이 아니다.

2. 프리젠테이션 믹스

고객이 자사(自社)상품의 구매결정을 용이하게 하기 위하여 상품의 특성과 이익을 좀 더 명확히 보이게 하는데 있으며 제품의 유형성을 증가시키고 반면에 경쟁상품과의 차별화를 위해 이용되는 방법이다. 즉 적합한 장소와 시간에 목표시장을 대상으로 상품의 유형성을 돋보이게 하기 위해 사용되는 전략요소가 제시믹스(presentation mix)이다. 소비자에게 제공하는 전체적인 상품 · 서비스 믹스를 소비자들의 눈에 더욱 돋보이도록 하는 개념이며, 업체가 고객들에게 팔려고 내놓은 상품 · 서비스믹스를 다른 경쟁업체와 구별되게 하는 수단이기도 하다. 소비자는 상품을 평가할 때 모든 것을 전체적으로 생각한다.

소비자들이 업체가 제시한 제시믹스를 일반적으로 평가하는 요소들은 다음과 같다. ❶ 물리적 시설, ❷ 입지(place), ❸ 분위기(조명, 음향, 면적, 냄새, 복장 등), ❹ 가격, ❺ 종사원의 행동과 태도 등이 있다. 그러나 이러한 요소들은 서비스 마케팅전략(service marketing strategy)을 계획하는 업체에 따라서 달라질 수 있다.

1) 물리적 시설

물리적 시설(physical plant)이란 호텔 건물의 외관과 영업부서의 위치는 모두가 제시믹스의 일부분이다. 건물의 외관이 성공적으로 설계되어 있을 때 소비자는 건물의 외장을 보는 것만으로 건물의 내부가 어떻다는 것을 알 수 있다는 것이다. 따라서 건물구조도 상품으로서의 매력을 가지고 있다는 것을 의미하며, 이러한 요소를 반영해야 한다.

근접성(profit center proximities)이란 호텔의 영업장과 고객이 주로 이동하는 코스와의 관계를 기술하는 용어이며, 고객이 상품을 소비하는 시점과 거의 동일해야 하기 때문에 서비스를 제공하는 장소는 매우 중요한 것이다. 영업장의 위치는 고객들이 주로 왕래하는 코스와 일치되어야 하며, 서비스 판매 전략에서 중요한 요소가 되고 있다.

영업장의 접근성

영업장 접근성의 좋은 예는 호텔고객이 front desk에서 엘리베이터에 가는 동안에 칵테일 라운지, dining room, game room 그리고 indoor swimming pool을 내려다보면서 통과하도록 되어 있는 배열이라 할 수 있다. 그러나 접근성이 좋지 않은 경우는 호텔로비에서 칵테일 라운지를 볼 수 없게 되어 있으며, 식당을 통해야만 갈 수 있도록 되어 있는 경우이다.

2) 입지

입지(location)는 매우 중요한 마케팅의 요소 중 한가지이다. 소비자가 선택하여 지출하는 비용의 발생이 높다고 생각해도 좋은 상품과 서비스가 있다면 먼 거리까지 갈 수도 있다. 따라서 위치는 모든 업체는 판매 전략의 일환으로 어떠한 경쟁에서도 이겨낼 수 있도록 입지의 중요성을 강조한다,

또한 동일한 입지 조건이라면 호텔업들은 경쟁에 대처하기 위한 수단으로 자본과 브랜드를 활용한다. 노동집약적인 서비스업체인 경우에 여러 곳에 연쇄점(chain)을 두어 경쟁에 대처하고 있다.

3) 분위기

분위기는 무형의 서비스 상품을 더욱 돋보이게 하고 소비자 고객들에게 더욱 실감나게 할 수 있다. 우아한 분위기(atmosphere)란 설비, 전기, 조명, 장식, 음악 그리고 공간 활용 등을 활용하여 고객들의 주의를 끌게 하고, 이야기 거리가 되게 하며 또는 정서를 불어 넣어주는 매개체 역할을 함으로써 구매행동에 영향을 줄 수 있다.

4) 가격

상품판매에 있어서 가격(price)은 일반적으로 원가를 근거로 하여 설정된다. 그러나 무형의 서비스 상품을 판매하는 호텔들은 이러한 기준은 어려울 수가 있는데, 친절한 서비스와 정성스런 서비스를 제공을 하였다고 하여도 이와 관련된 비용을 산출해내는 것이 어렵기 때문이다.

서비스에 대하여 소비자인 고객이 생각하는 편익과 가치가 소비자의 구매행동에 영향을 미치게 되며, 저렴한 요금은 소비자 고객의 구매의욕에 불리하게 작용할 수도 있고 새로운 상품을 구입하게 될 때는 소비자는 가격에 의하여 그 상품의 질을 추정하기 때문이다.

5) 종사원의 행동과 태도

제시믹스(presentation mix)를 구성하는 요소 중 중요한 것은 업체에서 일하는 종사원(employees)들이다. 서비스의 특성이 무형성이고 고객에게 무형의 서비스를 제공해야 하는 어려움 때문에 경영주입장에서 기준을 설정하기가 어렵고 훌륭한 서비스를 항상 제공한다고 보장하기가 더욱 힘이 들기 때문이다.

업체에서 이 문제를 해결할 수 있는 방법은 교육훈련을 통하여 종사원이 서비스 판매 전략의 중요한 역할을 담당하고 있음을 충분히 인식시켜야 한다. 윌리엄 조지(William George)는 "종사원들은 무형의 서비스 상품을 대표하는 물적 존재"라고 표현한 것처럼 종사원의 역할을 강조한 대표적인 사례이다. 성공적인 서비스업체가 되기 위해서는 고객에게 서비스를 판매하기 이전에 종사원들에게 먼저 서비스 직책을 판매해야 한다는 이론이 성립된다.

3. 커뮤니케이션 믹스

호텔상품과 서비스의 유형성을 증대시키고 소비자의 기대를 조사하거나 소비자에게 구입을 하도록 설득시키기 위해서 행하는 방법으로 정보교환을 말하며 고객을 설득하여 소비자로 하여금 구매토록 유도하는 것이다.

서비스 마케팅에서 커뮤니케이션 믹스(communication mix)는 두 가지 주요목적에 기여한다. ❶ 소비자를 설득한다. 즉 무형의 서비스를 소비자에게는 실체적인 것으로 보이게 한다. ❷ 소비자 기대를 설정하고 조정하는 역할이다. 고객에 대한 종사원의 친절한 서비스를 제공하도록 노력하고 접객할 때마다 친절성을 보장하도록 하는 역할이다.

1) 광고

광고(advertising)는 상품의 이미지를 제고시키고 소비자의 인식을 변화시키며 상품의 수요를 창출해내는 가장 생명력이 있는 방법이라고 할 수 있다.

광고는 공공적인 커뮤니케이션의 수단이며, 설득성이 강하며, 표현성의 자유로움이라고 하겠다. 특히 광고는 4가지의 개념적 의미가 있는데 AIDA(아이다)의 법칙이라고 하겠다.

AIDA(아이다)의 법칙

AIDA는 A(Attention : 주의), I(Interest : 흥미), D(Desire : 욕망), A(Action : 행동)이며, AIDCA의 C(Confidence : 확신)이다. 일반적으로 AI는 광고, CA는 인적판매를 의미한다.

2) 홍보

홍보(publicity)란 제품, 서비스 또는 아이디어에 관한 뉴스나 정보로서 발표되지만 후원자에 의해 비용이 지불되지 않는 형태의 촉진을 말한다. 광고와는 달리 구입되거나 직접 판매를 발생시키는데 활용되지는 않지만 제품 및 서비스에 대한 표현으로 일반대

중의 눈에 회사나 제품의 가시(可視)도를 증대시키는 것에 의해 장래시장의 확보를 위해 고객들에게 인식 증가를 유도하는 것이다.

3) 판매촉진

판매촉진(sales promotion)이란 특정한 제품에 대한 수요를 환기시키기 위해서 계획된 전문적 활동을 일컬어 판매촉진이라고 하며 프로모션(promotion)의 하위 개념이라고 할 수 있으며 판매를 조장시키기 위한 것으로 쿠폰(coupon), 선물, 바우처(voucher), 염가티켓, 경품, 콘테스트 등과 같은 활동이다.

4) 인적판매

인적판매(personal selling)는 소비자에게 상품을 소개하고 흥미를 유발시키며 판매하는 동안에 고객과의 대화와 응답을 통한 판매이다.

제4절 시장세분화와 표적시장

1. STP 전략의 의의

STP(Segmentation, Targeting, Positioning)전략은 우선 전체 시장을 몇 개의 기준들을 사용하여 가치가 있는 다수의 동질시장으로 분류하고(segmentation), 세분화된 여러 시장 중에서 자사의 능력과 경쟁 등을 고려하여 표적시장을 선택한 다음(targeting), 그 시장에서 상품속성이나 다양한 마케팅믹스 요인을 이용하여 자사상품을 소비자의 마음속에 심어주는(positioning) 과정을 거친다.

마케팅관리자는 STP 전략을 수행하기 위하여 다음과 같은 단계를 거친다.

1) 세분화 단계

세분화(segmentation) 단계에서는 먼저 시장을 세분화하기 위한 기준을 수립하여야 한다. 시장세분화기준 중에서 시장성과를 결정할 수 있는 주요한 요인을 선택하는 것은 세분시장을 보다 명확히 파악하는 것이므로 고객의 욕구를 보다 정확히 반영할 수 있게 된다. 따라서 시장세분화의 기법이 발전하면서 복합적인 변수를 이용하여 보다 정교한 시장세분화를 추구하고 있다. 세분화 기준이 수립되면, 그 기준에 의해서 시장세분화를 하고 세분시장에 대한 특성을 정밀하게 분석하여야 한다.

2) 표적시장 선정단계

표적(targeting)시장선정 단계에서는 먼저 세분시장별로 시장 매력도를 평가하여 자사가 경쟁우위를 가질 수 있도록 최종적으로 진입이 가능한 표적시장(target market)을 선택하여야 한다. 그리고 최종적으로 표적시장이 선정되며 그 표적시장에서 달성해야 할 마케팅목표와 마케팅전략을 수립하여야 한다.

3) 포지셔닝 단계

포지셔닝(positioning) 단계에서는 먼저 경쟁우위 분석과 상품 포지셔닝을 결정하여야 한다. 선택된 표적시장에 존재하는 경쟁자들 간의 경쟁우위를 파악하여 표적시장에서 가장 효율적으로 소구할 수 있는 위치를 결정해야 한다. 상품에 대한 포지셔닝을 결정하고 난 후에는 포지셔닝이 표적시장 내에서 마케팅목표를 달성하는데 성과가 있는가를 평가하고, 그렇지 못하거나 새로운 차원의 경쟁변수가 등장했을 경우에는 재포지셔닝(repositioning)을 해야 한다.

2. 시장세분화

시장세분화(market segmentation)는 전체 시장을 공통의 특성을 지닌 몇 개의 소시장으로 구분하는 과정을 말하며 그 그룹을 세분화된 시장 또는 부분시장이라고 한다. 마케팅 전략 측면에서는 관광시장 세분화 정책이라고 한다.

일반적으로 시장은 이질적인 욕구를 가진 다양한 소비자들의 집합으로 구성된다. 그러나 이질적인 소비자 중에서 어떠한 상품에 대하여 동일한 태도, 의견, 구매행동을 가진 집단이 존재할 수 있으며, 그들을 다른 성향을 가진 집단과 분류하여 비교적 동질적인 몇 개의 시장으로 나눌 수 있게 된다. 이러한 과정을 시장세분화(市場細分化 : market segmentation)라고 한다.

시장세분화는 이러한 동질의 욕구를 가진 세분시장에 대한 마케팅전략의 효과를 극대화시키고 마케팅비용의 효율화를 높이기 위한 방법이다. 시장세분화를 하는 이유는 수요기회를 쉽게 발견할 수 있으며, 마케팅 믹스를 효과적으로 조합이 가능하고 시장수요의 변화에 신속하게 대처할 수 있기 때문이다.

시장세분화의 기준은 고객욕구의 차이, 세분시장의 크기, 기업의 제 자원 등을 고려해야 한다. 김충호 교수는 서비스업의 시장세분화를 인구통계적 변수, 지역별 변수, 심리적 변수, 구매고(購買高)의 변수로 구분하였다. 또한 이선희 교수는 사회 · 경제적 및 인구 통계적 세분화, 상품 지향적 세분화, 심리적 세분화, 지리적 세분화 등으로 구분하고 있다. 마케팅에 있어서 시장 세분화의 기준은 다양한 기술들에 의해서 사용되고 있으나 절대적인 기준이나 방법은 존재하지 않는다. 세분시장을 발견하는 기준으로는 양적인 측면인 인구통계적 측면을 가장 많이 사용하며, 지리적인 변수, 인구통계적인 변수, 심리분석적인 변수, 행동분석적인 변수가 있다. 최근에는 행동과학적인 변수도 많이 활용하고 있다. 따라서 시장세분화는 이러한 기준을 토대로 지리적인 변수, 인구통계적인 변수, 심리 분석적 변수, 행동 분석적 변수 등으로 구분하고자 한다.

1) 지리적인 변수

지리적인 변수를 이용하는 시장세분화는 중요한 기준이 되며, 거주지가 구매형태에 큰 영향을 끼치게 된다. 이 변수는 주로 지역적 측면의 인구밀도, 도시의 규모, 기후, 도시, 농촌, 어촌 등과 같은 환경이 활용된다.

2) 인구통계적인 변수

인구통계학적 세분화는 목표기준이나 측정이 가능한 특성에 근거하여 분류하는 방법으로 연령, 성별, 소득, 직업, 교육수준, 사회적 위치(사회 · 경제적), 거주지, 가족 수/생활주기(결혼 여부, 자녀 수, 자녀연령), 종교, 종족, 인종적 배경, 국적 등이 기준이 된다.

3) 심리분석적인 변수

심리분석적인 변수를 근거로 한 시장세분화는 최근에 응용되고 있는 마케팅 기술로서 개인의 가치, 태도, 생활양식(life cycle), 관심, 활동 그리고 성격 등의 심리적인 변수를 사용하여 집단화하는 방법이다. 관광분야에서도 이러한 심리학적인 분석을 통한 시장세분화는 사람의 개성과 신념이 구매동기(행위)에 커다란 영향을 끼치고 있기 때문이다.

개인의 가치측정 기준

가치측정의 기준으로는 시간의 소비와 관심과 가치에 있는 것으로 보수적인, 자유주의적인, 모험적인, 가정적인 그리고 건강지향적인 용어가 사용되고 있으며 SRI 인터네셔날의 조사자들은 생존자, 유지자, 소속자, 경쟁자, 성취자, 자아 주장자, 경험자, 사회 의식자, 통합자의 9가지 가치 및 life cycle의 범주를 결정하고 분류하고 있다.

4) 행동분석적인 변수

실제 고객과 잠재고객의 행동을 분석하여 시장세분화를 실시하는 것으로 특정구매 동기 및 습관, 추구편익, 사용경험이나 사용량, 선호도, 목적이 있는 집단으로 분류하는 것이다. 관광습관과 선호여행형태, 관광의 목적인 친구 및 친척방문, 상용, 유람, 국제회의 등으로 구분하여 추구하는 편익(便益) 등이 있다.

시장세분화에서 사용되는 기준변수

구분	변수
지리적 변수	국가, 도시, 지역, 인구밀도, 기후 등
인구 통계적 변수	연령, 성별, 소득, 직업, 교육수준, 가족 수/생활주기(결혼 여부, 자녀 수, 자녀연령), 종교, 종족, 인종적 배경, 국적 등
심리 분석적 변수	개인의 가치, 태도, 생활양식(life cycle), 관심, 활동, 성격. 사회계층 등
행동 분석적 변수	이용기회, 이용경험, 이용량(숙박 횟수), 상표애호도, 상표집착도, 계절성, 시간성, 사용기간, 지출능력, 추구편익 등

자료 : 채서일, 마케팅, 학현사, 1998, p.203.를 참고로 재구성함.

3. 표적시장

시장세분화를 실시하는 일반적인 절차는 시장을 세분화하기 위한 수준(level)을 결정하는 단계에서 시작이 된다. 시장세분화를 통해 시장을 세분화하고 세분화된 시장의 특성에 맞는 활동을 전달하기 위해서 표적시장을 선정하게 된다.

표적시장(target market)은 세분시장 중에서 자사(自社)의 경쟁우위와 경쟁상황을 고려했을 때 자사에 가장 좋은 시장기회를 제공해줄 수 있는 특화된 시장을 의미한다. 모든 시장을 대상으로 하는 마케팅 전략은 기업의 한정된 자원을 고려할 때 불가능한 경우가 있고 효율적이지 못한 경우가 많기 때문에, 기업의 목표를 충족시킬 수 있는 세분시장을 표적시장으로 선택하여야 한다. 특정한 목적으로 집단화할 것인지를 결정하여 세분화를 위한 변수를 선정하여 시장을 세분화한 다음, 세분시장의 특성을 파악하는 단계를 거쳐서 표적시장을 선정하여야 한다.

1) 시장의 크기

시장의 크기는 특정시장을 대상으로 영업을 해서 수익성을 확보할 수 있을 정도가 되어야 한다. 시장의 크기를 고려할 때 자사와 경쟁사의 상품의 구매할 가능성 및 구매력, 사용량, 자사와 경쟁사의 점유율 등을 참고해야 한다. 시장의 크기가 너무 좁게 되면 자사의 잠재력을 충분히 발휘하기 어려우며, 너무 크면 표적시장에 대한 통제력의 감소나 새로운 경쟁사의 진입을 가져올 수 있기 때문에 신중하게 크기를 고려해야 한다.

2) 시장특성과 자사 경쟁력

세분시장의 특성과 자사(自社)의 이미지 또는 핵심역량과 적합하여야 한다. 예를 들어 중저가 호텔을 원하는 세분시장이 확대된다고 해서 고급호텔을 가진 경영자가 중저가 호텔시장에 뛰어들 수는 없다. 세분시장의 특성은 단기간 내에 동일한 시장에서 크게 바뀌는 것은 쉽지 않으며, 특히 자사의 특성이나 핵심역량이 바뀐다고 해도 소비자들이 이를 인지하는데 시간이 많이 걸리기 때문이다. 따라서 자사특성에 맞는 세분시장을 선정해야 한다.

3) 경쟁 정도

세분시장에서 가장 중요한 핵심적인 요인 중에 하나는 경쟁이다. 경쟁에 대한 고려 없이 세분시장을 평가하여 표적 시장을 선정하게 되면 마케팅 전략에서 경쟁회사와의 상품경쟁에서 포지셔닝의 우위획득이 곤란해진다. 시장의 크기만을 보고 시장에 진입하려는 경우에 흔히 고려하지 못하는 요소가 경쟁강도이다. 경쟁강도가 적은 세분시장은 여러 가지 측면에서 더 유리하다. 기업의 전략적인 특성이나 핵심역량이 명확하지 않은 경우에는 특히 큰 시장의 특성과 자사의 특성이 비슷하다고 판단하기 쉬우며, 경쟁이 심해도 자사가 충분히 공략할 수 있는 것이 큰 세분시장이라고 결론을 내리기가 쉽다. 세분시장에서 주도하는 기업이 아닌 경우에는 경쟁사가 많더라도 자사의 특성을 정확하게 인식시킬 수 있는 세분시장을 표적시장으로 삼는 것이 바람직하다.

4. 포지셔닝

포지셔닝(positioning)이란 기업이 표적시장을 선정하여 소비지향적인 시장상태에서 고객의 기호를 유발하기에 충분한 특성을 경쟁자의 제품과 식별토록 하는 동시에 경쟁에 있어서 유리한 지위를 점유하도록 하기 위한 전략이다. 즉 제품의 성능, 품질, 디자인, 형태, 포장, 상표에 따라 다른 회사와의 차이점을 강조하는 것이다.

포지셔닝(positioning)

포지셔닝(positioning)이란 용어는 라이스(Al Ries)와 트라우트(JACK Trout)가 「Advertising Age」에 포지셔닝 시대라는 논문을 게재(1972년)하면서 그 의미를 찾고 있다.

고객은 일정한 속성을 기준으로 마케팅 전략의 수행에 있어서 고객의 일정한 속성을 기준으로 여러 경쟁상품과 비교를 하는데, 각각의 상품이 어떠한 위치를 차지하고 있는가를 나타내는 것을 말하며, 자사(自社)의 상품특성 포지셔닝(positioning)을 창출해내야 한다.

포지셔닝은 상품에 대한 이미지(image)를 창조하는데 있으며, 상품 포지셔닝을 확립시키기 위해서는 많은 시간과 노력이 필요하고 이러한 요인은 이미지를 개선하고 새로운 이미지를 부각시킬 수 있다. 이미지의 목적은 조직을 도와서 만족스런 판매와 이윤을 창출해내기 위한 것이며, 일반적인 상표 이미지는 생산되는 상품, 제공되는 서비스의 질, 회사의 정책, 마케팅 노력에 의해서 가능하다.

포지셔닝의 전략의 유형은 다음과 같은 것이 있다.

1) 상품 포지셔닝

상품 포지셔닝은 가장 흔히 사용되는 방법으로서 상품의 속성 또는 편익을 경쟁사와 비교하여 차별화하여 소비자에게 인식시키고자 하는 방법이다. 호텔상품은 표적시장의 욕구와 관련하여 포지션(position)되어야 하고 이러한 위치를 확보하기 위해서 어떻게 고객의 욕구를 충족시키고 있는가 하는 것을 고객에게 전달함으로서 상품이 주는 편익을 강조하려는 노력이 중요하다. 포지셔닝은 제품 및 서비스를 가격과 품질에 의한 포지셔닝을 하는 것은 가장 명확한 방법 중의 하나가 된다. 또한 상품의 종류에 따른 포지셔닝(positioning)은 기존상품에 관한 포지셔닝은 포지션(position)의 유지와 변화에 대한 것으로, 이미 확립되어 있는 상품이 있는 회사가 이미지를 평가하여 상품의 유지를 지속할 것인가 변경할 것인가를 결정하는 것이다.

2) 경쟁대응 포지셔닝

고객의 지각 속에 자리 잡고 있는 경쟁기업에 대한 명시적 또는 묵시적으로 비교함으로서 자사의 편익을 부각시키려는 것으로 비교 광고 차원에서 많이 활용하고 있다. 경쟁 포지셔닝은 자사(自社)와의 직접경쟁관계에 있는 직접경쟁자 대응 포지셔닝, 간접경쟁자 대응 포지셔닝이 있다.

3) 고객대응 포지셔닝

고객대응 포지셔닝은 고객의 욕구를 사전에 파악하여 고객의 욕구와 욕망에 맞게 대응하는 것이다. 고객의 선호도는 다양한 시각에서 포지셔닝을 할 수 있으며, 상품, 가격, 품질, 상표, 서비스 등이다.

제14장

호텔 회계 · 재무관리

제1절

회계의 의의와 목적

1. 회계의 의의

기업을 경영하려면 규모에 따라서 차이가 있으나 자본이 필요하며, 이러한 자본은 주주의 출자, 사채, 차입 등을 통해서 조달이 된다. 조달된 자본은 기업에 투하되어 이것으로 재화를 매수하고 매수한 재화를 판매하여 화폐의 형태로 회수한다. 이처럼 자본이 화폐에서 시작하여 다시 되돌아오는 것을 자본의 운동, 자본의 순환 또는 경영활동이라고 하며, 이 자본의 운동은 연속적으로 반복이 된다.

따라서 회계는 이러한 복잡한 자본의 순환과정을 회계 특유의 방법인 계정에 의해서 계수적으로 파악하여 그 성과를 명백히 표시하는 것이다. 또한 이와 같은 계정에 의한 계산과 화폐적 측정은 회계실무의 기초로서 이것이 회계이론의 성립 기반이 된다.

미국회계학회(AAA : American Accounting Association)에서 발표(1966년)한 기초적 회계처리에 관한 보고서에 의하면 회계란 정보이용자가 정보에 입각한 판단이나 의사결정을 할 수 있도록 경제적 정보를 식별 · 측정하고 이를 전달하는 과정이다.라고 하였다.

따라서 회계란 기업의 활동으로 인한 재산의 증감 상태를 기록 정리하여 정확한 재산과 손익을 계산하고 재무상태와 경영성과를 표시하는 것이라고 할 수 있다. 즉 기업에서의 회계란 정보이용자에게 그 들의 의사결정을 도와주기 위한 경영활동의 결과를 기록하고 요약하여 전달하는 의사결정지원시스템이라고 할 수 있다.

2. 회계의 목적

경제활동에서 회계가 담당하고 있는 중요한 역할은 숫자화로 된 활동의 결과를 측정하고 이를 필요로 회계정보이용자들에게 의사결정에 유용한 정보를 제공하는 것이다.

회계의 목적은 이익과 재산의 상태를 파악하는 것이다. 기업을 운영하다가 보면 현금만을 다루는 것이 아니라 상품과 건물, 영업용 트럭 등 갖가지 재산을 관리해야 한다. 뿐만 아니라 직원의 급료와 전화세 등 여러 가지 경비도 필요하다. 따라서 금고 속의 현금이 처음보다 증가했다고 해서 그만큼 이익이 늘었다고 단순하게 생각해서는 안 된다.

이러한 이유는 그 현금이 상품을 판매함으로써 들어온 것이라면 그 현금 대신에 상품이라는 재산이 줄었든 것이고 상품을 배달했다면 운송비 등의 부대비용도 지출되었기 때문이다. 따라서 순수한 이익은 기업에 들어온 현금액에서 이에 따른 모든 발생비용을 차감하여 계산해야 한다.

따라서 상품의 판매, 대금의 회수, 운송비의 지출 등의 사업동향을 모두 정확하게 기록하고 계산해야 비로소 이익을 어느 정도 얻었으며, 재산은 어느 정도 증가했는지를 파악하는 것이다.

1) 재무회계적 목적

기업 경영과 관련된 많은 외부의 이해집단에 대해서 재무제표라는 수단으로서 경영성과와 재무상태를 주기적으로 보고할 의무가 있으며, 이러한 의무를 다하기 위한 목적이 재무회계의 목적이다.

2) 관리회계적 목적

기업 경영과 관련하여 경영체를 운영하는 경영자에게 경영관리에 도움이 되는 정보를 제공하기 위한 것이 목적이다.

3) 세무회계적 목적

회계에서 작성한 재무제표는 국가, 공공단체에게도 기업활동의 정보를 전달하고 정보를 제공하게 되는데, 그것은 광의의 보고라고 할 수도 있으나, 국가 및 공공단체에게는 의무적 또는 자발적으로 신고해야 하는 세무회계적 측면의 목적이다.

제2절

호텔업과 회계

1. 호텔회계의 의의

호텔업도 숙박을 중심으로 하여 숙박객과 이용자에 대하여 다양한 서비스를 제공하는 것을 목적으로 하고 있는 기업형태라고 할 수 있다.

호텔도 객실 · 식음료 · 부대시설에서 발생이 되는 재화를 판매하고 회수하는 일련의 절차가 필요하며, 이러한 과정은 반복되고 순환된다. 따라서 이러한 순환과정은 회계특유의 방법에 의해서 계산하고 측정을 해야 하며, 이것이 호텔회계의 기반이 된다. 특히 호텔업의 특징은 24시간 연중무휴의 영업을 하며, 매출장소가 상이하고 거래가 빈번하게 발생이 되며, 비교적 짧은 시간 안에 신속하고, 정확하게 계산이 되어야 하는 영업회계적 특징이 있다. 일반적으로 호텔 내에서 발생이 되는 계정의 정산은 현금지불과 같은 판매시점에서 이루어지는 거래와 숙박계정과 같이 판매시점과 수납시점과의 간격이 있는 등 다양한 거래 형태를 띄고 있다.

호텔의 매출에 대한 집계도 수익부분의 다양성과 영업시간의 차이는 회계처리의 단순한 집계차원이 아니라 이를 매일 어느 시점을 기준으로 하여 감사를 해야 하는 번거로움이 있다. 이러한 영업회계의 시작이 기업의 활동으로 인한 재산의 증감상태를 나타내고 재무 상태와 경영성과를 표시하게 되는 것이다.

호텔회계도 영업활동의 기록에서부터 회계가 시작이 되며, 호텔의 경영규모와는 상관없이 기업으로서의 제반활동을 이해하고 호텔업의 특수성을 파악한 후에 회계에 대한 기준과 이해가 필요하다.

호텔회계란 호텔의 재무적 성격을 갖는 거래나 사상을 화폐단위에 의하여 기록 · 분류 · 요약하여 호텔의 내 · 외부 이해관계자에게 그 결과를 보고하는 과정을 의미하며, 영업활동을 적용한 전문분야이며, 특수회계라고 할 수 있다.

2. 호텔회계의 분류

기업에서의 회계, 즉 셈을 하거나 계산을 한다는 것은 경제활동을 위한 거래행위를 기록하는 것으로서 재무적 성격을 갖는 활동을 화폐단위에 의하여 기록 · 분류 · 요약하고, 그 결과를 일정한 형식으로 나타내어 보고하는 기술이라고 하겠다.

현대적 의미의 회계는 외부의 이해관계자들에게는 합리적인 의사결정을 하기 위한 정보를 제공하거나, 경영자에게 그 기업의 실태와 업적을 일정한 기준에 따라 정확하게 보고하는 자료로서의 역할을 한다.

1) 영업회계

영업회계(operation accounting)란 고객의 호텔이용에 대한 제반사항에 대해 수납원이 직접 고객으로부터 대금을 영수하는 수납기능과 요금계산서를 발행하고 집계 · 분석하는 기능으로 각 영업장에서의 활동을 영업부문별로 일일결산체계로 종합하는 매출관리회계라고 하겠다.

2) 원가회계

원가란 제조나 용역의 제공 및 상품의 판매를 위하여 소비된 모든 재화와 용역의 가치이다. 따라서 원가회계(cost accounting)는 호텔업에서 객실상품을 생산하는데 필요로 하는 원가의 개념, 식 · 음료부문의 상품을 생산하는 데 있어서 소요되는 원재료를 식자재 및 음료자재로 구분하여 적절한 원가의 유지와 관리를 주된 목적으로 하는 회계의 영역이다.

3) 관리회계

재무회계의 목적이 외부 이해관계자를 위한 기초적 자료를 제공하는 것이라면, 관리회계(management accounting)는 기업 내부의 이용자, 즉 호텔의 경영자들에게 경영관리를 위하여 필요한 회계정보를 산출하여 유용한 정보를 제공함으로써 기업목적을 효과적으로 달성하고자 하는 데 있다. 또한 관리회계는 자율성 · 능동성 · 적극성에 입각하여 기업의 상황과 목적에 맞도록 하여 미래지향적 효과를 달성하는 데 있다.

4) 재무회계

재무회계(financial accounting)란 기업과 이해관계를 맺고 있는 주주 · 채권자 · 세무서 · 소비자 · 종업원 및 미래의 투자자 등과 같은 이해관계자가 기업실체와 관련하여 합리적인 의사결정을 할 수 있도록 기업의 안전성 · 수익성 · 활동성 등의 재무 상태나 경영실적을 계수화한 것이다. 재무제표의 작성을 일정하고 통일된 회계원칙에 따라 객관적이며 정형화된 양식으로, 또한 법에 의한 강제적 통제를 받아서 적정한 재무적 정보를 제공하는 데 그 목적이 있다.

재무회계의 일반목적은 재무제표의 작성과 관련된 회계이며, 일반 재무제표로는 대차대조표, 손익계산서, 이익잉여금 처분계산서, 재무상태변동표가 있다.

5) 세무회계

세무회계(tax accounting)는 세법(稅法)인 법인세법 · 소득세법 · 부가가치세법 · 조세감면규제법 등과 같이 법에 따라 기업이 국가나 지방자치단체에 납부하는 세금에 대한 세액의 결정, 세무신고서의 작성, 세무관리 등을 다루는 회계를 말한다. 세무회계는 법의 지배원칙에 의해 의무적이고 강제적이며 정확성을 기해야 한다.

3. 호텔회계 기준

회계는 일반적으로 인정된 회계원칙에 의해서 이루어지는데, 한국의 호텔기업은 경영형태와 규모에 따라서 크게 세 가지의 기준으로 구분한다고 하겠다.

일반적으로 기업회계기준에 의하여 회계원칙을 적용하는 호텔과 외국과의 합작호텔 또는 경영기술 도입계약을 한 체인호텔은 유니폼 시스템 호텔회계제도(USALI : Uniform System Accounts for the Lodging Industry) 기준에 준용하여 운용하고 있으며, 그리고 기업회계기준과 유니폼 시스템 호텔회계(USALI)를 혼용하는 호텔이 있다.

호텔업도 회계의 결과를 정확, 명료하게 표시하는 방법은 일반적으로 인정되는 기업회계원칙(GAAP : Generally Accepted Accounting Principle for business enterprise)에 의하여 손익계산서(P/L : Profit and Loss statement, I/S : Income statement)와 대차대조표(B/S : balance Sheet) 등의 재무제표(financial statement)를 활용한다.

회계는 일반적으로 인정된 회계원칙에 의해서 이루어지는데, 한국의 호텔기업은 경영형태와 규모에 따라서 호텔의 운영과 특성에 따라서 기준을 달리하고 있다.

1) 기업회계기준

이 원칙은 회계에 있어서 반드시 준수해야 한다는 사회적인 합의가 이루어진 일반적 회계원칙(GAAP : Generally Accepted Accounting Principles)이다.

한국은 기업회계기준을 적용하고 있는 호텔들은 호텔경영이나 호텔회계의 특수성을 고려하지 않고 있는 호텔로 중 · 소규모의 호텔이 이에 해당한다.

2) 유니폼 시스템 호텔회계 기준

외국과의 합작 법인 또는 경영기술을 도입한 호텔들은 대부분 외국의 호텔회계제도(USALI : Uniform System Accounts for the Lodging Industry)를 채택하고 있다. 외국의 투자자들은 자회사의 회계제도와 호텔회계의 기준이 되고 있는 미국의 회계제도를 채택함으로써 다른 호텔과의 재무자료를 용이하게 비교 · 분석할 수 있기 때문이다.

이 호텔회계제도는 호텔의 규모나 구조에 관계없이 표준양식에 따라 재무제표를 작성하도록 규정하고 있으며, 손익계산서가 영업부문별로 수입원가 및 비용이 세분되어 있으므로 영업부문별 목표이익 관리 및 예산계획 조정이 가능하고, 통일된 회계제도로서 호텔경영자가 이해관계자에게 회계정보를 쉽게 전달 · 인식시킬 수 있다. 또한 대차대조표 · 손익계산서의 작성과 영업부문별 손익계산절차 및 경영성과분석을 위한 방법에 대한 기준이 영업부문별로 계정과목을 분류하고 분개하는 시점에서부터 통일화되어 있으며, 매출원가가 직접원가의 개념으로서 제조원가가 아닌 매출원가로 수입에 직접 관련되는 비용만을 대응 · 배분시키고, 감가상각비 · 보험료 등은 공통부문비로서 매출원가에서 제외시켰으며, 에너지 비용인 수도광열비와 마케팅 비용인 광고 선전비 및 판매촉진 등과 같은 공통영업비는 영업부문별 수입에 따라 배분하지 않고 있다는 특성이 있다.

3) 기업회계기준과 유니폼 시스템 로딩회계(USALI)의 혼용

기업회계기준과 외국의 호텔회계제도(USALI)를 혼용하여 호텔 자체의 특성에 맞게 개발하여 쓰고 있는 호텔의 경우이다.

4. 호텔의 수익과 비용

1) 호텔의 수익

일반적으로 수익이란 호텔기업이 판매한 재화 또는 용역의 대가이다. 호텔이 영업활동을 통해서 획득하는 객실 및 식음료, 부대사업의 판매대금, 임대수입 등과 같은 것이 있다. 수익은 수입을 가져오지만 모든 것이 다 수입이 되는 것이 아니다. 또한 수익은 이익과 구별되어야 하며, 이익은 수익에서 비용을 차감한 순수금액이다.

호텔의 수입원은 호텔의 규모와 시설의 특성에 다라서 다양하게 나타나며, 내 · 외국인을 위한 객실부문(room), 식당 및 연회행사와 주류 판매를 위한 식 · 음료(food & beverage)부문, 마이너 부문(사우나, 스파, 헬스, 전화, 세탁, 비즈니스 센터 등), 기타 부문(환전 수수료, 공중전화, 기타 잡수익)으로 구분할 수 있다.

2) 호텔의 비용

비용으로서의 원가는 매출신장을 궁극적 목적으로 한 자산의 감소라고 할 수 있는 비용의 지출은 수익적 지출이라고 하며, 자산의 증가로 대체되는 비용의 지출은 자본적 지출이라 한다.

경영의 관점에서 비용이란 수익적 지출을 말하는 것으로 몇 가지 형태로 구분할 수가 있다. 비용이라 함은 고정비, 변동비, 혼합비의 3가지 측면에서 비용이 집합된 것을 의미한다는 할 수 있다.

(1) 고정비

고정비(fixed charge)는 판매량의 변화하는 단기간에 일정하게 유지되는 비용을 말한다. 즉, 객실판매가 5% 신장되었거나 식음료 판매가 10% 감소하였어도 고정비는 일정하게 유지된다. 일반적으로 고정비는 급여, 임대료, 보험료, 제세공과금, 감가상각비, 지급이자 등을 들 수 있다.

(2) 변동비

변동비(variable cost)는 판매량의 변화에 따라 비례적으로 증가하는 비용을 말하는데, 식음료 매출이 10% 증가하면 원재료비도 10%의 증가가 예상되는 관계의 비용이다. 일반적으로 변동비는 원재료비, 변동성 노무비, 소모품비 등이 있다.

(3) 혼합비(준고정비, 준변동비)

여러 가지 비용항목들 중에는 부분적으로 고정비의 성격도 있고 변동비의 성격을 갖고 있는데, 이런 비용항목들을 혼합비 또는 준고정비, 준변동비라고 하고 있다. 혼합비의 고정비적 성격은 판매량에 비례하여 변화된다고는 볼 수 없고, 변동비적 성격은 판매활동에 따라 변화를 하지만 정확한 비율로 변화하지는 않으며 변화폭도 크지는 않다.

제3절

호텔영업회계

1. 영업회계의 의의

영업회계는 거래의 발생이 곧 상품판매와 서비스의 제공에서 시작되는 수익계정이 가장 기초적인 단계의 처리과정이면서 호텔경영의 특수한 입장에서 고려하면 가장 중요한 것은 수납(receive)처리이며, 영업분석, 고객성향 분석 및 예측 등 기본자료를 통해 고객과 접촉함으로서 기록、회계처리를 한다.

호텔의 영업회계는 거래가 빈번하게 발생하고 매출장소가 상이하기 때문에 매일의 거래를 기록하고 보고할 때까지의 일련 과정에 의해서 업무가 진행이 되는데, 이를 회계의 순환과정 또는 회계절차라고 한다.

호텔은 객실, 식음료, 부대시설 및 기타에서 다양한 거래가 발생이 되기 때문에 매출에 대한 집계는 호텔수익부문의 다양화, 영업시간의 차이에서 발생되기 때문에 호텔업에서 매출은 단순한 집계의 차원을 넘어 청구서의 발행과 전기(轉記)를 시간내에 처리해야 하기 때문에 다른 업종과는 특성이 있다.

따라서 매출발생에 관련된 자료를 컴퓨터 및 판매시점 관리체계(POS : Point of Sales System)에 정확하게 입력시키고, 각 영업장간에 상호 연관하여 자료의 관리ㆍ정산을 오류의 발생이 곧 고객에게 불편을 끼친다는 생각으로 신속하고 정확하게 시행해야 한다.

영업회계는 구분은 객실회계(front cashier), 식음료회계(F&B cashier), 결산관리(회계감사:night auditing), 여신관리(credit account)로 구분하고자 한다.

2. 영업회계의 운영

1) 객실영업

호텔에 투숙하는 고객은 서비스가 제공되는 시점에서 현금으로 그 대가를 지불하는 것이 아니라 일정한 시점에 따라 고객이 지불을 하는 것이 일반적이다. 따라서 객실회계는 고객이 호텔에 투숙(check in)하여 퇴숙(check out)할 때까지 발생시키는 매출자료를 고객원장(guest folio)에 관리하고 정산을 한다.

객실회계의 수익계정은 호텔 전부문의 수익계정에서 투숙객에 관련된 자료를 관리하는데, 고객의 원장(folio)은 예약 또는 숙박 등록 시점에서 만들어지는데 사용을 위해서는 예약시 정보나 숙박기록이 반드시 원장에 이체(transfer)되어야 하며, 또한 원장의 번호는 고객의 숙박 등록카드에 기록되어야 한다.

객실수입(room revenue)은 투숙객의 객실요금으로서 수익 중 가장 큰 비중을 차지하고 있으며, 투숙한 고객의 식음료 수입(restaurant guest ledger)은 투숙객이 호텔내의 식음료 영업장을 이용하고 발생시킨 금액으로 고객원장(guest folio)에 전기(posting)된 매출이다.

객실회계원(front cashier)은 요금제도, 영업 준비금(fund), 교대(shift), 빌 포스팅(bill posting), 중간 페이(pay) 및 하이밸런스(high balance) 고객관리, 입금관리, 환전업무(money exchange)와 귀중품 보관 업무(safety deposit box)를 수행한다.

하이밸런스(high balance)

하이밸런스(high balance)란 호텔에서의 주말계산(Weekly pay), 중간지불이 필요한 경우 고객에게 청구하는 것이다.

2) 식음료 영업

식음료란 음식(food)과 음료(beverage)의 합성어로서 고객에게 식욕을 충족시켜주는 수단으로서 판매되는 상품을 말한다.

호텔의 수익에서 객실의 경우에는 매출액에 한정이 되는 반면에 식음료는 이에 비해서 탄력적이고 매출액 증대를 위한 가능성이 매우 높은 부문이라고 할 수 있다. 식음료 회계는 각 영업장에서 발생되는 수익계정을 관리를 하며, 개별 투숙객의 후불처리와 단체 투숙객의 지불 관계를 사전에 통보 받아 해당 단체의 원장에 실수가 없도록 전기(posting)하는 것이다.

식음료 회계는 고객에 의해 발생된 매출에 대한 직접관련부문이나 간접적으로 관계되는 모든 회계적 사항의 처리를 좀더 체계적이고 제도적으로 하기 위한 시스템이다. 회계처리과정상 발생이 될 수 있는 모든 사항이 결국 금전과 관계가 되기 때문에 수납회계 부문과 관계되는 각 부문의 업무책임을 설정하고 보다 효율적인 관리체계가 형성될 수 있도록 하는 것이다.

식음료부문은 각 영업장에서 발생된 고객과 종사원 그리고 영업장 캐셔들과의 회계처리 체계이다. 영업장의 이용고객이 업장에서 직접 지불하는 경우와 호텔에 투숙하고 있는 고객이 후불을 하는 경우 업무가 발생이 된다.

식음료 회계원은 식음료 접객원이 주문을 받아 계산서에 주문 받은 내용을 건네주면 판매시점 관리체계(POS) 단말기를 사용하여 인원수(covers), 테이블 번호(table no.), 내·외국인의 분류, 품목, 수량 등을 단말기에 입력시킨다.

이때 POS에 입력한 품목과 수량은 주방에 연결된 주방 프린터(kitchen printer)를 통하여 주문서가 발행이 되며, 특이한 품목인 경우에는 따로 주문서(order pad)에 기재하여 주방에 전달한다. 식음료 회계는 영업장 간 교대(shift), 영업 준비금(fund), 빌(bill)의 수불 발행 및 관리, 감사 테이프(tape) 및 수불 관리, 접대계산서 취급 및 현금 입금, 식음료의 각종 일일 영업보고서 작성 등이다.

3) 연회예약

호텔은 규모에 따라서 연회관련 조직을 별도로 구성하고 있는 경우가 많으며, 호텔의 연회부문은 식음료에 소속되어 식음료 책임자가 관리하는 것이 일반적이나 시대의 변화에 따라서 독립형태로 운영하여 조직체계를 형성하여 운영해 나가는 것이 추세이다.

호텔에서의 연회는 이러한 의미 외에 각종회의, 이벤트, 축제, 환영회나 기념회 혹은 파티 등을 하는 것을 말한다. 연회장은 일반 식당과는 다르게 테이블과 의자가 준비되어 있는 것이 아니라 일정한 장소에서 고객의 요구, 행사의 목적, 인원 등에 따라 여러 형태로 변화할 수 있는 영업장 중의 하나이다.

호텔을 이용하는 이용객들이 증가하고 있는 추세에 따라 연회장을 효과적으로 운영하기 위하여 연회예약 행사, 행사 진행 준비, 행사내역 및 세미나, 행사내역 관리 등을 통하여 신속, 정확한 고객서비스의 지원이 필요하게 되었다.

연회행사기 종료되면 연회 행사 통보서를 참고로 하여 계산서를 작성하게 되는데, 추가 발생한 식음료를 확인하여 최종 계산서를 발행한다. 캐셔에 의해 완성된 계산서를 주최자에게 제시하고 요금을 수납하게 되는데, 현금, 신용카드 등으로 분류하여 최종 계산서를 캐셔(cashier)에게 통보한다. 후불일 경우 주최자의 연락처, 회사명등을 정확하게 파악하여 관리회계로 통보한다.

3. 결산관리

호텔에 있어 결산 감사(income auditor)는 영업회계의 기본이며, 야간감사에 의해서 마감한 모든 자료에 대한 수입이 되는 부문, 객실, 식음료, 부대사업 등의 수입, 각 종보고서 등에 대해서 감사를 한다. 영업매상 및 현금수입에 대한 모든 감사권한을 갖게 되며, 수입 감사가 종료되면 여신관리 및 일반관리로 이전이 된다.

호텔업은 1일 회계 결산회계제도가 도입이 되어 야간회계 감사원이 매일 매일의 객실, 식음료, 기타수입 등에 대해 주간에 수납원이 처리한 각종 자료를 점검하고 모든 계정과목을 최종검산 및 확정하고 마감한다.

회계 감사원은 객실 및 식음료부문으로 구분하여, 객실회계와 식음료 회계의 각 계정과목이 정확하게 전기(posting)되었는지, 각 전표(voucher, slip)는 타당성 있게 승인을 받아 처리되었는지, 입금은 정확하게 시켰는지 등과 같은 모든 발생자료를 집계하고, 잘못된 부분은 수정하여 처리를 한다.

야간감사의 주요목적은 숙박객 계정(guest account)과 비숙박객 계정(non-guest account)의 정확성을 증명하는 것이다. 거래서류를 토대로 회계절차가 적법 했는지의 파악과 당일의 회계가 올바르게 전기(posting)되었는지를 검토하는 것이다. 즉 야간감사의 역할은 계정(accounting)의 절차와 흐름을 파악하고 고객의 신용에 주의하며, 현금거래(cash transaction)에 능숙하여야 한다.

이를 토대로 객실매상, 투숙율, 기타 객실부 자료를 이용하여 현금(cash), 수표(check), 신용카드(credit card)의 요약표(summary)를 만들고 당일의 영업결과를 요약하여 보고 자료를 준비하는 것이며, 마감일자의 설정을 하는 것이다. 야간결산의 기능은 다음과 같다.

- 전기(posting)된 항목의 확인
- 계정수지(account balance)의 점검
- 신용제공한도(credit limitation)의 점검
- 객실현황의 차이 분석(room status discrepancy)
- 운영보고서(operational reports) 작성 등

4. 여신관리

여신(與信)이란 상품구입이나 서비스를 제공받고 그에 상응하는 대금을 추후에 지불할 수 있는 능력을 의미하며, 미래의 일정한 시점에 대금 지불을 약속하고 현재의 가치를 교환하는 것이다. 따라서 지정된 기일에 구매자의 의무와 판매자의 권리가 발생한다. 여신관리의 주요 업무는 다음과 같다.

- 체크아웃 시 후불로 처리하는 금액관리
- 체크아웃 시 체재객의 정산(in-house balance)을 외상계정(city ledger)에 기록
- 미 결재금액의 여신관리(account receivable) 계정(ledger)에 기록
- 여신자료 관리: 여신 전표 및 입금 전표
- 출력물 현황: 거래처별 및 일자별 미수금, 입금, 청구서, 일별 및 월별 후불 등

일반적인 여신의 종류는 다음과 같이 분류할 수 있다.

1) 숙박객 외상계정

숙박객 외상계정(guest ledger account)은 장기적으로 투숙하는 고객을 포함하여 투숙고객을 대상으로 한다. 후불이라고도 하며, 고객은 현금, 신용 카드(credit card)결재, 외상매출금으로 결재하는 방법이 일반적이다. 호텔은 스키퍼(skipper) 예방 및 지불 무능력자의 발생을 방지하고 고객의 신용상태를 파악하며, 중간 정산(high balance)관리를 강화해야 한다. 숙박객 외상계정은 주로 객실회계에서 관리하며, 중간 정산(high balance)에 문제가 나타나면 여신관리자와 상의하여 대처한다.

2) 외상 계정

외상계정(city ledger account)이란 상용고객, 정부기관, 대기업 및 일반 기업체, 정당 및 사회단체, 국내 여행사, 항공사 및 해외 여행사, 회사내의 직원, 멤버십 회원, 국내 · 외 신용카드를 대상으로 한다. 이 계정은 고객이 발생시킨 대금의 만기가 되면 고

객에게 청구를 하고 약속한 기일 안에 회수 처리하는데, 카드회사의 외상매출을 회수하고 고객의 계정에서 호텔에 지불하는 것이다. 외상계정의 경우에는 호텔자체에서 외상매출금에 대한 회수지표를 설정해야 한다.

호텔은 신용과 회수정책의 효율적으로 운영하기 위한 업무의 기능으로서 호텔의 외상계정(외상매출 : city ledger)을 체계적으로 관리하기 위해 여신거래처의 신용정보, 여신 한도의 관리, 불량채권의 예방 그리고 여신 회수기일을 단축시켜 자금의 회전을 높여서 경영의 효율화를 기하기 위한 것이다.

호텔은 매출 증대에 치중하다 보면 신용이 불량한 거래처에게 판매하는 경우가 발생함으로 악성 채권의 발생을 최소화하고 외상매출금의 회수 기간을 단축시켜 매출채권 회수율을 높일 수 있는 제도적인 지침이 필요하게 되며, 호텔 운영에 필요한 의사결정을 해야 한다.

제4절

재무제표

1. 재무제표의 의의

주식에 투자를 하려고 하면, 투자자는 자신이 투자하려고 하는 회사의 경영성과를 조사한 후에 투자하려 한다. 이와 반면에 기업은 투자자에게 회사의 재무상태의 건전성을 고지함으로서 투자를 유도하려고 할 것이다. 이 양자의 관계를 만족시켜 주는 것이 바로 재무제표(financial statement)이다. 즉 기업의 거래를 측정 · 기록 · 분류 · 요약하여 작성되는 회계보고서이다. 재무제표는 회계보고서, 재무보고서, 결산보고서라고도 한다. 회계보고서란 재무제표와 동일한 용어가 아니고 광범위하게 사용되는 용어이며, 회계보고서에는 회계상 작성되는 모든 보고서가 포함이 될 수 있으므로 재무제표도 회계보고서의 일종이다.

재무제표는 기업의 경제적 상황, 즉 재무상태(재정상태), 경영성과인 경영실적, 현금흐름을 나타내는 표로서 기업의 경제적 활동이 최종요약이 되는 것이다. 또한 기업의 여러 이해관계자에게 보고 되어 이용자의 경제적 의사결정을 하는데 정보의 원천이 되고, 과세의 자료, 배당액을 결정하는 자료도 된다.

재무제표의 활용도

구분	내용
외부용	• 세무서 등에 제출하여 세금을 낸다. • 금융기관 등에 제출하여 돈을 빌린다. • 주주총회에 제출하여 주주에게 보고한다.
내부용	• 장래의 경영방침을 세운다. • 종업원의 근로의욕 향상을 위한 목표를 세운다. • 불필요한 지출을 억제한다. • 제조업의 경우 가격을 결정하기 위한 원가계산을 한다.

재무제표의 종류에는 ❶ 대차대조표, ❷ 손익계산서, ❸ 이익잉여금처분계산서(또는 결손금처리계산서), ❹ 현금흐름표, ❺ 주기와 주석으로 한다.

대차대조표와 손익계산서를 포함한 재무제표는 회사를 판단하는 중요한 자료로서 주주, 채권자 또는 일반소비자 등 기업 외부에서 기업의 재무상태 또는 경영 상태를 알고 싶어 하는 이용자에게 도움을 주는 보고수단이기도 하며, 기업의 최고경영자가 업무를 수행하는데 필요한 의사를 결정하는 내부자료가 되기도 한다. 또한 세무서에 법인세를 신고하기 위한 증빙자료로 사용될 뿐만 아니라 금융기관에서 대출을 받을 때도 재무제표가 판단자료로 이용된다.

재무제표 및 부속명세서

- **대차대조표** 특정시점의 재무상태를 알려주는 표
- **손익계산서** 일정 기간의 경영성과를 알려주는 표
- **이익잉여금처분계산서** 이익의 처분내용을 알려주는 표
- **현금흐름표** 현금증감의 원인과 결과를 알려주는 표
- **주기와 주석** 추가적인 회계정보의 공시

2. 재무제표의 종류

1) 대차대조표

대차대조표(B/S : Balance Sheet)란 일정 시점에 있어서 기업의 자산 · 부채 · 자본을 표시한 결산보고서로서 기업의 재무상태를 나타내는 표이다. 즉 회계를 이용하여 매일매일 일어난 거래를 기록했다가 일정 기간마다 분류 · 정리하여 작성하는 것이며, 기업의 자산, 부채, 자본을 표시할 뿐만 아니라 기초와 기말의 재무상태를 비교함으로서 자산의 증감 및 순손익을 파악할 수도 있다.

대차대조표 등식

대차대조표 등식은 자산=부채+자본 또는 자산=지분이다.

대차대조표의 등식에 따라 왼쪽에는 자산항목과 금액을 기입하고, 오른쪽에는 부채 및 자본항목과 금액을 기입하면 일정시점의 기업 재무상태를 나타내는 대차대조표가 작성된다.

(1) 자산

자산(assets)이란 기업이 소유하고 있는 경제적 가치가 있는 모든 자원으로서 기업이 투하한 자본의 운영형태로 나타나는 것으로 여러 가지의 경제자원(economic resources)이며, 재화나 채권, 신용등을 총칭하여 자산(assets)이라고 한다. 예를 들어 현금, 예금, 건물, 토지, 기계, 비품 등 기업이 가지고 있는 것은 모두 자산이다.

자산은 크게 유동자산과 비유동자산으로 구분한다. 유동자산이란 회전력이 빠른 자산으로 현금화하는 데 걸리는 기간이 1년 이내의 자산을 의미한다.

비 유동자산이란 영업활동을 위해 장기간 소유하고 있는 자산, 즉 현금화하는 데 걸리는 기간이 1년 이상인 자산을 뜻하며, 기업이 상품을 생산하기 위해 장기간 소유하고 있는 기계 등의 자산은 현금화하는 데 1년 이상 걸리므로 비 유동자산에 속한다.

자산의 분류

구분		분류
유동자산	당좌자산	현금 및 예금, 유가증권, 외상매출금, 받을 어음, 단기대여금, 미수금, 미수수익 등
	재고자산	상품, 제품, 반제품, 제공품, 원재료, 저장품, 기타의 재고자산
비유동자산	투자자산	장기 금융상품, 투자 유가증권, 장기성 매출채권, 투자부동산 등
	유형자산	토지, 건물, 구축물, 기계장치, 선박, 차량운반구, 건설중인 자산 등
	무형자산	영업권, 산업재산권(특허권, 상표권, 디자인권), 소프트웨어, 기타 무형자산(광업권, 어업권(입어권포함), 저작권, 차지권(借地權) 등)
	기타 비유동자산	투자자산, 유형자산, 무형자산에 속하지 않는 자산(보증금, 장기매출채권 등)

(2) 부채

자산과 반대의 성질을 갖고 있는 것으로 장차 타인에게 반환해야 할 채무를 부채(liability)라고 하며, 장래에 그 돈을 상환하거나 외상대금을 지급할 것을 약속한 채무로서, 회계에서는 부채라고 한다. 기업을 운영하다 보면 자금부족으로 인해 은행에서 차입하거나 상품을 외상으로 매입하는 경우가 많다.

부채는 장래에 기업의 자금이 외부로 지출되는 항목이므로 결국 기업의 자산이 감소하는 결과를 가져온다. 따라서 부채는 적을수록 유리하다. 그러나 자금 조달면에서 보면 은행이나 기타 금융기관에서 돈을 많이 빌릴 수 있는 기업이 그만큼 믿을 수 있다는 것이므로 신용도가 높다고도 할 수 있다.

부채는 유동부채와 비유동부채로 구분한다. 즉 유동부채란 1년 이내에 갚아야 되는 채무를 말하며, 비유동부채란 1년 이후에 갚아도 되는 채무를 말한다. 일반적으로 유동부채는 상환기간이 짧아 빨리 갚아야 하므로 유동부채가 많으면 부도가 나기 쉽다. 따라서 유동부채보다는 보다 여유 있게 사용할 수 있는 고정부채를 이용하는 것이 기업에 유리하다.

부채의 분류

구분		내용
유동부채	매입채무	일반적인 상거래과정에서 발생(외상매입금, 지급어음)
	미지급금	상품 이외의 물건을 외상으로 매입한 금액, 비용으로 미지급된 것
	단기차입금	일반적으로 1년 이내에 상환해야 할 채무금액
유동부채	예수금(豫受金)	거래와 관련된 선금이나 보증금으로써 미리 임시로 받아서 나중에 돌려줄 금액 또는 그것을 처리하는 계정과목
	선수금(先受金)	용역(用役)이나 상품의 대가를 분할하여 받기로 하였을 때 먼저 수령한 금액
	선수수익(先受收益)	상품, 제품등을 판매하는 경우 소비자 또는 매입자가 부담한 부가가치세로 부가가치세 매출세액으로 관할 세무서에 납부해야할 금액
	미지급 세금	이익에 대한 법인세, 법인세분 지방소득세로 결산시기에 처리
	미지급 비용	비용으로 미지급된 것
	미지급 배당금	이익잉여금 처분계산서상의 현금 배당액을 미지급한 금액
	유동성 장기부채	1년 내에 상환될 부채로서 장기부채 중 결산일로부터 1년 이내에 상환기간이 도래하는 부채
비유동부채	사채	증권을 발행하고 조달한 장기성 자금
	장기차입금	1년 이후에 상환을 해도 되는 채무금액
	퇴직급여 충당부채	종업원이 일시에 퇴직할 경우 지급해야 할 퇴직금으로 적립한 금액
	장기 매입채무	장기 외상매입금 및 지급어음
비유동부채	장기 미지급금	상거래에서 발생한 미지급금으로 지급기간이 1년 이상인 것
	임대보증금	임차인에게 반환해야 할 전세 또는 월세보증금

(3) 자본

자본(capital)이란 자산에 대한 기업소유자 또는 주주의 청구권을 의미하며, 대부분의 기업들은 자산과 부채를 동시에 갖고 있게 마련인데, 회계에서는 이 두 가지를 합쳐서 재산이라고 한다. 부채를 재산이라고 하는 것은 부채도 기업이 영업활동 자금으로 사용되므로 일시적으로는 기업의 재산이라고 할 수 있다. 자산을 적극적 재산인 플러스(+)개념으로 인식하고 부채를 소극적 재산인 마이너스(−)재산이라고 생각하면 된다.

부채는 장래에 상환해야 할 금액이기 때문에 기업이 순수하게 소유하고 있는 재산(순재산)을 계산하려면 자산에서 부채를 차감해야 한다. 이렇게 자산에서 부채를 차감한 것이 순재산이 되는 것이며, 이를 회계에서는 자본이라 하고 이것을 자본등식이라 한다.

자본의 분류

구분		내용
자본금		기업의 출자액으로서 주식회사의 경우에는 주주들에게 발행한 주식의 액면금액에 발행주식수를 곱한 금액
자본잉여금		자본거래, 즉 주주와의 거래에서 발생한 잉여금(이익)이다. 자본잉여금은 주식발행 초과금, 감자차익, 자기주식 처분 이익
자본 조정	자기 주식(自己株式)	기업이 발행한 주식을 매입하여 소각하거나 재발행할 목적으로 취득한 주식
	주식할인 발행차금(株式割引發行差金)	주식을 액면가(額面價) 미만으로 발행할 경우, 액면가액에서 납입액을 공제한 잔액
	감자차손(減資差損)	발행한 주식을 매입하여 소각하거나 결손금을 보전하기 위하여 자본금을 감소시킬 경우 감소한 자본금이 주식 매입금액 또는 결손금 보전액에 미달할 경우 그 미달하는 금액
	자기주식처분손실	자기주식 처분 시 자기주식 처분취득 금액보다 저분금액이 낮아 미달하는 금액
이익 잉여금	법정적립금	자본금의 1/2에 달할때까지 매 결산기에 현금배당액의 1/10 이상의 금액을 적립한 경우(이익준비금)
	임의적립금	회사의 정관의 규정이나 주주총회의 결의에 의하여 적립(사업확장 적립금, 결손보존적립금 등)
	미처분 이익잉여금	차기이월이익 잉여금 또는 차기이월 결손금

구분		내용
기타 포괄 손익 (其他 包括 損益)	매도가능 증권평가손익	매도가능증권으로 공정가치법으로 평가함에 따라 발생하는 평가손익
	파생상품평가손익	현금흐름의 위험회피를 목적으로 투자한 파생상품에서 발생하는 평가 손익을 의미
	해외사업 환산손익	해외지점, 해외사무소 또는 해외소재 지분법 적용 대상회사의 외화표시 자산 · 부채를 현행 환율법에 의하여 원화로 환산하는 경우에 발생하는 환산 손익

2) 손익계산서

손익계산서(P/L : Profit and Loss statement, I/S : Income statement)란 일정 기간 기업이 어느 정도의 이익을 냈는지 영업성과를 표시한 회계보고서이다. 즉 수익과 비용의 각 항목들을 집합시켜 놓은 표를 말한다. 기업의 영업성과는 이익의 양으로 측정한다. 그러나 이익은 수익에서 비용을 차감하여 계산이 되므로 손익계산서에 수익과 비용을 표시함으로서 경영성과를 평가할 수 있게 된다. 따라서 수익과 비용이 영업활동 기간 동안 계속 발생되므로 일정한 기간, 즉 회계기간인 1년 동안 수익과 비용을 모두 표시해야 한다.

(1) 수익

수익(revenue)이란 일정 기간에 기업이 창출한 재화나 용역을 고객에게 인도한 가치의 총계를 화폐액으로 표시한 것으로서 수익에는 매출액, 영업 외 수익, 특별이익으로 구분한다.

(2) 비용

비용(expense)이란 일정 기간 수익을 얻기 위해서 소비된 경제가치, 즉 재화 또는 용역의 소비된 가치이다. 손익계산서에 기재되는 비용은 매출원가, 판매비와 관리비, 영업 외 비용, 특별손실, 법인세 비용으로 구분한다.

(3) 이익

이익(profit)이란 일정 기간 발생한 총수익에서 총비용을 차감하여 계산이 된 금액이다. 총비용이 총수익보다 크면 순손실이 발생한다. 기업회계기준에서는 이익을 매출총이익, 영업이익, 경상이익, 법인세 차감 전 순이익, 당기순이익 등으로 구분하여 표시하도록 하고 있다.

손익계산서

수익	비용
Ⅰ. 매출액 Ⅵ. 영업 외 수익	Ⅱ. 매출원가 Ⅳ. 판매비와 관리비 Ⅶ. 영업 외 비용 Ⅸ. 법인세
수익 총계	비용 총계

3) 이익잉여금 처분계산서

이익잉여금(statement of retained earning)이란 유보이익이라 불리는 것으로 영업활동이나 재무활동등 기업의 이익창출에 의해서 획득된 것으로 사외(社外)에 유출되거나 또는 불입(拂入) 자본계정에 대체되지 않고 사내(社內)에 유보(留保)된 계정을 말한다. 이러한 이익잉여금의 구성항목에는 다음이 포함된다.

- 상법의 규정에 의하여 적립된 이익준비금
- 상법 이외의 법령에 의하여 적립된 기타 법정적립금
- 정관의 규정 또는 주주총회의 결의로 적립된 임의적립금
- 배당금
- 차기이월 이익잉여금(또는 차기이월 결손금) 등

기업의 이월이익 잉여금의 수정사항과 당기말 이익잉여금의 처분사항을 명확히 보고하기 위하여 이익 잉여금의 총 변동사항을 표시하는 재무보고서이다.

이익 잉여금처분계산서는 기본재무제표의 하나로서 대차대조표와 손익계산서를 연

결시키는 역할을 수행하고 동태적으로는 기초와 기말의 처분 전 이익잉여금의 증감내역과 기말 처분전 이익잉여금의 차후변동(안)을 보고하고 있다.

일반적인 경우에는 이익잉여금 처분계산서가 작성이 되겠지만 회사가 결손이 발생한 경우에는 결손 처리금 계산서를 작성해야 한다.

4) 현금흐름표

현금 흐름표(statement of cash flows)란 일정기간동안의 현금흐름을 나타내는 표로서 일정한 기간 동안의 현금의 원천, 즉 유입(流入)과 사용인 유출(流出)을 나타내는 것이다. 현금흐름을 영업활동 · 투자활동 · 재무활동으로 구분하여 표시하고 그 결과인 당기의 현금 증가에 기초 현금을 가산하여 기말 현금을 산출하는 과정을 표시한다.

현금흐름표의 목적은 기업의 일정기간중의 현금유입액(현금수입액)과 현금 유출액(현금 지출액)에 관한 정보를 제공하는 것이 주요 목적이며, 기업의 영업활동 · 투자활동 · 재무활동에 관한 정보를 현금주의에 보고하는 것이다.

현금 흐름표는 영업활동에 관한 정보뿐만 아니라 투자활동 및 재무활동에 관한 정보도 제공한다. 또한 현금 흐름표는 이익의 질, 기업의 지급능력, 재무적 신축성을 평가하는 데 있어서도 유용한 정보를 제공하며 재무제표 이용자의 의사결정에 영향을 미치는 중요한 정보를 제공하게 된다. 현금흐름표의 유용성은 다음과 같다.

- 기업의 미래 현금 창출능력을 평가할 수 있다.
- 기업의 배당금 지급능력과 채무상환능력을 평가할 수 있다.
- 영업활동으로 인한 현금흐름을 표시함으로서 유용한 정보를 제공할 수 있다.
- 일정 기간 중의 기업의 현금 · 비현금의 투자활동 · 재무활동을 평가할 수 있다.

5) 주기와 주석

정보이용자들은 재무제표의 본문의 내용을 충분히 이해할 수 있고, 재무제표상에 표시되지 못한 회계정보를 제공할 뿐만 아니라 필요한 사항을 추가적으로 공시해야 하는데 추가적인 회계정보와 공시방법에는 주기와 주석이 있다.

(1) 주기

주기(朱記)란 재무제표상에 해당 계정과목의 아래에 특정 회계사실의 내용을 간단한 자구(字句) 또는 숫자로 괄호안에 표시하는 것을 말한다. 기업회계기준에서 규정하고 있는 주기의 예로는 당기 순이익을 주기하는 것과, 손익계산서상의 당기 순이익에 주당 경상이익, 주당 순이익을 주기하는 것이다.

(2) 주석

주석(註釋)이란 재무제표 본문밖에 해당되는 계정과목의 내용을 간결하게 설명한 문장이나 보조적인 명세표 등을 기록하는 것을 말한다. 주석의 예는 주식의 총수, 1주의 금액 및 주식의 수, 회계 처리방법, 자산과 부채의 평가기준 등이 있다.

제15장

호텔투자환경

제1절

호텔투자의 필요성과 투자환경

1. 관광호텔 투자의 필요성

관광 호텔사업은 다국적성을 띄고 있으며, 호텔투자는 개인은 물론 다국적 체인회사, 보험회사, 공단, 정부 또는 기타 투자가들에 의해서 다양하게 소유, 운영이 되고 있다. 또한 최고급 호텔에서부터 저렴한 숙박시설인 인(inn), 리조트 호텔 등 제한된 서비스를 제공하고 경제적 효용을 제공하는 호텔 등 그 범위가 광범위하다.

호텔사업은 투자대상지역 및 국가뿐만 아니라 세계무역 등 경제에 많은 공헌을 하고 있다. 유럽경제지역(EEA : European Economic Area)의 관광호텔 사업부문에서 생산된 총매출액은 870억 불을 기록해 전 세계 관광호텔사업의 35%를 차지하고 있으며, 북아메리카가 약 620억 불로 24%를 점유하고 있어 경제가 발전한 지역에서 높은 매출을 보이고 있다.

이것은 경제발전과 호텔사업이 밀접한 관계가 있으며, 국내경제, 고용수준, 기반시설 또는 경제구조, 인적자원의 수준 등 긍정적인 측면을 포함한 거시적 경제활동을 뒷받침하고 있음을 증명하는 것이다.

관광객을 유치함으로써 발생한 실질적인 소득을 제외하더라도 관광호텔은 그 지역과 국가의 부가적인 소득창출에 기여하고 있으며, 관광객 한사람이 관광호텔에서 지출하는 1달러는 2달러 이상의 효과를 가져온다는 경제학자들의 견해는 관광호텔사업이 갖고 있는 승수효과(multiply effect)로 설명을 할 수 있다.

승수(multiply)

승수(multiplier)란 한 국가의 국민경제가 순화하는 과정에서 한 지역 또는 부문에서 발생한 최초의 투자 · 소득 · 고용 등의 변화가 최종적으로 얼마만큼의 소득의 증가를 가져오는가를 나타낸다. 관광부문에서의 투자 · 소득 · 고용 등의 변화가 한 국가의 경제에서 발생시키는 소득의 변화를 관광승수라고 한다.

오늘날 많은 관광호텔기업들은 전 세계 투자가의 투자 정도에 의해 그 규모나 범위가 결정이 되기도 하지만, 대규모의 관광호텔투자는 해당지역의 여러 부문에 많은 기여를 한다. 우선적으로 종합적인 부동산 가치를 상승시키는 것은 물론 그 만큼의 부동산 세금을 통해 조세기반을 증대시키게 된다. 또한 관광호텔은 손님들이 체재하면서 이용할 다양한 제반시설을 요구하게 됨으로서 관광호텔 이외의 다른 시설들의 투자와 건축도 유발하게 된다. 결국 관광호텔은 투자지역을 막론하고 업무활동의 복합적인 요소를 통해 중대한 부분을 차지하고 있으며, 경제발전에도 상당한 영향을 끼친다는 것이다.

국제화, 개방화와 더불어 개별경제는 국제경쟁에 노출되고 이에 따라 개별 국가경제에 진출한 투자가들에 의해 투자유치국의 경쟁을 촉진시킴과 동시에 국제경쟁력을 강화하는 수단으로써 역할을 자동적으로 수행하게 된다. 즉, 국가경쟁력이 강화되어 경영기술의 축적과 고용기회의 확대 및 문화적 교류를 통한 국제화 시대에 대비할 수 있다.

관광부문에 있어서도 모든 투자가 반드시 성공하는 것은 아니지만, 단기적인 경제이익뿐만이 아니라 장기적으로는 환경과 사회에 영향을 주게 된다. 그러나 관광계획과 통제를 소홀히 하게 되면 관광지의 이미지와 품질을 저하시키는 결과를 초래하며, 사회문화 및 환경여건을 변화시키게 된다.

2. 호텔투자환경의 의의

스튜워트(R. Stewart)는 환경의 대상을 가시성에 따라 사회적 환경(social environment)과 물리적 환경(physical environment)으로 구분하고, 인공성의 여부에 따라 자연환경(natural environment)과 인공환경(manmade environment)으로 구분하였다. 또한 환경학자들은 이른바 환경이란 자연적, 물리적, 사회적 환경이 존재한다고 보았다.

고전적 산업구조론에서는 기업행위가 산업성장률, 산업집중도 등 산업구조의 특성에 따라 좌우되며, 기업의 성과도 산업구조에 의해 결정이 된다. 이러한 환경을 일반환경과 과업환경으로 구분을 하고 일반환경은 기술, 법률, 정치, 사회, 경제, 인구통계, 생태, 문화환경 등의 다양한 요소로 구성되어 있다고 하였다.

인간의 환경으로서의 관광환경이란 용어는 그 방향과 용도에 따라 기본적인 개념이 다소 변화될 수 있다. 그러나 관광환경의 학문적인 체계를 정립하고 복합개념으로서의 관광환경 관계의 질서는 물론, 관광객의 관광행위의 합목적인 미래의 관광환경적 질서가 참고되는 어떤 체계적인 정의라 할 수 있다.

일반적인 환경의 의미로부터 환경의 두 가지 중요한 개념적 요소를 발견할 수 있는데, 하나는 환경이란 외계, 즉 외부의 조건이라는 것이고 다른 하나는 그러한 외부의 조건으로서 관심의 중심이 되는 생물체 혹은 사물체와 일정한 접촉을 유지한다는 점이다.

관광분야의 외국인 투자는 시장개방의 정도가 상당한 수준에 도달하였음에도 불구하고 외국인 투자 유인이 크지 않았던 이유는 국내의 제반 투자환경이 다른 유관분야의 교역장벽, 폐쇄적인 제도와 관행, 국내관광 서비스 수요의 제한 등으로 인해서 외국인 투자가 불리했기 때문이다. 그러나 1996년 OECD의 가입에 따르는 외국인 직접투자는 일반적인 제한의 완화, 투자개방의 확대 및 투자환경의 개선 등으로 크게 확대가 되고 있다.

제2절

투자환경의 위험요인과 평가

1. 투자환경의 위험요인

투자가들은 투자대상 국가에 대한 투자환경의 평가를 하게 된다. 이는 투자환경에 미치는 영향을 주관적 또는 직관적으로 지각을 하고 있지만, 객관적인 평가기준을 제시할 것을 요구하게 되는 것이다. 그러나 이러한 환경은 불확실성이 존재하기 때문에 타당성과 객관성에 의해서 제시된 지표에 의해서 평가하는 방법이 있으나, 항상 다양한 상황이 존재하게 된다.

투자환경의 위험요인은 투자환경으로부터 초래되는 경우와 투자기업 내부의 운용과정에서 발생하는 위험요소가 있다. 투자환경의 요인은 기업 외부의 전략적 통제 밖에서 발생하는 투자의 위험으로 기업의 적극적인 위험 대처능력이 어려운 반면, 운용과정에서 발생하는 위험요소는 기업의 전략적 경영성과에서 비롯되기 때문에 투자위험의 관리가 가능하다. 따라서 투자환경의 위험요소를 측정하고 분석함으로써 투자위험에 대한 보장 및 보상책을 강화하고 회피가 가능한 투자위험을 최소화하고 투자의 위험요소를 제거하는 전략을 수립하거나 투자위험의 요소를 통제관리 수준으로 조정하는데 있다.

결국 투자환경이란 거시적 위험(risk)과 미시적 위험의 존재가 있어야 하며, 거시적 위험이란 내 · 외부환경에 의해서 모든 상황이 직 · 간접적으로 영향을 미치는 과정을 의미한다.

투자환경 위험요인 평가

학자		위험요인 평가
국외	린(Lin Lianlian)	재무적, 정치적, 법적 측면 중시 - 외채 리스크 - 수용 리스크 - 외환 이전 리스크 - 통치 리스크
	옌(Yen, Jonathan Tsung-Lien)	- 기업 규모 - 정치적 안정성 - 기업 성과

학자		위험요인 평가
국외	마키자 (Makhila, Mona Verma)	– 정부 정책 리스크 – 정부개입 형태에 따른 리스크
	메이요(Herbert B. Mayo)	① 비통제적 리스크 : 비즈니스 리스크, 재무 리스크 ② 통제적 리스크 : 시장 리스크, 이자율 리스크, 재투자율 리스크, 구매력 리스크, 외환율 리스크
	기트만 · 조엔크 (Lawrence J. Gitman · Michael D. Joehnk)	– 비즈니스 리스크 – 재무 리스크 – 구매력 리스크 – 이자율 리스크 – 유동성(가격) 리스크 – 세금 리스크 – 시장 리스크 – 이벤트 리스크(기대하지 않은 상황에서의 우발 사건)
국내	김인철	– 컨트리 리스크(country risk) – 가용성 리스크(availability risk) – 시장변동 리스크
	전우찬	정치 · 경제 리스크를 중심으로 평가 – 정치적 리스크 – 정책적 리스크 – 경제적 리스크 – 재무적 리스크 – 사회 · 문화적 리스크

자료 : 고석면, 한국 관광호텔업의 투자환경에 관한 연구, 경기대학교 대학원 박사학위논문, 1998, p.32. 참조.

2. 투자환경의 평가

투자의 목적은 투자에 따른 수익성의 확보와 만족할 만한 성과 그리고 완전한 회수에 있다고 할 때, 이를 위해서는 투자환경은 물론 경영환경과 관련된 범주와 변수들에 대한 관심을 갖게 된다. 그러나 환경과 기업과의 관계는 전략, 조직구조 및 경영스타일에 따라서 다양하게 존재하기 때문에 특정국가의 투자환경이 갖는 의미는 한정된 특별한 상황에 있어서 뿐이고 경영상의 우발적 사건의 대부분은 조직과 내 · 외부환경의 상호작용으로부터 발생하는 것으로 볼 수 있으며, 투자환경은 국가위험분석(country risk)을 통한 범주의 설정과 관련성이 높다.

이러한 환경을 기초로 하여 설정된 평가요인별 속성들에 관하여 이를 구체적으로 제시하면, 투자환경의 평가단계는 **첫째,** 인지단계로써 일반적인 사항을 검토하는데 중점을 두어야 하며, **둘째,** 타당성조사로써 투자사업안들에 대한 세부적이고 종합적인 조사를 통하여 투자가치가 있는지를 파악하기 위해서 구체적인 평가를 실시하는데 중점을 두어야 한다. **셋째,** 종합조사단계로써 의사 결정자에게 도움이 될 수 있는 구체적이고 정확한 자료를 확보하기 위하여 종합적인 조사를 실시해야 한다.

관광호텔의 일반적 투자 기준은 정치적 안정의 역사, 경제안정과 성장의 역사, 외국 투자를 위한 정부의 지원, 투자를 위한 법률, 전문산업을 통제하는 규제, 상업적 은행과 개인적 통제에 관해 부과된 대출비율의 적용 등에 따라서 달라질 수가 있으며, 외국인 투자를 유치하는 것은 국가의 대외적인 신용도와 관련이 된다고 사료된다.

투자환경 범주설정은 거시적 투자환경, 중간적 투자환경, 미시적 투자환경으로 구분한 시트(Victor F. S. Sit)와 드닝(J. H. Dunning)의 투자환경 분류 방법과 문헌연구를 통해 도출한 정책적 환경, 정치 · 경제적 환경, 사회 · 문화적 환경, 인적자원 환경, 법적 · 제도적 환경으로 구분, 설정하였다. 따라서 관광호텔사업에 대한 투자환경의 평가과정은 탐색과 상황판단, 투자목표와 대상의 확정, 조사설계, 분석과 해석으로 이루어지는 일련의 순환적 과정이라고 할 수 있다.

투자환경의 요인

거시적 투자환경 요인으로 시장성, 노동력, 자원 등과 중간적 투자환경 요인은 정치 · 사회적 위험이나 정책과 관행의 유무, 미시적 투자환경 요인은 조세 · 관세의 감면 등과 같은 인센티브 및 사회간접자본 등으로 구분할 수 있다.

제3절

관광호텔 투자환경의 범주

1. 정책적 환경

정책적 환경이란 투자활동에 영향을 미치는 법률적 환경(legal government), 정부 환경 또는 행정적 환경(government environment)이라고 할 수 있다. 정책적 환경은 현지금융에 대한 통화규제, 조세 및 공과금 등에 대한 재정적 규제, 관세 및 비관세장벽과 외환관리에 대한 규제 등 단기적인 투자운용과 관련이 되어 투자 유치국의 일반적이고 일상적인 정책들에 관한 것이다.

정치적 환경이 장기적인 투자효과에 영향을 미치는 외부적인 요인이라면 정책적인 환경은 작은 정부와 거대한 다국적기업 간의 상호 협상에 의한 요인이 된다는 점에서 구별이 된다.

현대사회의 복잡 다양한 문제에 대응하기 위한 각종 정책을 수립하는 정부의 정책 추진력은 전문성, 기술성을 요구하게 되었고, 행정부의 정책기능이 강조되면서 경제관료의 정책입안에 대한 능력 평가가 중요한 요인으로 등장하고 있다.

행정부는 정책결정에도 참여하게 되고 정책결정기능이 확대됨으로써 가치판단의 개입에 따른 재량권과 자주성의 확대를 갖게 되었으며, 국가가 추구하는 목표를 달성하기 위해서는 지원적 성격을 가질 수도 있지만, 이에 부합이 되지 않을 경우에는 강력한 규제적 성격을 띄게 된다. 즉, 정부의 규제업무는 시장의 내적 요인뿐만 아니라 정치 · 경제 · 사회적 요인을 고려하여 수행하게 되는데, 이는 오히려 행정기능에 있어서 정부의 규제를 강화시키는 요인으로 작용하게 되었다. 또한, 행정기능의 확대와 행정권의 강화 그리고 행정재량권으로 권한 행사 면에 있어서 경제관료의 영향력 정도가 증대되면서 바람직하지 못한 권력남용 및 무책임한 행정행위의 가능성이 점차 커지고 있다. 또한 공정성의 결여와 형식적이고 행정편의적 역기능이 발생되고 있다.

정책을 추진하는 과정은 경제정책의 일관성과 경제정책의 유효성에 입각하여 효율적으로 추진이 될 때 국민의 경제정책에 대한 호응도가 높아지게 되고 행정책임의 확보와 관련문제들의 해결을 위한 행정책임의 확립이 더욱 강조되고 있다.

국제적인 환경변화는 국가경제는 물론 국민경제에까지 막대한 영향을 미치는 정책대응 능력도 중요한 요인으로 작용하게 된다. 이와 함께 투자가들이 가장 민감하게 반응하는 요인으로 사회간접자본 즉, 상 · 하부구조에 대한 정책의 지원도 투자를 결정할 때 고려하는 요인으로 설정하게 된다.

2. 정치 · 경제적 환경

정치적 환경은 국가위험의 핵심적인 사항으로 투자유치국내의 경제환경 및 사회환경의 조건을 형성하며, 또한 영향을 주게 된다. 따라서 정치적 위험은 현존하는 경제체계의 급격한 변동을 초래하는 통치행위와 관련성이 높게 나타나게 된다.

투자가를 유치하기 위한 투자환경의 여건조성은 정치적 환경분석과 통합된 정치위험관리방법의 모색, 투자대상지역의 위험과 정치적 위험을 예측하거나 정치위험관리를 위한 포트폴리오 계획 모델의 설정, 직접투자와 정치적 불안정성과의 관계 분석이 이루어져야 한다.

예컨대 근본적이고 장기적인 혼란 상황이나, 진행중인 수시 변화 및 불확실 상황, 단기 · 단일사건의 상황 등으로 인해 주변국과의 정치 · 외교관계를 악화시키는 요인이 된다. 또한 통치행위에는 미치지 못하지만 직 · 간접적으로 투자기업의 경제활동에 영향을 끼치는 경제제도에 의한 정치적 위험들이 있다. 외국계 투자기업에 대한 투자유치국의 법 · 제도적인 정치적 위험으로는 경제적 제국주의, 국가안전, 사회변화에 역행하는 민간기업의 활동, 외교관계, 종교적 지침이나 문화적인 이질성, 정치적 편의주의 등이다. 이러한 요인들은 극히 추상적이며, 국가 내의 정부운영에 있어 시대적인 관점의 격차로 경제제도를 일치할 수 없는 경우가 있으므로 이러한 통치행위 및 국가경제의 제도적인 결점은 투자의 회수 및 투자수익률 산정에 있어서 가장 중요한 요인이 된다.

경제적 환경의 관점에서 가장 중요한 요인은 투자지역의 현재와 미래의 시장규모일 것이다. 특히 내수주도에 의한 판매량 증대를 기대하기 위해서는 국내시장 인구의 규모와 그에 상응하는 고도의 구매력을 지닌 시장은 필수적이며, 투자가들이 투자를 결정할 때 가장 우선적인 요인으로 설정, 고려한다는 사실에 주지해야 한다.

또한 산업사회에서 빈번히 발생하는 노사분규의 심화 현상과 농촌과 도시의 문화적 격차의 증대 및 상대적 빈곤계층의 등장으로 인한 소외감의 대두, 각종 공해문제의 유발, 가치관의 이질화에 따른 제반 파생적 문제 등 경제성장의 역기능적 현상을 쉽게 찾아 볼 수 있다. 따라서 정부의 경제정책의 수립과 그 운영이 장기성, 일관성, 보안성, 합리성이 결여되었을 경우 정부예산의 규모를 감소시키고 재원 충당능력을 저하시키게 된다. 현재 한국이 직면하고 있는 금융위기는 투자가의 자금이 다양한 외환거래가 개입되어 급격한 환율변동을 초래하여 투자가로 하여금 투자의 의욕을 감소시킬 수가 있는데, 경제적 위험성과 거래상의 위험성, 환가위험 등이 있다.

경제적 위험, 거래 위험, 환가 위험

경제적 위험이란 투자국의 생산요소 및 가격의 변화에 의해서 이루어지는 손실의 가능성으로 임금의 상승이나 기타 생산비용의 상승으로 생산비의 증가를 초래하는 현상을 의미한다. 거래의 위험이란 환율의 변동에 따른 화폐금융상의 의무이행에 부가되어 발생할 수 있는 손실을 의미한다. 환가의 위험성이란 투자유치국의 부기 및 계정처리시 환율변동에 의해 발생이 되는 자산 평가의 손실을 의미한다.

결국 정치 · 경제의 불안정은 전반적인 산업구조에도 영향을 미치며, 경제성장률의 저하와 함께 국제교역에 있어서 시장규모 및 무역구조를 악화시키게 된다. 또한 채무구조에 있어서 외환상환능력의 감소와 외환보유고의 부족을 초래하여 외환관리능력에 대한 국민의 신뢰도를 약화시키게 되고 국제사회에서는 국가신용도의 평가가치를 떨어뜨리는 요인으로 작용하게 된다.

3. 사회 · 문화적 환경

투자가 기여하는 긍정적인 역할에 대해서는 중요하다고 인식을 하면서도 외국인 투자기업에 대한 인식은 부족하다. 즉, 외국인 투자를 유치하기 위한 홍보는 투자유치를 담당하는 일부 공무원이나 언론기관의 왜곡된 시각으로 인하여 일반 국민들에게 부정적인 인식을 하게 하는 원인이 되고 있다. 특히, 국내에 투자한 기업은 노사문제의 발생 시 행정부, 언론기관 및 사법부에서의 차별대우를 하고 있다는 피해의식도 갖게 된다는 점이다.

이러한 배타적 인식 이외에도 외국인 투자기업들은 의사전달 시 문화적인 차이로 인하여 투자의욕을 상실하는 경우가 발생하고 계획수립 및 협상에 있어서도 명확한 의사전달이 어렵다는 것이다. 이러한 원인은 한국 사회가 원칙이나 합리적인 원리에 입각하여 처리하는 것이 아니라 혈연, 지연, 학연 등 인적관계에 의한 암묵적 영향 또는 압력에 의한 업무가 처리되는 성격이 강하기 때문이다.

사회적 환경은 급속도로 변화하고 있는데, 소비구조는 개성화 추구 현상의 증가와 소비선택기준의 질적인 변화양상 그리고 여성시장 · 노인시장 · 대도시의 젊은 엘리트 시장 · 맞벌이 부부시장 등과 같은 새로운 시장의 출현 현상 등이다.

또한 체계화된 교육제도를 바탕으로 문맹률의 저하와 고학력 사회, 컴퓨터 중심의 사회로 변화, 발전되고 있다. 그러나 경제성장의 역기능으로 인한 도시와 농촌 간의 소득격차의 심화현상과 실업률 등은 사회적 안정성을 저해할 수 있다.

산업부문에 있어서도 산업화로 인한 도시화의 진전, 환경오염의 사회문제화 등과 기계화로 인한 노동시간의 단축에 따른 여가시간의 확대와 문화활동에의 참여욕구의 증대, 문화수준의 중요성에 대한 인식의 확산과 국제화, 개방화에 따른 문화개방 등은 사회 · 문화적 환경에 영향을 미친다고 할 수 있다.

4. 인적자원 환경

국 · 외 투자가들은 노동조합이 정치화되고, 노사분쟁이 극한 상황으로 발전하는 것에 대해서 강한 우려를 나타내고 있으며, 이렇게 된다면 투자환경 또한 불투명하게 되고, 단체행동으로 인한 영업환경에 큰 영향을 받을 가능성이 높게 된다.

일부 산업의 경우에는 질적인 측면에서 교육수준이 높고 경영층의 경영능력도 우수하다고 할 수 있다. 그러나 노동자에 대한 기술교육 및 훈련에 대한 비용문제 등과 더불어 한국의 노동시장은 다른 선진국에 비해 경쟁력을 보유하고 있으나 싱가포르나 대만에 비해 경쟁력 우위가 떨어져 투자가들에게 부정적인 영향을 주기도 한다.

인적자원 환경으로 경영층의 경영능력, 교육수준, 교육훈련제도, 고용조건, 생산성능력, 노동 유연성, 임금수준, 노사관계의 정도 등의 연관성을 고려할 필요가 있다.

5. 법적 · 제도적 환경

투자유치에 있어서 가장 효과적인 방법은 법과 제도를 체계적으로 정비하여 개선시켜 나가는 방법일 것이다. 외국의 경우 유럽국가들과 싱가포르, 말레이시아 등은 동일한 조건 즉, 특정지역 입주나 특정지원 산업에 투자 시 내 · 외국기업을 차별하지 않고 조세감면 혜택을 동등하게 제공하고 있으나 한국은 중국, 태국 등 일부 국가와 마찬가지로 외국인투자기업에 대해서만 세제우대 혜택을 부여하고 있다. 유럽국가는 고용확대와 지역경제 활성화를 목적으로 조세감면과 병행하여 조세금 지원책을 시행하고 있으며, 이러한 인센티브는 업종에 관계없이 그리고 내 · 외국인 구별 없이 개발 대상지역의 입주업체에게 동일하게 적용하고 있다.

보조금의 종류

보조금의 종류로는 고용보조금, 고정자산 보조금, 연구개발 보조금, 경영관련 보조금 등이 있으며, 그 재원은 EU차원의 지역개발보조금, 중앙정부차원의 실업보험금, 연구개발지원금, 지방정부차원의 고정자산 보조프로그램 등에서 조달하고 있다.

부분적으로 투자유치를 위해서 투자유치 관련법규의 정비와 부담금 감면조치의 확대, 보조금 등의 지급을 통한 투자지원 확대를 유도하기 위해서 인센티브 제도를 도입하고, 투자관련 행정절차의 간소화를 추진하고 있다.

그러나 관광산업은 외화가득률이 다른 산업에 비해서 높으며, 고용창출과 부가가치가 높은 외화획득산업으로 국가경제에 커다란 기여를 하고 있음에도 불구하고 외국인 투자에 대한 조세감면조치는 고려되고 있지 않은 상황이다.

외환위기 이후 관광산업에 대한 외국인 투자대상 업종을 외화유입을 통한 국가경제의 안정이라는 목적하에서 모든 분야에서 가능하게 되었고 외국인 투자환경이 개선됨에 따라 외국인 자본유치 노력이 더욱 가속화되고 있다.

관광호텔 투자환경 범주

환경	환경요인
정책적 환경	정부의 정책 추진력, 경제 관료의 정책입안 능력, 경제정책의 일관성, 경제정책의 유효성, 경제 관료의 영향력 정도, 국민의 경제정책에 대한 호응도, 국제 환경변화에 따른 정책 대응 능력, 정부의 규제 여부(경제 · 행정 등), 사회간접자본에 대한 정책적 지원
정치 · 경제적 환경	정치체제와 정치의 합리성, 정부에 대한 국민의 신뢰도, 주변국과의 정치 · 외교관계, 국내 · 외 정치의 안정성, 산업구조와 기술수준, 인프라 정비 상황, 무역구조, 시장규모의 확대, 정부예산의 규모 및 재원충당능력, 경제성장률, 물가수준, 채무구조, 외환관리능력, 대외 국가신용도
사회 · 문화적 환경	사회적 안정성, 투자유치 홍보, 교육제도, 실업률, 문맹률, 소비구조와 소득격차, 외국 기업에 대한 인식도, 문화수준에 대한 인지도, 문화 활동에 투여하는 시간, 문화 개방도
인적자원 환경	경영층의 경영능력, 교육수준, 교육 훈련제도, 고용조건, 생산성 능력, 노동유연성, 임금수준, 노사관계의 정도
법적 · 제도적 환경	조세제도의 혜택, 부담금의 감면, 투자유치 관련법규의 정비, 투자지원제도, 투자관련 행정절차, 관광호텔 등급제도, 관광 특수경제 법규의 제정, 관광세법의 제정, 중소호텔지원 및 육성에 관한 법규의 제정, 투자유치 전담기구의 설치

제4절

관광호텔 투자절차

1. 관광호텔사업의 투자 계획

관광호텔사업은 경영의 다각성, 판매상품의 복합성, 조직의 특수성 등이 다양한 형태로 내재되어 있어 관광호텔사업의 성패 여부는 계획단계에서 결정이 된다고 할 수 있다.

관광호텔사업계획의 기본적인 개념은 고객(마케팅)지향에 기초를 두고 계획 구상에서부터 개업에 이르기까지 기초적 요소인 계획화(planning), 조직화(organi-zing), 통제화(controlling)를 체계화해야 한다. 이러한 기본과정은 일반상품의 계획과는 달리 그 특수성을 충분히 인식을 해야 한다. 즉, 고객만족을 통한 자금의 축적, 높은 건축비용, 노동과 공급자를 통제할 수 있는 경영시스템이 우선적으로 고려되어야 한다.

관광호텔을 건설할 경우에는 다액(多額)의 선행투자가 이루어져야 하며, 관광호텔을 건설하여 영업을 하는데 있어 자본회수율이 다른 기업에 비해서 낮기 때문에 일시적인 생각으로 관광호텔을 건설해서는 안 된다. 따라서 관광호텔사업의 계획은 시장조사 및 경영방침의 설정과 관련된 기획조사단계, 건설계획 · 수지계획 · 운영관리계획 · 기본설계 작성의 기본계획단계, 종합운영계획 · 건축시공 및 감리 · 개업준비의 실시계획 단계를 통해 이루어져야 한다.

관광호텔사업의 투자에 있어서 적합한 입지의 선정은 사업의 성공 여부를 가름하는 것이라고 할 수 있을 정도로 그 중요성이 매우 크다. 호텔입지의 조사는 폭넓게 실시해야 하며, 또한 입지를 선정할 경우에는 그 입지가 법적으로 호텔건설이 가능한 지역인가 하는 점과 장래 관광호텔 운영에 따른 사업성이 충분한가 하는 점 등을 면밀히 검토해야 하는데, 이러한 조건들이 호텔의 입지 및 규모를 결정하게 하는 주된 요인이 되며, 호텔경영의 수익성 창출과도 직결이 되는 사항들이다.

관광호텔사업계획 추진 흐름

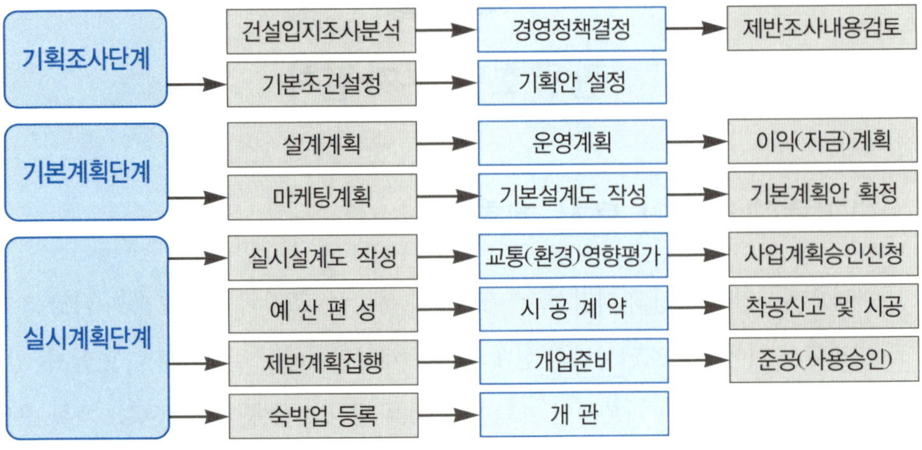

자료 : 한국관광호텔업협회, 관광숙박업 업무편람, 1998, p.25.

2. 관광호텔 투자사업의 구성내역

관광호텔사업은 많은 기간이 소요되며, 호텔건설에 필요한 투자비용은 연구자문비, 용지취득 비용, 건물비용과 건축 · 공사비용, 가구 · 비품 · 설비비용, 개관 전 비용, 재고비용, 최초운영자본, 감가상각비 등의 항목으로 구분할 수 있다. 그러나 일반적으로 관광호텔투자에 따르는 공사비용의 산정은 직접공사비와 간접공사비로 구분되며, 특등급의 경우 직접공사비율은 약 85%이며, 간접공사비율은 15%(간접공사비에는 약 6%의 개업비가 포함됨) 정도로 산정을 하고 있으며, 일반적인 공사비의 구성요소는 다음과 같다.

관광호텔 공사비의 구성요소

구분	구성요소	구성비(%)
직접공사비	설계비, 건축, Interior, F.F.E., 설비(주방), 전기, 조경	85
간접공사비	건설 諸비용, 차량 및 운반구, 건설이자	9
개업비	개업준비금(개업전 인건비, 교육비, 행사비, 판촉비, CIP, 전산비 등)	6
	초기의 운전자금(재고자산, 영업용품 구입비 등)	
계		100

주 : 본 자료는 D그룹에서 호텔사업의 투자타당성에 대해 조사한 특등급 호텔의 자료들을 기준으로 산출한 자료를 분석 인용한 것임.

그러나 이러한 공사비용의 비율은 사업주의 의지에 따라 외국에 설계를 의뢰하고 감리를 의뢰할 경우 또는 수입한 고가의 자재 등의 사용으로 인하여 항상 변수가 발생하게 되며, 표준공사비의 산출은 기존에 많은 호텔에서 사용한 금액을 근거로 하는 방법이 합리적인 방안이 될 수가 있다.

관광호텔 공사비의 항목별 표준공사비 내역

<table>
<tr><th colspan="2">구분</th><th>항목별</th><th>비율(%)</th><th>내역</th></tr>
<tr><td rowspan="12">호텔
공사비</td><td rowspan="8">직접
공사비</td><td>1. 설계비</td><td>4.0</td><td>감리비, 현장설계비용 포함</td></tr>
<tr><td>2. 건축</td><td>20.0</td><td>토목 및 공통 가설공사 포함</td></tr>
<tr><td>3. Interior</td><td>18.0</td><td>영업장의 내장공사</td></tr>
<tr><td>4. F.F.E.</td><td>8.0</td><td>가구, 변기, 비품, carpet 등</td></tr>
<tr><td>5. 설비</td><td>18.0</td><td>주방기구 포함</td></tr>
<tr><td>6. 전기</td><td>12.0</td><td>통신공사비 포함</td></tr>
<tr><td>7. 조경</td><td>5.0</td><td>실내조경 포함</td></tr>
<tr><td>계</td><td>85.0</td><td></td></tr>
<tr><td rowspan="4">간접
공사비</td><td>8. 건설諸비용</td><td>3.0</td><td>공과 잡비</td></tr>
<tr><td>9. 차량운반구</td><td>0.9</td><td>service wagon포함</td></tr>
<tr><td>10. 건설이자</td><td>5.1</td><td></td></tr>
<tr><td>계</td><td>9.0</td><td></td></tr>
<tr><td colspan="2">소계</td><td></td><td>94.0</td><td></td></tr>
<tr><td colspan="2" rowspan="2">개업비</td><td>11. 개업준비금</td><td>4.0</td><td>개업전 인건비, 교육비, 판촉비, 행사비, CIP, 전산비 등</td></tr>
<tr><td>12. 운영자금</td><td>2.0</td><td>초기운전자금(재고자산, 영업용품 구입비, 비축식자재, 린넨 등)</td></tr>
<tr><td colspan="2">소계</td><td></td><td>6.0</td><td></td></tr>
<tr><td colspan="2">총계</td><td></td><td>100.0</td><td></td></tr>
</table>

주 : 특급 호텔을 기준으로 하고, 토지대금은 제외한 것임.

3. 관광호텔사업의 법적 절차

관광호텔사업의 투자는 사업계획서의 작성에서 승인 신청 및 착공 그리고 영업개시에 이르기까지 많은 기간이 소요되고 있다. 관광진흥법의 규정에 의하면 관광숙박업은 등록을 하여야 하며, 등록을 하기 전에 건설장소 · 총용지면적 및 토지이용계획, 공사계획 · 공사 소용자금 및 그 조달방법, 시설별 · 층별 면적 및 시설내용, 조감도 등을 주요 내용으로 하는 건설계획서 등을 작성하여 문화체육관광부 장관에게 승인 신청을 하여야 한다. 이는 헌법에서 규정한 문서청구권과 같은 권리이며, 관광사업의 등록절차에 의하여 관광사업을 할 수 있는 절차법으로 문서청구권에 속하며, 관광사업과 관련이 되는 모든 등록, 인가, 허가, 동의, 자격, 신고와 같은 경우로서 국가를 상대로 하는 모든 문서로서 청원할 수 있는 관광관계 사업의 모든 행위라고 할 수 있다.

이러한 권리에도 불구하고 호텔의 위치, 지형, 규모, 시설의 종류, 경제, 사회, 환경 등에 따라 다소 차이가 있지만 호텔을 건설하는데 걸리는 소요기간은 4.4년에서 5년 정도가 걸리며, 사업계획서의 승인신청에서 건축허가까지가 약 1년, 착공에서 사용검사 신청까지 약 3년, 관광숙박업 등록에서 영업개시까지 약 4개월이 소요되고 있는데, 관광호텔사업의 투자 개발 절차를 단계별로 정리하면 다음 표와 같다.

관광호텔사업의 투자 개발 절차

단계	절차	내용
1단계	사업계획서의 작성	교통영향평가, 환경영향평가 등
2단계	사업계획의 승인신청	문화관광부(각 시 · 도)
3단계	사업계획승인 이후 건축허가	6개월 이내에 시장, 군수, 구청장
4단계	착공	
5단계	공사착공신고	7일 이내에 시 · 군 · 구청에 신고(3층 이상, 연면적 1천제곱미터 이상 건축물은 중간검사를 신청하여 중간검사를 필한 후 계속 공사가 가능함.
6단계	사용검사신청	공사가 완료된 날로부터 7일 이내
7단계	관광숙박업 등록	건축완료후 90일 이내에 등록 신청
8단계	요금신고 및 공시	요금 및 이용 약관에 대한 신고
9단계	영업개시	

1) 사업계획 승인

관광숙박업을 건설하기 위해서는 매우 복잡한 행정절차를 거치게 되는데, 이를 요약하면 대체로 사업계획 승인, 건축허가, 사용승인 및 관광숙박업 등록의 4단계로 크게 구분된다. 관광호텔업을 건설하고자 하는 경우에는 전반적인 사업계획이 수립되면 사업계획서를 작성하여 사업계획 승인을 얻어야 한다. 사업계획 승인 후에는 착공신고과정을 거쳐 건물이 완공되면 사용승인을 얻은 뒤 관광호텔 등록을 하여야 하는데, 이러한 제반 행정절차가 완료되면 관광숙박업 사업을 영위할 수 있게 된다.

사업계획 승인절차

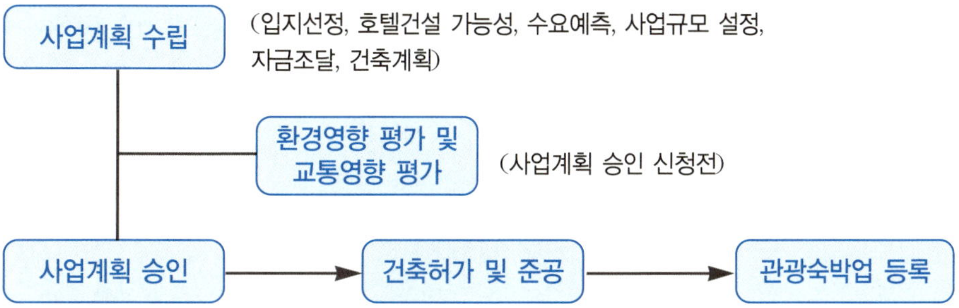

자료 : 원융희, 호텔계획 · 개발론(이론과 사례연구), 대왕사, 1990, p.67., 한국관광호텔업협회, 관광숙박업 업무편람, 1998, p.34를 참고로 재구성함.

2) 건축허가 및 준공

건축법은 건축에 관한 기본법으로 건축물의 대지, 구조, 설비의 기준과 건축물의 용도 등을 정하여 건축물의 안전 · 기능 및 미관을 향상시킴으로써 공공복리의 증진에 기여할 목적으로 제정이 되었으며, 건축설계사, 공사감리자 또는 공사시공자, 관계전문가와 상의가 필요하고 해당 시 · 군 · 구의 조례로 위임한 부분이 많이 있기 때문에 호텔을 건축하기 위해서는 해당 시 · 군 · 구의 조례를 참고해야 한다.

3) 관광호텔업의 등록

등록이라는 용어는 허가, 면허, 특허, 인가, 인허와 같이 행정청의 효과의사(效果意思)를 요소로 하는 법률행위적 행정행위에 속하는 것으로서, 이는 학문상의 개념이며 실정법에서는 반드시 학문상의 개념에 부합하도록 사용하고 있는 것은 아니다. 법령에 따라서 허가라는 용어 대신에 행정청에 등록을 행위의 요건으로 할 때가 있는데, 등록은 원래는 공증행위(公證行爲) 또는 신고행위(申告行爲)의 성질을 가지는 것으로서 행정청이 등록을 수리할 것인가 거부할 것인가에 관하여 재량의 여지가 없는 것이 원칙이다. 그러나 법령에서는 등록의 수리 또는 거부에 관하여 행정청에게 재량의 여지를 인정하고 있을 때에는 등록이란 실질적인 허가에 가까운 성질을 갖고 있다고 할 수 있다. 따라서 관광진흥법에서도 등록기준, 사업(등록)심의, 등록거부 등의 제도를 채택하고 있어 허가보다는 완화된 것이지만 허가에 가까운 성질을 가진다고 보아야 한다.

부록

호텔용어

Accepted Credit Cards

Includes only credit cards approved by management.

Account

A record containing information regarding a particular type of business transaction; the guest' s bill or folio. See Folio.

Account Number

The number assigned to a guest account, house account, group master account, or package plan account (either automatically by a computer system or manually). This number is used to access the account or to specify another guest' s account (to which charges are to be posted, for instance). Also known as the folio number.

Account Settlement

Payment of the outstanding balance on a guest folio or city ledger account.

Adjoining Rooms

Rooms that have a common wall but do not connect through private doors.

Adjustment

To credit an account with a correction, allowance, etc.

Advance Deposit

A sum of money paid to guarantee a room reservation; it may be full or partial payment of the room rate.

Advance Deposit File

The file which contains all advance deposit accounts.

AH & MA

American Hotel & Motel Association. A national trade association representing the lodging industry.

Allowance

A reduction to a folio as and adjustment for unsatisfactory service, for assigning an incorrect room rate, of for a posting error.

Amenities

Items that a property supplies to its guests to improve their physical and/or material comfort. For example, bathroom amenities may include large, brand name bars of soap, containers of bath gel, hair shampoo, and large towels or bath robes.

Arrival Date

Actual date the guest will check into the property.

Arrival Time

The latest hour by which a guest plans to register for a room.

Availability

Condition in a property that exists when some rooms have not been booked and a guest can still obtain a reservation for the requested date.

Average Room Rate(ARR)

A statistic derived by dividing room revenue by the number of rooms sold. Also called average daily rate(ADR).

Back-of-the-House

Refers to the departments or areas of the property where there is little or no guest contact. For example, the kitchen, engineering, etc.

Back-to-Back

Heavy check-out and check-in on the same day.

Bank

Funds issued to a cashier with which to handle guest transactions. The bank must be balanced to its exact amount at the end of each shift. It must be verified as complete before the beginning of each new shift.

Block(Noun)

A room or group of rooms reserved for a particular guest or group.

Block(Verb)

The process of assigning a room to a guest.

Book

To sell or reserve rooms ahead of time.

Bucket(Folio Tray)

A file that holds the guest folios.

Cancellation
A reservation voided per the request of the guest. Different types of reservations are subject to various cancellation requirements.

Cashier' s Report
Cash turn-in completed by the department cashier at the close of the shift.

Check-in
Procedures involved in receiving and registering a guest at the property.

Check-out (C/O)
Procedures involved during the departure of a guest from a property, including settling the guest' s account.

Check-out Time
The hour by which departing guests must check out of a property to avoid the possibility of incurring additional charges for overstaying.

City Ledger
The subsidiary ledger containing the accounts receivable of guests who have checked out; the account to which direct billing is posted.

Closed
In reference to reservations system, used to mean instructing the system not to accept additional reservations for a type of room on a specific date.

Complimentary(Comp.)
A room or service given free to a guest (usually to promote good will or as an incentive for guests to stay in the property).

Confirmation(CNF)
A notification sent by a property to a guest specifying in writing the details of a reservation.

Confirmed Reservation
An agreement, either oral or written, by a property to accept a request for accommodations. To be binding, however, the agreement must state definitely the intent of the parties and recite the material points of the agreement, including the particular dates, the rate, the nature of the accommodation, and the number of persons to be accommodated.

Connecting Rooms
Two or more rooms with entrance doors from the outside and a door between them through which guests can go without going outside to the hall.

Correction

Used in posting; if a charge was posted in error and the error is discovered on the same day, the charge must be corrected off the bill on that day.

Credit Card

A card that allows a consumer to make a purchase, use a service, etc, and pay later. Credit cards generally include travel and entertainment cards, bank cards, and those offered by hotel or motel chains or other companies.

Credit Card Voucher

The form designated by a specific credit card company that must be imprinted and used to record the amount charged by a guest to that credit card.

Current Balance

The amount on a guest folio that shows what the guest currently owes(positive balance) or is owed (negative or credit balance).

Cut-off Date

The date agreed upon between a group and a property by which all unreserved rooms in the group' s block will be released.

Cut-off Time

The hour after which a property may release for sale all unclaimed, non-guaranteed reservations, if permitted by property policy. Therefore, this term also refers to the hour by which a guest with a non-guaranteed reservation must register for a room or risk forfeiting the reservation.

Day Use

A room used for only a portion of a day.

Departure Date

The actual date the guest will check out of the property.

Direct Billing

An account receivable mailed to an individual or firm that has established credit with the property.

DNA

Did not arrive. For example, a guaranteed (6:00 p.m.) reservation which is cancelled by the room clerk when the guest does not arrive by 6:00 p.m.

Double

A room occupied by two persons which may have one or more beds.

Double Bed

Abed approximately 54 inches by 75 inches.

Double-double

A room with two double beds or two queen beds, occupied by one or more persons. Also called a twin-double.

Due Out

Persons expected to check out who have not yet vacated the room or paid their bill.

Early Arrival

Guest who arrives at a property before the date of his of her reservation.

Early Departure

A guest who checks out before the originally scheduled departure date or time.

Efficiency

An accommodation containing a kitchen facility.

ETA

Estimated time of arrival.

FIT

Free independent Traveler.

Folio

The guest' s bill. It is created upon check-in and is used to record all guest charges and posting transactions.

Front Office

A broad term that includes the duties and functions involved in registering guests, posting guest charges, checking out guests, and controlling room status and availability. Also the term used to designate the front desk.

Front-of-House

Refers to the departments or areas of the hotel or motel where there is a great deal of guest contact; for example, the front office, dining rooms, etc.

Full House

All rooms occupied; no rooms left for sale.

GM

The general manager of the hotel or motel; the property' s chief executive.

Guaranteed No-Show(GTD-NS)

When a guest makes a reservation and assures payment for accommodations, but does not arrive or cancel the reservation.

Guaranteed Reservation(GTD)

An agreement by which a property agrees to hold a room for a guest until the guest's arrival or check-out time the next day. In return, the guest assures payment for the room by credit card, company account, or prepayment. Unless the reservation is properly cancelled, the guest may be billed for room and tax a according to the property's policies and procedures.

Guest Bucket

Tray with guest folios filed by room number.

Handicap Rooms

Rooms with special features designed to make the stay easier for handicapped persons.

Hold Accounts

Designated slot in the guest ledger bucket where C/O folios involving disputed charges, credit balances, rebates, etc, are placed for review by the manager.

Hospitality Suite

A room used for entertaining. Usually a function room or parlor.

Housekeeper's Report

A form used by the front office and housekeeping departments to communicate to each other the current status of each guest room in the property.

ID

An abbreviation for identification.

Information Rack

A file that lists all registered guests and their room number; arranged alphabetically by guest name.

Information Slip

Second part of a small two-part section of the folio indication the guest's name, room number, room rate, and check-out date.

Job Description

A written listing of the duties and responsibilities required for a particular job.

Joiner

A person joining another guest in the same room.

Julian Calendar

A calendar system based on the 12-month year in which days of the tear are numbered consecutively beginning with 1 and ending with 365. Every fourth year, or leap year, the system consists of 366 days.

Junior Suite

A room with a bed and "sitting area." There may also e a small, separate bedroom connected to the living room or parlor. Also called a mini-suite.

King

A room with a king-size bed. May be occupied by one or two people.

King Bed

An extra-long, extra-wide bed about 78 inches by 80 inches.

Late Arrival

A guest with a reservation who expects to arrive after the property's designated cut-off hour and so notifies the hotel or motel.

Letter of Credit

A company letter authorizing direct bill privileges for its representative; must be approved by the hotel manager.

Log

A daily record of problems or situations that have occurred at the front office that should be communicated to others in the property. In a computer system, a record of the data processing operations which lists each job or run, the required, operator actions, and other pertinent data.

Make-up

A room that needs a routine, thorough cleaning before registering new guests for the room.

Master Account

One folio prepared for a group (convention, company, tour) on which all group charges are accumulated. Also referred to as a master bill.

Mini-suite

See Junior Suite.

Multiple Reservation

A number of reservations usually made under a group name. (May be made as individual reservations.)

Night Audit

A daily reconciliation of accounts receivable completed during the late night shift. Includes posting all room and tax charges and balancing the day's posting activities.

No-show

A reservation that is not used or cancelled by the customer.

Occupied
A room that currently has guests staying in it.

On-change
A room from which the guest has departed and the room has not yet been cleaned.

Open
A condition that occurs in a property when rooms are available for sale.

Out-of-Order(OOO)
A room that is not available for sale because it requires maintenance work or is under renovation.

Over booking
Making a commitment to provide more rooms to potential guests than are actually available.

Overstay
A guest who stays past his or her stated departure date.

Package
A number of services (room, food, entertainment, transportation, recreation, etc.), normally purchased separately, that are put together and marketed at a lower total price.

Payment on Account
Partial or full payment of the guest's account made during the guest stay.

PBX(Private Branch Exchange, Private Exchange Box)
Refers to the hotel or motel telephone department or the actual telephone switchboard equipment.

Penthouse Suite
Suites generally located on the top floors of a property.

Phone Meter
Meter on which the local calls made from each room are automatically recorded.

Pick-up
A room that needs a light cleaning before it can be resold to another guest. This is usually a situation that occurs with late check-outs or guest room changes.

Prepaid
Full amount of room and tax paid by the guest before checking in or during the stay. Also called paid-in-advance(PIA).

Pre registration

A service often arranged for VIPs; for guests with prearranged, established credit; and for selected groups. Guests are preassigned rooms so that when they arrive, they simply pick up room keys after signing the registration form.

Property

Any lodging establishment-hotel, motel, inn, or resort.

Quadruple(Quad)

A room occupied by four persons. May have two beds or more.

Queen

A room with a queen-sized bed. May be occupied by one or two people.

Queen Bed

An extra-long, extra-wide bed about 60 inches by 80 inches.

Rack Rate

The standard rate established by the property for a particular category of rooms.

Rack Slip

First part of a small two-part section of the folio. Placed in the shallow pocket room rack to indicate that the room is occupied and to identify the guest.

Red Book

The official directory of the American Hotel & Motel Association which geographically lists, and briefly identifies, hotels and motels, their facilities, and rates.

Register(Verb)

The procedure by which an incoming guest signifies his or her intent to stay at a property by completing and signing a registration card.

Registration Card

A form completed and signed by the guest at the time of arrival giving the guest's name, address, business affiliation and other data.

Reservation

An agreement between the hotel and customer that the hotel will hold a specific type of room for a particular date and length of stay.

Reservation Center

Terms applied to the reservation sales office where all telephone calls pertaining to reservations are handled.

Reservation Number

A computer system will automatically assign a unique number to each reservation, or the operator may enter a reservation number (as established by property management). The reservation number may be numeric, alphabetical, or alphanumeric.

Reservation Rack

An alphabetical list of anticipated arrivals filed chronologically by date of arrival.

Roll-away

A portable bed

Rooming

The procedures involved in greeting a guest, assigning a room, and escorting or directing the guest to his or her room.

Rooming List

The list of names furnished by a group in advance of arrival and used by the hotel to make individual reservations and to preregister group members.

Room or Rate Category

A classification used to segregate and catalog guest rooms. Normally, a guest room is categorized by rate, than by room type.

Room Rack

A file at the front desk with a series of slots numbered in accordance with hotel or motel room numbers.

Room Rack Slip

A form prepared from the registration card which identifies the occupant of each room and which is filed in the pocket of the room rack assigned to the guest.

Room Status

A code or description indicating the occupancy and condition of a room.

Safe Deposit Boxes

Individual sections of the vault where guest store valuables.

Security

The department of a property in charge of ensuring the safety and security of guests and employees.

Sill up

To determine guest needs and suggest a range of suitable rooms in order to persuade a guest to take a more expensive room than he or she had reserved or planned to take.

Single
A room occupied by one person with one or more beds; the rate charged for one person.

Single Bed
A bed approximately 36 inches by 75 inches.

Skipper
A guest who leaves a property without making arrangements to settle his or her account.

Sleeper
A vacant room that is believed to be occupied because the room rack slip or registration card was not removed from the rack when the prior guest departed.

Sleep-out
A room that is taken, occupied, and paid for, but not slept in.

Stay-over
Any guest who remains overnight.

Stock Card
Color coded card in each room rack slot designating the room type, rates, special facilities, etc.

Studio
A room with a "studio bed"-a couch which can be converted into a bed. May also be called an executive room.

Suite
A parlor or living room connected to one or more full-sized bedrooms.

Tidy-up
A room needing cleaning.

Time Stamp
Imprinter that stamps the time on all folios and registration cards at check-in and check-out and on all mail and messages at the time of receipt.

Transaction
Each posting, correction, adjustment, transfer, and check-out (which involves posting a balance).

Travel Agent
Consumer contract or commission service representative who represents carriers, hotels or motels, wholesalers, etc. A travel agent usually works for commission only.

Traveler's Checks

Prepaid checks sold by banks and other financial institutions which are equivalent to cash. They must be signed in the presence of the cashier or they cannot be cashed. The same identification required to cash personal checks is required to cash traveler's checks.

Triple

A room occupied by three people. Might have one double bed and roll-away or two beds and a roll-away.

Turn-away

To refuse reservation or walk-in business because no rooms are available.

Twin

A room with two twin beds. May be occupied by one or two people.

Twin Bed

A bed approximately 39 inches by 75 inches to sleep one person.

Twin-double

See Double-double.

Two-party check

A check made out by one person or company to another person(usually the guest). Generally, it should not be cashed without the approval of the manager.

Understay

A guest who leaves before his or her stated departure date.

Valet

A person who renders personal service to a guest (i.e. valet parking, valet dry cleaning).

Validation

Printing or writing on a voucher as a record that the charge was posted.

VIP(Very Important Person)

A guest who warrants special attention and handling.

Voucher

Refers to a form used by operating departments to notify the front office of guest charges. Front office personnel post these charges to guest folios by posting and validating guest charge vouchers. Also refers to a form provided by travel agents to their clients as a receipt for advance registration payments. See also Credit Card Voucher.

Wait List

A list of tentative reservations. The property may have no available rooms, but if someone leaves early or cancels a reservation, the wait list reservation can be accommodated. Sometimes, if the wait list reservation cannot be honored, a property will make a reservation for the wait list guest at another property.

Wake-up Calls

Phone calls placed by the operator to wake the guest at his or her requested time.

Walk

To turn away a guest holding a reservation.

Walk-in

A person who arrives at a property without a reservation and requests a room.

Zero Out

To balance the account as the guest checks out and makes full payment to settle his or her account.

참고문헌 ›››

강길환 · 김재문 · 서진욱 · 이상근, 현대경영학의 이해, 대왕사, 2002.

고석면, 한국 관광호텔업의 투자환경에 관한 연구, 경기대학교 대학원 박사학위논문, 1998,

고석면 · 박경호 · 박승영 · 김성현, 호텔경영정보론, 백산출판사, 2011.

고석면 · 유양호 · 우성근 · 강용관, 호텔회계, 대왕사, 2009.

권익현 · 임병훈 · 안광호, 마케팅(관리적 접근), 경문사, 1999.

김기영 · 추상용, 연회기획관리실무론, 가산출판사, 2001.

김봉규, 호텔인사관리론, 백산출판사, 1995.

김성혁, 서비스경영론 대왕사, 1992..

김왕상, 관광호텔의 서비스 품질 향상을 위한 실증적 연구, 경기대학교 박사학위 논문, 1996.

김창원, 인터넷마케팅, 학문사, 2000.

김천중, 관광정보론, 대왕사, 2000.

나정기, 호텔식음료 원가관리, 백산출판사, 1994.

류광훈, 관광산업의 외자도입활성화 방안, 한국관광연구원, 1998.

박상수 편저, 관광서비스관리론, 백산출판사, 1998.

박수형, 호텔정보시스템 실무, 대왕사, 2001.

삼일회계법인, 서비스기업의 성공조건, 1993.

손대현, 서비스는 이런 것이다, 백산출판사, 2000.

안광호 · 김영식 · 송필수 · 전용수, 호텔 객실 서비스 실무, 기문사, 2012.

양영근 · 한광종 · 문성종, 관광호텔조직관리론, 백산출판사, 1994.

오정환 · 이철호, 국제호텔경영전략, 가산출판사, 2000.

유영목, 서비스품질경영, 양서각, 2007.

윤금상, 신기업회계기준, 두남. 2000.

이순구 · 서원석, 호텔인사관리론, 대왕사, 2004.

이순룡, 품질경영론, 법문사, 1999.

이승신외 5인, 고객서비스를 어떻게 할 것인가, 석정, 1998.

이윤구, 호텔회계정보의 유용성 제고방안, 관광경영학연구, 관광경영학회, 2000.

이재실, 기업경영, 산문출판, 2009.

전일수 · 배일현 공역, 서비스 마케팅, McGraw Hill Korea, 2006.

정규엽 · 이준혁, 호텔기업 서비스 품질 평가 속성의 도출에 관한 연구, 호텔 · 외식경영학연구 제6권 제1호(통권 8호), 한국호텔 · 외식경영학회, 1997.

정기영 편저, 서비스 경영, 신지서원, 2008.

조성극, 일본여행업의 해외여행 상품론에 관한 연구, 경기대학교 대학원 박사학위논문, 1995.

조희영, 경영학원론, 민영사, 1998.

주장건, 관광정보시스템(Hotel Information System), 일신사, 1992.

주종대, 호텔객실업무론, 대왕사, 1993.
차길수, 서비스 인간관계론, 대왕사, 2008.
차길수 · 윤세목, 호텔경영학원론, 학림 출판사, 2011.
최태광, 호텔마케팅, 백산출판사, 1996.
쿠니토모 류이치 지음/이철우 · 백인수 옮김, 마케팅은 짧고 서비스는 길다, 중앙북스(주), 2007.
홍성용, 스페이스 마케팅, 삼성경제연구소, 2008.

한국환경산업기술원, 환경표지 인증신청 매뉴얼(호텔 서비스), 2011.
한국관광호텔업협회, 관광호텔서비스 편람(식음료분야), 1997.

KBS, 신성장동력 서비스를 설계하라, 2008년 1월 3일 방영 자료

A. Yaprakand and K. T. Sheldon, "Political Risk Management in Multinational Firm; An Integrative Approach," Management Decision, Vol.22(6), 1984.
C. Dewitt, Coffman, Marketing for a Full House, Cornell University, 1984.
C. R. Kennedy, The External Environment Strategic Planning Interface; U. S. Multinational Corporate Practices in The 1980s, Journal of International Business Studies, Vol.15(2), 1984.
Chuck, Y. Gee, International Hotels(Development and Management), Educational Institute of the American Hotels & Motels Associations, 1994.
Clark L.Vaughn, Franchising, Heath Lexington Books, 1971.
D. Howard and M. A. Hashmi, Political Risks Trends; Can United States Multinational Service in Tomorrow' s World?, International Journal of Management, Vol.8(2), 1991.
Eddystone C. Nebel, Managing Hotels Effectively(Lesson From Outstanding General Manager), Van Nostrand Reinhold, 1991.
Gary K. vallen and Jerome J. Vallen, Check-in Check-out, Times Mirror Higher Education Group, 1996.
IHA, Into the New Millennium(A white paper on the global hospitality industry), International Hotel Association, 1996.
IHA · UNEP, Environment Action Pack, 1996.
J. H. Dunning, Explaining the International Direct Investment Position of the Countries : Toward a Dynamic or Developmental Approach, Weltwirtschftliches Archiv, 1981.
James J. Eyster, "The Negotiation and Administration of Hotel Management Contracts," 2nd ed., Cornell Univ, 1980.
Jay Barney, "Looking Inside for Competitive Advantage," Academy of Management Executive, 1995.
K. Fatehi-Sedeh and M. H. Safizadeh, The Association Between Political Instability and Flow of Foreign Direct Investment, Management International Review, 1989.
K. Waren, Thre Search for Administration Responsibility, PAR, Vol.34, No.2, 1973.

Martin Christoper · Adrian Payne · David Ballantyne, Relationship Marketing, tterworth-Heinemann Ltd, 1991.
Michael. E. Porter, The Structure Within Industries and Companies Performance, Review of Economics and Statistics, Vol.61. 1979.
R. Miewaid, Public Administration : A Critical Perspective, McGrew Hill, 1978.
Raymond S. Schmidgal, hospitality industry managerial accounting, AHMA, 1990.
Stephen Rushmore, Hotel Investment(A guide for Lenders and owners), Warren, Gopham & Lamon.
Victor F. S. Sit, China's Export-Oriented Open, Asian Survey, Vol..28, No.6, 1988.
W. A. Rutes and R. H. Penner, Hotel Planning and Design, Watson-Guptill Publication, 1985.
W.A. Rutes and R.H. Penner, Hotel Planning and Design, Waston-Guptill Publication, 1985.

原勉 · 岡本伸之, ホテル · 旅館業界, 교육사, 1984.

http://hotelchoice.com
http://www.basshotels.com
http://www.bestwestern.com
http://www.hilton.com
http://www.hilton.com
http://www.hyatt.com
http://www.ichotelsgroup.com
http://www.marriotthotels.co.kr/
http://www.shangri-la.com
http://www.starwoodhotels.com.

저|자|소|개 ›››

■ 고 석 면(高錫勉)

[학력사항]

- 경기대학교 관광경영학과(경영학사)
- 경희대학교 경영대학원 관광경영학과(경영학 석사)
- 경기대학교 대학원 관광경영학과(경영학 박사)

[경력사항]

- 한국관광협회중앙회 호텔 및 기획홍보부
- 관광호텔 등급 심사위원
- 인천광역시 관광진흥위원회 위원
- 서울시 여행업 안전/청렴 협력업체 인증 심사위원

현) 인하공업전문대학 관광경영과 교수
관광종사원 자격시험 위원

[학회활동]

- 관광경영학회 고문
- 한국관광학회 평생회원
- 한국호텔외식경영학회 평생회원

[저서]

- 관광학개론(서연출판사, 2015)
- 관광정보론(서연출판사, 2017)
- 관광정책론(대왕사, 2018)
- 호텔경영정보론(백산출판사, 2019)
- 호텔회계(대왕사, 2019)
- 식음료관리(대왕사, 2019)

[논문]

- 한국관광호텔업의 투자환경에 관한 연구(박사 논문)
- 한국관광산업의 진흥방안에 관한 연구(석사 논문)
- 관광호텔 종사원의 서비스 지향성이 조직성과에 미치는 영향 연구 외 다수

호텔경영론

2000년 3월 5일 초 판 발행
2005년 9월 1일 2판 1쇄 발행
2010년 6월 10일 3판 1쇄 발행
2012년 8월 31일 4판 1쇄 발행
2017년 8월 31일 5판 1쇄 발행
2019년 8월 31일 6판 1쇄 발행

저 자 고 석 면
발행인 한 인 환
발행처 도서출판 **기 문 사**
등 록 1978. 8. 9. NO. 6-0637
주 소 서울시 동대문구 안암로 50-1(용두동) 홍신빌딩 3층
전 화 02) 2265-7214/922-8662~8663
팩 스 02) 922-8772

homepage : www.kimoonsa.co.kr
e-mail : book@kimoonsa.co.kr

ISBN : 978-89-7723-836-7 93320

정가 : 23,000원